VENÇA
O JOGO
CERTO

VENÇA
O JOGO
CERTO

Como REVOLUCIONAR,
DEFENDER e ser COMPETITIVO
em um mundo em MUTAÇÃO

RON ADNER

ALTA BOOKS
GRUPO EDITORIAL
Rio de Janeiro, 2023

Vença o Jogo Certo

Copyright © 2023 da Starlin Alta Editora e Consultoria Eireli.
ISBN: 978-65-5520-898-6

Translated from original Winning The Right Game. Copyright © 2021 Ron Adner. ISBN 978-0-2620-4546-9. This translation is published and sold by permission of The MIT Press, the owner of all rights to publish and sell the same. PORTUGUESE language edition published by Starlin Alta Editora e Consultoria Eireli, Copyright © 2023 by Starlin Alta Editora e Consultoria Eireli.

Impresso no Brasil — 1ª Edição, 2023 — Edição revisada conforme o Acordo Ortográfico da Língua Portuguesa de 2009.

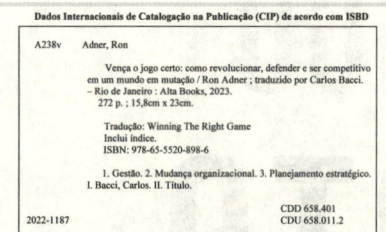

Dados Internacionais de Catalogação na Publicação (CIP) de acordo com ISBD

A238v   Adner, Ron
          Vença o jogo certo: como revolucionar, defender e ser competitivo em um mundo em mutação / Ron Adner ; traduzido por Carlos Bacci. - Rio de Janeiro : Alta Books, 2023.
          272 p. ; 15,8cm x 23cm.

          Tradução: Winning The Right Game
          Inclui índice.
          ISBN: 978-65-5520-898-6

          1. Gestão. 2. Mudança organizacional. 3. Planejamento estratégico. I. Bacci, Carlos. II. Título.

2022-1187   CDD 658.401
                                             CDU 658.011.2

Elaborado por Odílio Hilario Moreira Junior - CRB-8/9949

Índice para catálogo sistemático:
1. Administração : gestão 658.401
2. Administração : gestão 658.011.2

Todos os direitos estão reservados e protegidos por Lei. Nenhuma parte deste livro, sem autorização prévia por escrito da editora, poderá ser reproduzida ou transmitida. A violação dos Direitos Autorais é crime estabelecido na Lei nº 9.610/98 e com punição de acordo com o artigo 184 do Código Penal.

A editora não se responsabiliza pelo conteúdo da obra, formulada exclusivamente pelo(s) autor(es).

Marcas Registradas: Todos os termos mencionados e reconhecidos como Marca Registrada e/ou Comercial são de responsabilidade de seus proprietários. A editora informa não estar associada a nenhum produto e/ou fornecedor apresentado no livro.

Erratas e arquivos de apoio: No site da editora relatamos, com a devida correção, qualquer erro encontrado em nossos livros, bem como disponibilizamos arquivos de apoio se aplicáveis à obra em questão.

Acesse o site www.altabooks.com.br e procure pelo título do livro desejado para ter acesso às erratas, aos arquivos de apoio e/ou a outros conteúdos aplicáveis à obra.

Suporte Técnico: A obra é comercializada na forma em que está, sem direito a suporte técnico ou orientação pessoal/exclusiva ao leitor.

A editora não se responsabiliza pela manutenção, atualização e idioma dos sites referidos pelos autores nesta obra.

Produção Editorial
Editora Alta Books

Diretor Editorial
Anderson Vieira
anderson.vieira@altabooks.com.br

Editor
José Ruggeri
j.ruggeri@altabooks.com.br

Gerência Comercial
Claudio Lima
claudio@altabooks.com.br

Gerência Marketing
Andréa Guatiello
marketing@altabooks.com.br

Coordenação Comercial
Thiago Biaggi

Coordenação de Eventos
Viviane Paiva
comercial@altabooks.com.br

Coordenação ADM/Finc.
Solange Souza

Coordenação Logística
Waldir Rodrigues
logistica@altabooks.com.br

Direitos Autorais
Raquel Porto
rights@altabooks.com.br

Produtor da Obra
Paulo Gomes

Produtores Editoriais
Illysabelle Trajano
Maria de Lourdes Borges
Thales Silva
Thiê Alves

Equipe Comercial
Adenir Gomes
Ana Carolina Marinho
Ana Claudia Lima
Daiana Costa
Everson Sete
Kaique Luiz
Luana Santos
Maira Conceição
Natasha Sales

Equipe Editorial
Andreza Moraes
Beatriz de Assis
Betânia Santos
Brenda Rodrigues
Caroline David
Gabriela Paiva
Henrique Waldez
Kelry Oliveira
Marcelli Ferreira
Mariana Portugal
Matheus Mello
Milena Soares

Marketing Editorial
Amanda Mucci
Guilherme Nunes
Livia Carvalho
Pedro Guimarães
Thiago Brito

Atuaram na edição desta obra:

Tradução
Carlos Bacci

Copidesque
Eveline Vieira Machado

Revisão Gramatical
Carolina Oliveira
Alessandro Thomé

Diagramação
Joyce Matos

Capa
Paulo Gomes

Editora afiliada à:

Rua Viúva Cláudio, 291 – Bairro Industrial do Jacaré
CEP: 20.970-031 – Rio de Janeiro (RJ)
Tels.: (21) 3278-8069 / 3278-8419
www.altabooks.com.br – altabooks@altabooks.com.br
Ouvidoria: ouvidoria@altabooks.com.br

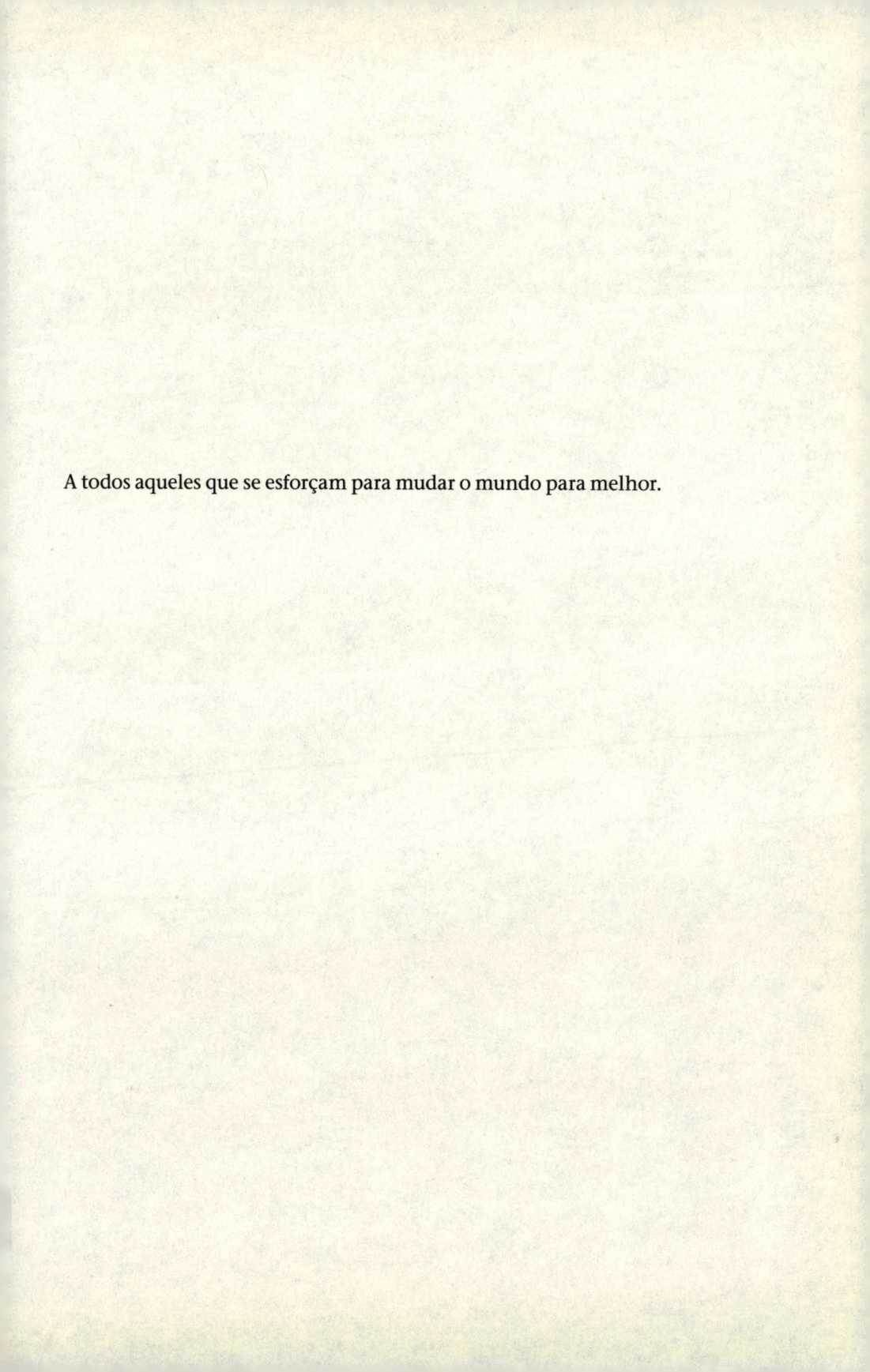

A todos aqueles que se esforçam para mudar o mundo para melhor.

Agradecimentos

Minha experiência tem sido a de que primeiro se escreve um livro e depois o reescreve. Um autor tem o privilégio único de poder olhar para trás em seu rascunho e ver a distância entre as primeiras páginas e o manuscrito final. Embora o rascunho inicial possa ser uma jornada solitária, reescrever cria uma oportunidade excepcional de interagir com amigos e colegas, que, generosos, se propõem a questionar, desafiar e colocar em xeque as ideias, os argumentos e exemplos apresentados a eles. Merecer a confiança deles em dispor da dádiva representada por seu tempo, sua consideração e seu discernimento é o cúmulo do privilégio, sendo honrado ou humilhado.

Eu me beneficiei do apoio, do conselho e do feedback crítico de um incrível grupo de parceiros de aprendizagem — colegas acadêmicos, alunos do passado e do presente, gerentes e executivos na linha de frente —, cada um dos quais contribuiu de várias e diferentes maneiras. Agradeço em particular: Jodi Akin, Liz Altman, Errik Anderson, Pino Audia, Guru Bandekar, Man-ish Bhandari, Mike Cahill, Que Dallara, Paul Danos, Blake Darcy, Allison Epstein, Dan Feiler, Syd Finkelstein, Peter Fisher, Giovanni Gavetti, Morten Hansen, Connie Helfat, Bill Helman, Martin Huddart, Steve Kahl, Rahul Kapoor, Kevin Keller, Adam Kleinbaum, Suresh Kumar, Trevor Laehy, J. Ramon Lecuona, Lindsey Leninger, Dan Levinthal, Marvin Lieberman, Amelia Looby, John Lynch, Betsabeh Madani Hermann, Cathy Maritan, Rob Messina, Marcus Morgan, David Nichols, Steve Oblak, Walt Oko, Geoff Ralston, Subi Rangan, Dan Reicher, Apurva Sacheti, Steve Sasson, Joseph Sedgwick, Willy Shih, Peter

Sisson, Karen Szulenski, Alva Taylor, Gelsey Tolosa, Don Trigg, Therese Van Ryne, Will Vincent, Jim Weinstein, Sid Winter, Brian Wu e Peter Zemsky.

Sou grato a Dean Matt Slaughter e à liderança da Tuck School of Business e Dartmouth College, que resguardam e aprimoram o ambiente excepcional para pesquisa e ensino que permitiu que estas ideias florescessem; a Jennifer Endicott e Brandon Smith, queridos colegas do Strategy Insight Group, por contribuírem para meu pensamento e colocarem em prática essas ideias em grandes organizações; e a Steve Stankiewicz, por sua excelência em design gráfico.

Agradeço de modo especial a Alexia Paul, cujo esforço, criatividade e percepções foram inestimáveis do início ao fim e em todos os lugares intermediários.

Esmond Harmsworth, meu agente literário e um modelo de integridade pessoal e intelectual, foi uma fonte de sabedoria e aconselhamento em todas as etapas desta jornada. Na MIT Press, minha incrível editora, Emily Taber, deu novo sentido ao padrão de parceria, examinando profundamente as ideias além das palavras e generosamente doando seu tempo e discernimento enquanto ajudava a transformar o manuscrito em livro.

Os maiores agradecimentos e o maior apreço vão para minha família, sem a qual nada disto teria importância.

Sumário

Prefácio da Série   xi

Introdução: A Ruptura do Ecossistema: Como Competir Quando os Limites Colapsam   xiii

   1 Vencer o Jogo Errado Significa Perder   1

   2 A Defesa do Ecossistema é Coletiva   39

   3 Ataque ao Ecossistema: Do Aumento da Concorrência à Mudança da Competição   75

   4 O Momento Certo da Ruptura do Ecossistema: Cedo Demais Pode Ser Pior do que Tarde Demais   113

   5 A Armadilha do *Ego* Sistema   143

   6 Mentalidades Importam: Estabelecer Liderança É Diferente de Exercer Liderança   169

   7 A Clareza Estratégica é Coletiva   197

Posfácio: Enfrentando a Ruptura do Ecossistema Além do Setor Privado   207

Notas   211

Fontes e Citações   221

Índice   249

Prefácio da Série

Não há carência de ideias sobre gestão no mundo. Todos os anos, pesquisadores, profissionais e outros especialistas produzem dezenas de milhares de artigos, livros, ensaios, publicações e podcasts. Entretanto, são poucos os que prometem, de fato, uma evolução prática significativa, e ainda mais escassos são os que ousam entrever o futuro reservado à gestão. É essa rara estirpe de ideias — plenas de significados práticos, fundamentadas em evidências e elaboradas tendo em vista o futuro — que procuramos apresentar nesta série.

Paul Michelman

Editor-chefe

MIT Sloan Management Review

Introdução

A Ruptura do Ecossistema: Como Competir Quando os Limites Colapsam

As bases da competição estão se alterando. Você está preparado? A concorrência está mudando de setores consolidados, fornecedores de produtos e serviços bem definidos, para ecossistemas mais amplos cujas propostas de valor são expansivas: de carros a soluções de mobilidade; de atividades bancárias a *fintechs*; de farmácias a centros de gestão de saúde; de linhas de produção a fábricas inteligentes. As linhas demarcatórias dos setores de atividade econômica estão cada vez mais difusas onde quer que se olhe, e a tendência é de aceleração desse processo.

Este livro não é mais uma exortação à vigília. Os líderes de hoje já estão despertos, até mesmo insones. Para muitos, no entanto, a vigília tem provocado mais confusão do que clareza. Por quê? À medida que a concorrência ultrapassa as fronteiras tradicionais, seus desafios estratégicos não mais se alinham às suas estruturas estratégicas.

A ruptura clássica foi a ruptura da economia estruturada em setores. A ruptura moderna é a ruptura do ecossistema.

O ecossistema se desagrega quando a introdução de novas propostas de valor impacta a competição entre os setores de atividade, borrando fronteiras e desmantelando estruturas. Para os rivais tradicionais, o prêmio que buscavam era o mesmo, com vencedores e perdedores claramente definidos; hoje, enquanto atacam, os que desafiam perseguem objetivos diferentes e se concentram em métricas diferentes. Os rivais tradicionais se concentravam em sua própria execução para obter vantagens de custo e qualidade; hoje, os que desafiam formam novos conjuntos de parceiros para criar valor de uma maneira tal que nenhuma empresa poderia, individualmente, esperar oferecer.

Os disruptores do ecossistema não estão apenas aumentando a competição, mas redefinindo as bases dela: estão mudando o jogo. A depender de que lado se está — atacar novos mercados ou tentar repelir esses ataques —, é necessário ter uma nova perspectiva sobre competição, crescimento e alavancagem. O sucesso não é mais simplesmente "vencer", mas sim ter a certeza de estar vencendo o jogo certo.

Com este livro, faço uma promessa simples: mostrarei em detalhes como jogar e vencer na nova paisagem do ecossistema. Não se trata de tecnologia, visão ou tomada de risco, embora esses elementos claramente desempenhem um papel importante. Em vez disso, trata-se de uma nova abordagem — um novo manual — para estabelecer estratégias quando fronteiras e regras estão mudando. Ainda que você já tenha uma noção das respostas certas, os conceitos e a linguagem fornecidos aqui o ajudarão a conectar os pontos de sua própria intuição e, talvez mais importante, fazer essa conexão para os outros, facilitando que sigam sua lógica e sua liderança.

Em essência, a estratégia do ecossistema trata do alinhamento de parceiros. A percepção do cliente e a ótima execução são os motores *necessários mas não mais suficientes* para o sucesso. Considerando que entregar suas propostas de valor tornou-se algo mais dependente da colaboração, encontrar maneiras de alinhar seus parceiros passou para o centro do palco. No modo de ser das atividades econômicas tradicionais, trabalhar com parceiros significava dominar cadeias de suprimentos e canais de distribuição: todos entendiam seu papel e sua posição. Nos ecossistemas, o desafio é alinhar parceiros críticos, cuja visão "de quem faz o que" pode variar drasticamente em relação à sua.

Isso significa que a própria noção de vencer deve se tornar mais matizada. Os vencedores nos setores econômicos ocupam o topo. Os vencedores em ecossistemas podem criar e capturar valor em uma variedade de posições, e escolher onde jogar é tão importante quanto o que, como e quando jogar.

Muito do que poderíamos assumir confortavelmente em um mundo economicamente compartimentado em setores é abolido no mundo de ecossistemas de hoje. Porém, sob outra perspectiva, é possível ver novas dimensões no campo de jogo que nos permitem fazer novas perguntas e estabelecer novas abordagens:

- Como você pode identificar as mudanças capazes de desagregar seu ecossistema, transformar parceiros em rivais e minar sua capacidade de vencer?
- Como pode conduzir a ruptura do ecossistema a fim de eliminar fronteiras e derrubar concorrentes estabelecidos?
- Como se manter de pé contra os gigantes do ecossistema e até mesmo ter êxito apesar de seus ataques?
- Qual é a vantagem ímpar das empresas estabelecidas em jogar o jogo do ecossistema?
- Como você pode prever a ocasião certa para a ruptura do ecossistema — quando a janela de oportunidade se abrirá e se fechará?
- Como você pode salvaguardar seu papel em um ecossistema e evitar a armadilha do *ego* sistema?
- Como a maneira como você seleciona e desenvolve líderes individuais precisa mudar no contexto dos ecossistemas?

Nas startups, responder equivocadamente a essas questões se manifesta como dolorosas reviravoltas — tentativas de se reposicionar no mercado, sem entender que a chave para o sucesso não é uma proposta de valor diferente, mas sim uma abordagem melhor para alinhar os parceiros que darão vida à oferta. Nas corporações, isso se manifesta na forma de intermináveis pilotos — tentativas de gerar um novo valor, cuja existência é demonstrada no local de teste, mas que falham no mercado comercial quando os parceiros se recusam a aumentar a escala nos termos imaginados. Em todas as organizações, o resultado é um trabalho árduo de gente boa, que nunca ganha o impulso que merece.

Observando de um ponto de vista mais amplo, fica evidente que entramos em uma era que requer das organizações abordar sua criação de valor de forma holística. A ascensão do *stakeholder capitalism* [capitalismo de todas as partes interessadas, e não apenas dos acionistas] obriga as empresas a reconhecerem seus papéis e suas responsabilidades em suas comunidades e na sociedade como um todo. Tomar corpo para enfrentar esse desafio e transformar esse requisito em uma oportunidade exige uma abordagem baseada em ecossistemas.

Nos capítulos a seguir, desenvolveremos uma nova perspectiva e um novo conjunto de princípios para o desenvolvimento de estratégias ecossistêmicas eficazes. Nosso foco está em como competir, colaborar e coexistir quando oportunidades e ameaças não respeitarem mais as regras ou os limites tradicionais. Mergulharemos fundo em casos ilustrativos, que variam de empresas firmemente estabelecidas a empresas de tecnologia familiares, passando por startups ágeis, no intuito de extrair o significado e as nuances daqueles princípios. Os casos apresentarão os fatos de como as coisas se desenrolaram, e os modelos fornecerão uma lógica para entender por que elas se desenrolaram de um determinado jeito e como considerar alternativas quando você estiver às voltas com situações semelhantes.

Cap. 1 Vencer o Jogo Errado	Cap. 2 Defesa do Ecossistema	Cap. 3 Ataque ao Ecossistema	Cap. 4 O Momento Certo da Ruptura	Cap. 5 A Armadilha do Ego Sistema	Cap. 6 Mentalidades Importam	Cap. 7 A Clareza Estratégica É Coletiva
Casos Principais						
Kodak	Wayfair vs. Amazon TomTom vs. Google Spotify vs. Apple	Amazon Alexa Oprah Winfrey ASSA ABLOY	Tesla e Veículos Autônomos Wolters Kluwer 23andMe Zebra Technologies	Apple e Pagamentos Móveis E-books GE Predix Prontuários Eletrônicos Microsoft vs. IBM	Microsoft Azure	
Ferramentas						
Arquitetura de Valor Inversão de Valor	Três Princípios de Defesa do Ecossistema	MEV Expansão em Etapas Transpoosição de Ecossistema	Gráfico da Trajetória Momento Certo: Contexto	Liderança Teste Decisivo Hierarquia de Vencedores		Ciclo do Ecossistema

Figura I.1
Plano do livro.

Cada caso que exploramos envolve empresas que já nasceram digitais ou que, na condição de estabelecidas, adotaram a transformação digital. Em todos eles há lições — positivas e negativas — que demonstram por que lidar com a ruptura do ecossistema envolve não apenas "tornar-se digital", mas também dominar o que vem a seguir. O plano do livro está resumido na Figura I.1. As fontes do material arrolado são referenciadas na seção final do livro.

As organizações diferem em suas especificidades, é por isso que respostas relacionadas à estratégia raramente são certas ou erradas em um sentido universal. Uma estratégia ótima para uma organização pode ser desastrosa para outra. Contudo, as estratégias são, e muito claramente, melhores ou piores em termos de consistência e adequação. O que importa, então, é elaborar uma estratégia que se adapte à sua empresa e comunicá-la de forma convincente o bastante para levar adiante uma ação coerente em toda a organização.

As ferramentas e os métodos deste livro permitem compreender e articular estratégias em ambientes de ecossistema. Eles são o produto de uma jornada de uma década de pesquisa e prática, testadas e validadas por meio de dezenas de envolvimentos com clientes, desde startups e empresas Fortune 100 a organizações sem fins lucrativos e entidades governamentais. Tratam-se de conceitos consistentes que podem se tornar muito poderosos caso sejam aplicados ativamente em determinado contexto. Conforme for avançando no livro, é fundamental que você vá além da leitura dos casos e considere ativamente as implicações em sua própria organização: Quem é você na história? Em que sua estratégia é condizente com os princípios e onde há contradição? Em qual aspecto você se sente mais (ou menos) confortável com a diferença? E o mais importante: o que você deve fazer para levar sua equipe e sua organização a terem o mesmo nível de compreensão?

Todos estão jogando para vencer. A questão é ter certeza de que você está tentando vencer o jogo certo.

Recursos adicionais (gratuitos), incluindo guias de discussão, um glossário e números, estão disponíveis em www.ronadner.com [conteúdo em inglês].

1
Vencer o Jogo Errado Significa Perder

> "Não é o que você não sabe que vai deixá-lo em apuros. É o que você tem certeza que não vai."
> — Mark Twain

Foi o funeral de um rei. Quando, em janeiro de 2012 a Kodak, um ícone norte-americano da inovação, quebrou e pediu a proteção da lei de falências, o mundo lamentou em tons sépia. A empresa havia inventado a primeira câmera digital do mundo em 1975, e, segundo a narrativa tradicional, gerentes míopes permitiram que, inchada, ela deixasse a inércia empurrá-la penhasco abaixo. A Kodak se fixou obstinadamente em seu negócio de fotografia analógica altamente lucrativa. Deixou as Sonys e as Hewlett Packards do mundo passarem à frente dela em câmeras e impressoras digitais e, por fim, sucumbiu em um esforço tardio para responder ao ataque.

A Kodak, hoje, se tornou o garoto-propaganda da incompetência em face da mudança e um aviso a todos contra a complacência: uma empresa atolada em seu legado de negócios que *não se adaptaria* ao novo cenário. É também descrita, alternativamente, como uma empresa cujos recursos, as capacidades, a força de trabalho e a cultura distanciaram-se tanto dos novos requisitos, que ela não *conseguiu se adaptar*. Ficamos nos perguntando "Como não se deram conta?" e questionando nossa própria capacidade de mudança. "É melhor abraçarmos o futuro ou acabaremos como a Kodak!" é a advertência que fazemos às nossas próprias equipes à medida que as estimulamos a agir.

A Kodak fracassou, mas não pelas razões que você talvez imagine. Sua história, que está entre as mais contadas da era digital, está também equivocada. Isso é importante, não para a Kodak, mas para todos que utilizam histórias assim como subsídio para orientar a administração em tempos turbulentos. Como veremos, as lições usuais extraídas de casos de fracasso perante a mudança — seja mais ousado, adote a inovação e arrisque mais para vencer o jogo — podem causar mais danos que benefícios. Se pudermos compreender a causa-raiz do fracasso da Kodak ter sido tão mal compreendida, abriremos as portas para uma nova abordagem, capaz de desenvolver estratégias e conduzir uma transformação de modo *eficaz*. Caso contrário, corremos o risco de seguir pela mesma e dolorosa estrada.

A verdadeira história da Kodak revela uma empresa que superou com sucesso suas lutas iniciais (muito reais) e agiu corretamente, de acordo com as antigas regras da ruptura clássica: gerenciou a mudança na tecnologia, transformou sua organização, atingiu metas e se tornou um líder na impressão digital. No entanto, dominou o negócio da impressão digital bem quando a impressão em si estava prestes a ser substituída pela visualização digital. As telas substituíram o papel fotográfico, os smartphones substituíram os álbuns de fotos, as publicações nas redes sociais substituíram as reimpressões, e o mundo da Kodak foi por água abaixo.

A questão fundamental trazida pela Kodak, e com a qual os gerentes devem lidar, não é "Como você conduz uma transformação mais rápida?", mas, sim, "Como pode ter certeza de que sua transformação é a certa?"

O que a Kodak deixou passar em branco foram as novas regras da ruptura moderna: as relacionadas ao ecossistema. Trata-se de algo importante para qualquer um que esteja interessado em progredir. Entender a mudança de atividades econômicas distribuídas em setores para ecossistemas é essencial para o sucesso de quem está desenvolvendo um novo empreendimento, administrando uma empresa centenária, liderando um fundo de investimento, estabelecendo uma política governamental ou simplesmente está curioso sobre as mudanças no contexto dos negócios.

A ameaça de disrupção do sistema clássico, baseado na segmentação das atividades econômicas, se deu com a entrada furtiva de novos participantes "bons o bastante" para roubar a participação de mercado em seu setor principal, garantindo para si uma fatia do bolo. Já a ameaça de ruptura do ecossistema vem de parceiros úteis se tornando "bons demais" e destruindo a base de sua criação de valor, desintegrando o próprio bolo.

A verdadeira lição da Kodak: o maior perigo está em fazer de tudo para vencer, apenas para descobrir que venceu o jogo errado. As regras tradicionais, ainda que continuem importantes, deixaram de ser guias suficientes — a estratégia bidimensional é inadequada para um mundo tridimensional. Aqueles que não expandem sua perspectiva sobre oportunidades e ameaças, rivais e parceiros, construção e momento certo da criação de valor estão fazendo um convite ao fracasso.

Neste capítulo, usaremos o caso da Kodak para apresentar uma nova abordagem de elaboração de estratégias [conhecida como *crafting strategy*]. Detalharemos a ideia de um ecossistema — o que é, o que não é; e o *ciclo do ecossistema*. Veremos como os ecossistemas se setorializam e como setores de atividade se dissolvem em ecossistemas. Em seguida, desenvolveremos um novo conceito, o de *arquitetura de valor*, que nos permitirá caracterizar nossos objetivos e nosso ambiente de uma nova maneira. Com isso bem assentado, deixaremos claros os fundamentos da ruptura do ecossistema e conseguiremos prever uma categoria inteiramente nova de dinâmica competitiva — *a inversão de valor* —, por meio da qual parceiros do ecossistema podem se tornar rivais, complementos podem se tornar substitutos e vencedores podem se tornar perdedores. Com esses elementos, estaremos munidos de um novo conjunto de perspectivas e ferramentas que desdobraremos ao longo do livro e que você deve aplicar em seus empreendimentos de agora em diante.

A Miraculosa Transformação da Kodak

A invenção da câmera digital em 1975 por Steve Sasson, engenheiro da Kodak, deu origem a 25 anos de debate interno na empresa sobre se, quando e como incorporar a imagem digital nas operações comerciais da empresa. Com relação à tecnologia, demonstrando grande comprometimento e eficácia, a Kodak investiu, entre 1980 e 1990, cerca de US$5 bilhões, ou 45% de seu orçamento de P&D, em imagem digital; fez enormes investimentos em novas fábricas e pessoal; em 2000, havia acumulado mais de mil patentes de imagem digital.

Embora forte no que se referia à tecnologia, a tomada de decisões de negócios da Kodak com respeito ao digital foi incoerente e imprecisa ao longo da década de 1990. Inúmeros artigos trataram de como a combinação de pensamento legado, política interna e pressões competitivas dificultou a transição digital da Kodak. Essas questões destacam os desafios universais do gerenciamento de mudanças e são, certamente, verdadeiras e importantes. Mas *não* foram o gatilho da quebra da Kodak em 2012. Concentrar-se neles é focar a parte errada da história.*

A Kodak iniciou um novo capítulo digital em 2000, quando a função de CEO passou de George Fisher, um visionário, um estranho no ninho que não conseguiu mudar mentalidades internas, para Dan Carp, alguém de dentro, confiável, que aos 30 anos de idade tinha abraçado a visão digital e dispunha de legitimidade para tocar a empresa. "Hoje, estamos passando por uma mudança estrutural em nosso negócio tradicional de filme e papel em mercados desenvolvidos", declarou Carp, que concluiu: "Para lidar com essa mudança, iniciamos uma transformação pragmática e ousada. Estamos determinados a vencer nesses novos mercados digitais e criar uma Kodak equipada para o sucesso."

Carp daria início a uma temporada de dez anos de uma milagrosa e bem-sucedida transformação que levou a Kodak a se tornar uma campeã no mercado digital. Não havia receio de encampar competências que iam além daquelas de sua própria organização, como bem exemplifica sua compra do Ofoto.com (mais tarde Kodak Gallery) em 2001, com a finalidade de criar uma plataforma de comércio online na qual os usuários pudessem armazenar, compartilhar e imprimir fotos digitais. Sim, a Kodak administrava um negócio social em nuvem logo no início do jogo. Em 2002, esse negócio estava crescendo 12% *ao mês*. A Bloomberg apelidou a Kodak de "A Foto do Sucesso Digital".

Em 2005, a Kodak ocupava o primeiro lugar nas vendas de câmeras digitais nos EUA (globalmente, era a número três), à frente das rivais Canon e Sony. Para se adaptar a um mundo digital, cortou na própria carne: em 2006, fechou fábricas de filmes em todo o mundo e eliminou 27 mil empregos. Dobrando a aposta no digital, a Kodak vendeu seu lucrativo negócio de filmes radiográficos

---

* Com a proteção da lei de falências, a Kodak ressurgiu em 2013, uma sombra do que era antes. Sua jornada subsequente não é nosso foco aqui.

da área da saúde, em 2007, por US$2,35 bilhões. O dinheiro seria empregado, nas palavras de Antonio Perez, sucessor de Carp como CEO, "para focar nossa atenção nas oportunidades significativas de crescimento digital em nossos negócios em imagens profissionais e de consumo, e comunicações gráficas". Perez já havia dirigido o negócio de impressoras de grande porte da Hewlett Packard, e seu recrutamento e promoção na Kodak eram mais uma prova de seu compromisso com a impressão digital. "Em breve", disse Perez, "não responderei a perguntas sobre filmes porque não saberei. Isso será muito pequeno para eu me envolver".

A adoção da impressão digital pela Kodak foi estimulada por dois fatores críticos. Primeiro, a empresa descobriu as margens extremamente atraentes proporcionadas pela impressão doméstica. A US$2,7 mil por galão, a tinta preta da impressora ficou em 8º lugar no ranking da BBC dos "10 Líquidos Mais Caros do Mundo em 2018", ficando atrás do veneno de escorpião, da insulina e do Chanel Nº 5. Como um ex-executivo da HP explicou em 2000: "Todos os proprietários de câmeras digitais desejarão imprimir suas fotos e páginas da web, e isso venderá muitas impressoras e tinta." E a venda de papel fotográfico de alta rentabilidade aumentaria ainda mais o lucro da impressão digital.

O segundo fator foi que a Kodak percebeu que muitas de suas principais competências poderiam ser transferidas para o novo mundo digital: a tecnologia de processamento de imagem dos laboratórios fotográficos era valiosa em câmeras digitais, e sua maestria em processos químicos, um elemento vantajoso na questão das tintas e dos revestimentos do papel fotográfico. Até mesmo a força centenária da Kodak nas relações B2B (os onipresentes laboratórios fotográficos em supermercados e drogarias) acomodou-se sem atropelos à era digital. Em 2004, a empresa era a fornecedora líder mundial de quiosques fotográficos, com receita de US$400 milhões. Com produtos superiores fornecidos por sua tecnologia proprietária de impressão a seco, em 2005 a Kodak expulsou sua arquirrival Fuji de 4.859 lojas Walgreens, assumindo o negócio de quiosques de impressão de fotos de alta margem do varejista. Em 2006, acrescentaria Walmart, Kmart, Target e CVS em sua presença no mercado varejista, com cada local gerando vendas de tinta e papel fotográfico de alta margem em cada clique. Um pequeno varejista relatou vender 200 mil impressões digitalizadas por ano em apenas 4 quiosques. A preços entre US$0,39 e US$0,49 por impressão de tamanho padrão, tratava-se de uma grande receita proveniente de apenas alguns metros quadrados de espaço físico. Em 2007, com 90 mil quiosques de varejo literalmente imprimindo dinheiro nos EUA, a Kodak dominava o setor.

Como é possível afastar um concorrente de primeira linha como a Fuji de uma conta importante como a Walgreens? Não sendo complacente; não sendo incapaz. Você faz isso somente por meio de ótima execução, ótimas equipes, com ótimos produtos e serviços.

Os líderes da Kodak haviam captado o som da mudança e logo perceberam que o modelo de negócios da indústria cinematográfica, na qual as vendas de consumíveis geravam lucros extraordinários, transferia-se de mala e cuia para o mundo da impressão digital de fotos. Em 2010, a Kodak, ao custo de muita luta, chegara ao 4º lugar no mercado de impressoras a jato de tinta, juntando-se a empresas como Hewlett Packard, Lexmark e Canon. Em 2011, Perez afirmava aos analistas: "Vocês verão que o negócio [de impressão digital] será maravilhoso para esta empresa." E por um breve momento, ele não estava errado.

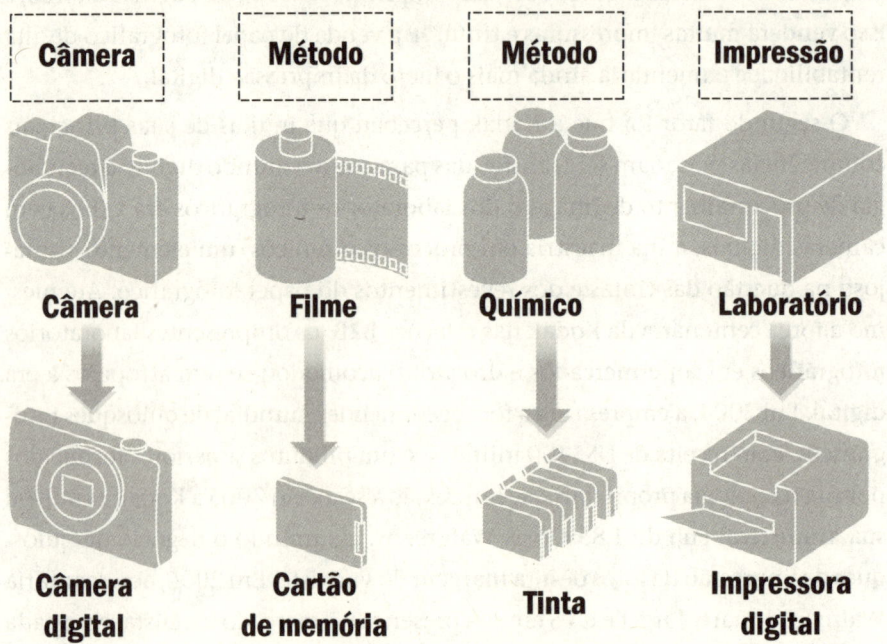

Figura 1.1
As mudanças de tecnologia por trás da transição da imagem ótica para a imagem digital.

As evidências são claras: a Kodak não "deixou passar" o digital. Quando para o mundo os saltos tecnológicos radicais da Figura 1.1 seriam impossíveis, a Kodak mostrou que o impossível poderia ser alcançado. Sua administração se incumbiu de realizar o difícil trabalho de mudar de uma base lucrativa de impressão analógica para uma base lucrativa de impressão digital. Foi bem-sucedida. E, ainda assim, fracassou.

Então, o que Deu Errado?

Vencer o jogo errado é assim: a Kodak alcançou seu objetivo de se tornar um participante significativo no mercado de impressão digital. Contudo, o próprio mercado entrou em colapso à medida que o impacto digital se deu não só em como as fotos eram capturadas e impressas, mas também em como eram *consumidas*. A Kodak colapsou não por ter falhado em sua transformação para uma empresa de impressão digital, mas porque a impressão digital se tornou amplamente irrelevante com o surgimento da visualização e do compartilhamento digital. A criação de valor da Kodak foi derrubada não por um rival ou substituto direto, mas por mudanças em outras áreas de seu ecossistema. Ela foi vítima da dinâmica de inversão de valor do ecossistema.

Onde os consumidores modernos mantêm e veem suas fotos? Não em álbuns, nem em caixas de sapato ou carteiras. E como eles veem essas imagens? *Não no papel*. A impressão em papel foi substituída pela tela digital; o álbum de fotos, pelo celular no bolso e uma biblioteca na nuvem. Estes, por sua vez, redefinem a proposta de valor para o cliente, pois o outrora famoso "Momento Kodak" é agora o momento Instagram, não mais uma questão de fotos emolduradas, mas de postagens online. Em 2019, mais de 50 bilhões de fotos foram enviadas para o Instagram — sem dúvida compartilháveis, mas quase nunca impressas.

Em resumo, a Kodak venceu sua árdua batalha para se tornar uma empresa de impressão digital, mas apenas para ser esmagada pela visualização digital. Esse é um tipo diferente de disrupção.

A Necessidade de uma Nova Abordagem

O foco da Kodak estava no gerenciamento da *disrupção tecnológica* — para dominar a transição entre os regimes de tecnologia. O que ela perdeu foi a dinâmica da *ruptura do ecossistema*, ou seja, a mudança na própria base de sua criação de valor.

A história da Kodak fascina porque ilustra de maneira perfeita onde, como e por que a estratégia clássica fracassa diante da ruptura do ecossistema. É algo que deve fazê-lo parar e pensar. Por que a liderança da Kodak errou tanto? Por que sua história foi tão fundamentalmente mal compreendida? E, mais importante ainda, o que poderia ter faltado na organização?

Em retrospectiva, tudo é óbvio. Porém, em termos práticos, aplicado à sua empresa, é realista esperar que você e seus gerentes elaborem uma estratégia *voltada para o futuro* que leve em conta essas variáveis? É justo exigir tal elevado nível de vislumbre? É razoável, dadas todas as outras demandas e desafios que precisam ser gerenciados?

Sim. Sim. E sim. É realista, justo e razoável, desde que você esteja preparado. Elaborar uma estratégia de ecossistema requer um ponto de vista diferente, novos conceitos e novas ferramentas que permitam entender a dinâmica quando os limites tradicionais são superados e novas propostas de valor são criadas.

Vamos começar.

Romper os Limites da Economia Setorializada Rompe a Estratégia Associada a Ela

A Kodak não foi derrotada por outros fabricantes de impressoras, mas pelo surgimento das telas. A Nokia não foi derrotada pelos fabricantes tradicionais de aparelhos portáteis, mas pelo surgimento dos aplicativos de software móveis. E as frotas de táxis não foram derrotadas por outros "medalhões", mas pelo surgimento de plataformas de compartilhamento de viagens. A natureza da competição e dos concorrentes está mudando.

A análise clássica da economia setorializada define as organizações produtivas participantes conforme sua posição ao longo de uma cadeia de valor, uma sequência de insumo/produto que vai dos fornecedores às empresas focais e daí aos compradores. Pense em produtores de artefatos de silício (por exemplo, Sumco) para fabricantes focais de semicondutores (por exemplo, Intel) cujos produtos, por sua vez, são adquiridos por montadoras de computador (por exemplo, Lenovo). Esse fluxo tem uma direção clara e limites bem definidos entre as funções. Se você mudar o ponto de foco, a sequência também mudará: mova uma etapa para a direita para considerar os fabricantes de semicondutores, daí para as montadoras de computadores, e então, para os distribuidores (por exemplo, Best Buy). Nessa conceitualização, a estratégia de negócios tem por foco competir dentro de cada caixa dessa indústria, e a estratégia corporativa está focada em escolher em quais caixas estar. As empresas competem dentro dessas caixas buscando vantagens por meio de diferentes combinações de custo e qualidade: Ford luta contra General Motors para ganhar mais compradores de automóveis; Kellogg's luta contra General Mills para ganhar mais consumidores de cereais matinais; a rede de televisão ABC enfrenta a NBC para ganhar mais telespectadores do noticiário noturno. A capacidade delas de capturar valor é determinada pela capacidade que têm de gerenciar sua rivalidade, negociar com compradores e fornecedores, enfrentar ameaças substitutas e encarar novos concorrentes, conforme caracterizado pela famosa estrutura das Cinco Forças de Michael Porter.[1]

A reviravolta da tradicional "ruptura clássica" — o poderoso modelo de análise de ataque de baixo para cima de Clayton Christensen — levou a questão para além dos rivais encarando-se para focar as ameaças apresentadas por participantes usuários de uma tecnologia diferente, capaz de abocanhar participação de mercado baseando-se em custos e preços mais baixos: companhias aéreas com desconto, como a Southwest, atacando as operadoras de serviço completo; usinas semi-integradas [*mini-mills*], como a Nucor, colapsando siderúrgicas integradas; e unidades de disco rígido de 3½ polegadas de menor capacidade da Conner substituindo a geração de tecnologia de 5¼ polegadas de maior capacidade. De início, limitações de tecnologia restringiam esses participantes a servir apenas a segmentos de compradores de baixa atratividade, mas à medida que sua tecnologia se aprimorava e suas ofertas se tornavam "boas o suficiente", eles foram conquistando uma participação crescente, desagregando o mercado até então predominante.

Esses disruptores clássicos mudaram a forma como o jogo era jogado, mas não mudaram o jogo em si. Apesar de utilizarem métodos de produção diferentes, suas ofertas e seus objetivos se encaixavam perfeitamente nos limites do setor: a Southwest ainda vendia passagens aéreas, a Nucor ainda vendia aço, e a Conner ainda vendia unidades de disco. Ao adotarem novas tecnologias, elas desagregaram os que controlavam aqueles ramos de atividade, mas jogaram o mesmo jogo pelo mesmo prêmio. A caixa do setor era a mesma.

Um problema fundamental com a análise do setor de atividade é que ela presume o que constitui um "setor de atividade". Tal noção acaba sendo incrivelmente imprecisa. Fica dependendo de algum senso comum entre os participantes sobre onde as atividades começam e terminam, um entendimento comum de quais clientes rivais estão competindo e como esses clientes estão segmentados e uma visão consistente do que é central e do que é periférico.

No passado, era possível ignorar essa imprecisão porque os participantes relevantes agiam de modo relativamente consistente: CVS, Walgreens e o farmacêutico local variavam em termos de organização, escala e estratégia, mas todos baseavam seu sucesso na venda de produtos e na distribuição de medicamentos. Poderíamos simplesmente presumir uma "indústria de varejo farmacêutico" e ir em frente com uma estratégia de concorrência. Mas o CVS de hoje, rebatizado como CVS Health, inclui não apenas um varejista (o qual, como parte de sua transformação em 2014 centrada na saúde, escolheu proativamente encerrar a venda de todos os produtos derivados do tabaco, perdendo voluntariamente US$2 bilhões de seu faturamento anual), mas também de Clínicas Minuto (ambulatórios que oferecem serviços básicos de saúde no varejo), Caremark (maior gestora de benefícios farmacêuticos dos EUA, que gerencia os planos de reembolso de medicamentos para 94 milhões de pacientes segurados) e Aetna (uma das maiores companhias de seguro-saúde do país, com 37,9 milhões de segurados). Ao entrelaçar atividades e ofertas, a CVS Health está tentando ir além da mera diversificação para redefinir o jogo. A noção de uma "indústria de varejo farmacêutico" bem definida decorre de uma mudança: do preenchimento de receitas para o gerenciamento de saúde e bem-estar. O CEO Larry Merlo chamou isso de "varejo de saúde". A CVS Health está tentando redefinir não somente a proposta de valor para o cliente final, mas também a forma subjacente pela qual o valor para o cliente é gerado. Ao fazer isso, ela realocou seus esforços, passando da competição em setores separados para a criação de um novo ecossistema.

Este é um mundo diferente. A orientação de "assumir um segmento econômico e tocar adiante" funcionou quando os limites do mercado eram claros, as metas dos rivais eram consistentes, o padrão de interação entre os participantes era bem estabelecido e inconteste. No entanto, essa orientação torna-se ineficaz em decorrência da mudança estrutural e das propostas de valor multifacetadas.

Se observarmos do ponto de vista de um setor de atividade, podemos ver as trajetórias de melhoria ocorrendo dentro de uma caixa e podemos ver a ameaça de concorrentes diretos que procuram nos substituir dentro da caixa. Esse ângulo de visão, entretanto, não nos permite dar conta das forças que impactam a relevância de nosso valor vindas de fora da caixa tradicional. Dentro da caixa do setor, limitados pelo que podemos ver, os telefones convencionais podem ser aprimorados e substituídos por smartphones, mas os telefones nunca podem se tornar substitutos das impressoras (errado: foi exatamente isso que derrubou a Kodak); melhores tratores só podem beneficiar as indústrias de sementes e fertilizantes (errado: os tratores inteligentes de hoje reduzem a demanda por volume de sementes e fertilizantes mediante o plantio de alta precisão capaz de fazer com que cada semente conte, eliminando o desperdício); e opções de entrega mais eficientes e fáceis são melhores para os donos de restaurantes (errado: serviços como Uber Eats e DoorDash assumiram o relacionamento com os clientes, tornando os restaurantes mais intercambiáveis entre si).

É precisamente quando as fronteiras setoriais são contestadas e redesenhadas que a estratégia tradicional baseada no ramo de atividade atinge seus limites e surge a necessidade de uma estratégia de ecossistema. Aplicar a estratégia tradicional nos faz correr o risco de focar a parte errada do problema, levando a situações como a Kodak vencer a batalha pelas transições tecnológicas, mas perder a guerra pela relevância. As ferramentas clássicas de estratégia não foram projetadas para esse novo terreno. E, com certeza, não são úteis aí.

Conforme as fronteiras da competição se deslocam, também deve mudar nossa abordagem para regulamentar a competição. As medidas tradicionais de poder e concentração de mercado tornam-se cada vez mais inadequadas em função das empresas que eliminam fronteiras. O potencial para superestimar e subestimar o poder dos disruptores do ecossistema em nossa discussão sobre ataque e defesa é tratado nos Capítulos 2 e 3.

O que É Ecossistema? E o que Não É?

Fronteiras setoriais não podem orientar a estratégia quando as próprias fronteiras estão mudando. Qual é, então, a alternativa? Para trafegar no cenário em mutação, devemos, necessariamente, começar com uma caracterização do valor a ser criado — a proposta de valor:

> **Definição:** *Uma* **proposta de valor** *é definida pelo benefício que o consumidor final deve receber por sua atividade como tal.*

Decidir sobre sua proposta de valor é o primeiro e crucial passo para entender qualquer ecossistema. Proposta de valor é a articulação do benefício que a atuação coletiva do ecossistema gerará e, portanto, define a direção das atividades e das colaborações que se seguem. A proposta de valor da Kodak, por exemplo, foi o Momento Kodak, que podemos elaborar como "reviver e compartilhar memórias por meio de imagens".

Além de articular o benefício, a proposta de valor também especifica o consumidor final. Em contextos com diversos parceiros e intermediários, decidir sobre o consumidor final é uma escolha estratégica própria. Para a Kodak, no mercado doméstico, foi o fotógrafo quem tanto captou quanto reviveu o momento ao folhear álbuns ou admirar a foto em uma moldura. Outros atores, como reveladores e varejistas, foram essenciais para a criação de valor, mas não eram os consumidores finais do Momento Kodak.

Uma proposta de valor atraente é o primeiro passo para o sucesso. É aqui que nos baseamos na percepção do cliente, identificamos a natureza central das "tarefas a serem realizadas" e seguimos o mantra da "obsessão pelo cliente".

Considere sua própria proposta de valor. Você está confiante nisso? Com que clareza você a comunica? Você e sua equipe estão consistentemente articulados?

A percepção do cliente e a proposta de valor certa, entretanto, são apenas o começo. Percepções não se transformam em ações por conta própria. O que importa é a sua entrega no final. O cerne de nossa abordagem é conectar a proposta de valor às atividades que a geram, seja dentro de sua organização, seja nas organizações parceiras: como devemos pensar sobre a construção de valor. É isso que nos leva a concentrar a atenção nos ecossistemas.

Então, o que é ecossistema? Na última década, o termo "ecossistema" tornou-se difuso nas discussões sobre estratégia, tanto acadêmica quanto aplicada. Com o uso crescente e abusivo, corre-se o risco da discussão se tornar inócua. Na maioria das conversas de negócios atuais, a palavra "ecossistema" pode ser substituída pela palavra "mistureba", sem afetar o significado de uma frase. Seu uso excessivo é um indicador de que os gestores estão bastante sintonizados com a necessidade de incorporar outros atores em suas estratégias. Tal ambiguidade aponta para uma necessidade desesperada de esclarecimento.

Descobri uma definição muito útil para meu próprio pensamento sobre ecossistemas. É a base da abordagem conceitual que faremos neste livro:

Definição: Um ecossistema é definido pela estrutura por meio da qual os parceiros interagem para entregar uma proposta de valor ao consumidor final.

Há três aspectos-chave nessa definição:[2]

- Primeiro, a âncora é uma *proposta de valor*. Ao orientar o ecossistema em torno de uma meta de criação de valor, evitamos ficar presos na perspectiva de uma única empresa ou tecnologia.
- Segundo, há um conjunto identificável de *parceiros* específicos que escolhem interagir para criar a proposta de valor. Um ecossistema é multilateral, não pode ser entendido simplesmente dividindo-o em uma série de relações bilaterais comprador/fornecedor (trata-se de uma cadeia de abastecimento complexa que não requer novas ferramentas para gerenciar ou negociar dentro dela).
- Terceiro, o ecossistema tem *estrutura* — os atores estão alinhados em um arranjo colaborativo, com papéis, posições e fluxos definidos entre eles. Caso você esteja olhando apenas para listas de partes interessadas, está perdendo o papel vital da estrutura; e se a preocupação for apenas a de atrair um número crescente de afiliados para sua plataforma, você está perdendo o papel vital do *alinhamento*. O cerne

da estratégia do ecossistema é encontrar uma maneira de alinhar os parceiros no arranjo estrutural (i) em que você os deseja; e (ii) que eles desejam ocupar.

Voltaremos a essa definição ao longo do livro. Ela dará orientação especialmente quando considerarmos o que significa liderar em um ecossistema (Capítulos 5 e 6).

O Ciclo do Ecossistema

A criação de valor é sempre uma questão de colaboração e interdependência. É a necessidade de obter alinhamento — estabelecer um padrão estável, rotineiro, de papéis e interações entre os parceiros criadores de valor — que torna a estratégia um ecossistema distinto da estratégia tradicional setorial. Antes que o alinhamento seja obtido, o foco estratégico para as empresas é estabelecer a estrutura de parcerias e colaborações que elaborarão a proposta de valor; quando isso é alcançado, o foco muda para a negociação dos termos de troca e vantagens dentro da estrutura agora estabelecida.

Isso significa que, à medida que se estabelecem, os ecossistemas amadurecem em padrões de troca estáveis e estruturalmente incorporados que passamos a reconhecer como segmentos econômicos. Por outro lado, quando há ruptura desses padrões, a necessidade crítica de encontrar um novo padrão de interação estruturada traz de volta tais segmentos para um modo de ecossistema. Esse é o ciclo do ecossistema. *Quando observamos sob a perspectiva do ecossistema, nos permitimos compreender os segmentos econômicos em fluxo.*[3]

Por essa razão, em 1905, estabelecer o ecossistema automotivo exigiu estabelecer um padrão de papéis, posições e fluxos mutuamente aceitáveis entre os produtores do "cavalo de ferro", distribuidores de combustíveis, prestadores de serviços de manutenção, gestores de risco, e assim por diante. Foi somente depois de estabilizada essa estrutura de alinhamento que as fronteiras se tornaram identificáveis, permitindo-nos pensar em termos de segmentos econômicos: a indústria automotiva, os serviços de mecânica e manutenção, o setor de seguros de automóvel, os órgãos reguladores etc. Hoje, a ascensão do veículo autônomo aliada aos serviços de mobilidade sob demanda, como Uber e Lyft, está questionando a estrutura estabelecida, forçando os participantes a revisitar os limites atuais do setor enquanto lutam para estabelecer o significado e a estrutura do "ecossistema da mobilidade".

A noção de ecossistemas não é nova. Alinhar atividades interdependentes tem sido um desafio definidor desde o início da civilização. Os antigos tiveram que descobrir redes de estradas, aquedutos, governança e muito mais. Na última década, todavia, o que mudou drasticamente foi a frequência com que as empresas tentam criar novos ecossistemas e em quantos deles tentam (ou são forçadas) participar simultaneamente. Essa intensificação tem sido estimulada pela revolução digital. É improvável que desapareça tão cedo.

Em que a necessidade de conduzir, ou responder a, uma mudança de alinhamento afeta suas metas estratégicas? Tenha em mente esse contexto enquanto apresentamos nossa abordagem para ver e gerir a dinâmica do ecossistema.

Compreendendo os Ecossistemas por meio da Arquitetura de Valor

A ruptura do ecossistema ocorre quando a mudança foge ao confinamento de um determinado setor ou caixa de tecnologia para reverberar em todo o sistema. Para entender a ruptura do ecossistema, é preciso distinguir a mudança no nível das tecnologias e setores, da mudança no nível da proposta de valor. Para tanto, gostaria de apresentar um novo conceito: a arquitetura de valor.

> *Definição: Uma arquitetura de valor é definida pelos elementos que são reunidos para criar a proposta de valor.*

Arquitetura de valor é o esquema pelo qual representaremos e organizaremos os conceitos inerentes ao benefício que entregamos ao consumidor final: os *elementos de valor*. Esses elementos são ideias abstratas — rótulos de categoria — que usaremos como blocos de construção para pensar sobre como uma proposta de valor é montada.

A arquitetura de valor é uma maneira de a organização estruturar sua resposta a uma pergunta crítica: quais são os blocos de construção que constituem sua proposta de valor? Como veremos, ancorar nosso pensamento nos elementos de valor nos permitirá olhar além da empresa, das tecnologias e dos limites do setor em que ela atua de modo a permitir um novo tipo de análise.

Para desenvolver uma arquitetura de valor, partimos da percepção original do cliente, articulamos a noção global da proposta de valor que agrega a percepção e, em seguida, a desconstruímos nos elementos subjacentes de valor.

Por exemplo, se considerarmos a proposta de valor da Kodak de "reviver e compartilhar memórias por meio de imagens", podemos identificar quatro elementos de valor: *Capturar* o momento; *Produzir* a imagem; *Ver* a imagem para reviver a memória; e *Compartilhar* a imagem com outras pessoas (Figura 1.2).

A arquitetura de valor não é estática, é uma escolha estratégica que pode evoluir. Veremos no Capítulo 2, por exemplo, como a varejista de artigos de decoração online Wayfair adaptou sua arquitetura de valor em resposta à entrada da Amazon em seu espaço. Foi a chave para transformar sua proposta de "vender móveis online" (na qual os elementos-chave de valor eram *Seleção*, *Comercialização* e *Entrega*) para "criar a casa que você ama" (com a adição dos novos elementos de *Descoberta* e *Deliberação*). Os elementos da arquitetura de valor da Wayfair são trazidos por meio de parceiros, atividades e tecnologias (torres de servidores, algoritmos de pesquisa, sistemas de gestão de estoque etc.). Mas são os elementos de valor, e não as tecnologias, que dão forma à sua proposta de valor.

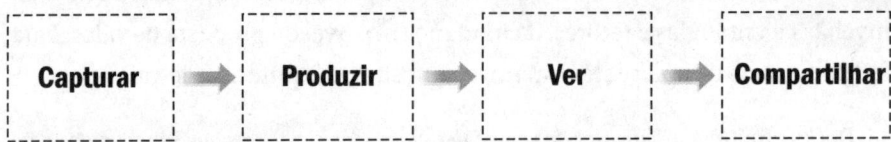

Figura 1.2
Arquitetura da proposta de valor subjacente da Kodak de "reviver e compartilhar memórias por meio de imagens".

É somente após essa arquitetura de valor ficar clara que devemos passar para o nível mais detalhado de atividades tangíveis: tarefas, componentes, tecnologias e parceiros do ecossistema que nos levam do nível conceitual para a interação com o mundo real. É nesse nível que consideramos as cadeias de valor, cadeias de suprimentos, recursos e capacidades. Diagramas de projetos de valor do ecossistema também operam nesse nível (Figura 1.3).*

O conceito de arquitetura de valor apresenta uma unidade e um nível de análise que são diferentes daquele a que estamos acostumados no domínio da estratégia:[4]

- A arquitetura de valor *não* é definida em termos de tecnologias, componentes físicos, atividades ou relacionamentos de engenharia que os vinculam.
- A arquitetura de valor *não* é um modelo de negócios. Um modelo de negócios está focado no modo como você opera para ser pago por um cliente. Uma arquitetura de valor está focada no modo como você constrói valor por trás da disposição de seus clientes de pagar por aquilo que você oferece.[5]
- Os elementos de valor da arquitetura *não* se constituem em etapas em uma cadeia de valor, um sistema de atividades ou um fluxo de valor. Eles não precisam trilhar o caminho dos fluxos de atividades e materiais.
- Os elementos de valor da arquitetura *não* são definidos pelos atributos e pelas preferências que os consumidores têm em mente quando avaliam produtos ou serviços. Desse modo, embora se agreguem para criar a proposta de valor, os elementos individuais não correspondem, necessariamente, ao modo de pensar dos clientes com respeito ao mundo.

---

* *A arquitetura de valor* como uma composição de elementos de valor que vincula uma proposta de valor às atividades está sendo apresentada aqui pela primeira vez, como conceito e definição. Em um livro anterior, *The Wide Lens: What Success Innovators See That Other Miss* (sem publicação no Brasil), apresentei o conceito e a metodologia de um *projeto de valor* — um diagrama do ecossistema que especifica a estrutura da interdependência entre os atores e identifica os locais de adoção e desafios de inovação conjunta que geram pontos cegos da estratégia. Na Figura 1.3, o projeto de valor faz parte do kit de ferramentas no nível das "atividades".

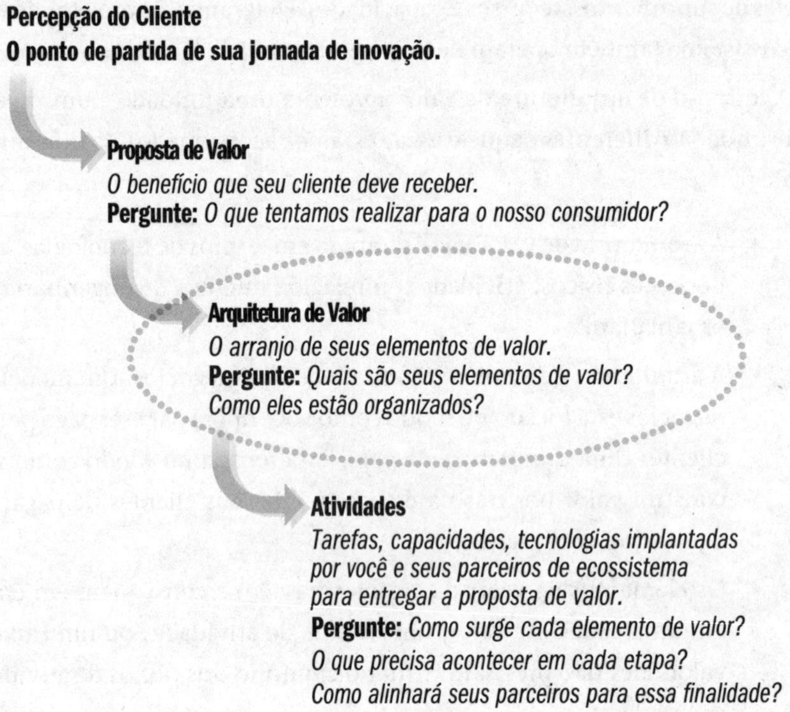

Percepção do Cliente
O ponto de partida de sua jornada de inovação.

Proposta de Valor
O benefício que seu cliente deve receber.
Pergunte: O que tentamos realizar para o nosso consumidor?

Arquitetura de Valor
O arranjo de seus elementos de valor.
Pergunte: Quais são seus elementos de valor?
Como eles estão organizados?

Atividades
Tarefas, capacidades, tecnologias implantadas por você e seus parceiros de ecossistema para entregar a proposta de valor.
Pergunte: Como surge cada elemento de valor?
O que precisa acontecer em cada etapa?
Como alinhará seus parceiros para essa finalidade?

Figura 1.3
O relacionamento existente entre os principais construtos da percepção do cliente, proposta de valor, arquitetura de valor e atividades, destacando a arquitetura de valor como um novo nível de análise.

Colocar o foco na arquitetura de valor nos libera de ancorar nossa análise em artefatos tecnológicos (lado da oferta) e nos permite conceituar em termos dos elementos de criação de valor (lado da demanda). Com isso, podemos distinguir as mudanças que ocorrem dentro das caixas tradicionais de elementos específicos (o modo como as atividades ocorrem) e as mudanças cujo impacto se faz sentir nos elementos de valor (o modo como as atividades contribuem para a proposta de valor).

Você e sua organização têm uma linguagem sistemática para discutir o que está por trás da proposta de valor? Alguma versão de uma abordagem de arquitetura de valor? A maioria das organizações não tem. Em vez disso, ao pensar sobre a criação de valor, elas — tal como a literatura de estratégia —, articulam uma proposta de valor e só então assumem o pensamento em termos de suas atividades, opções de tecnologia e de sua estrutura organizacional. Contudo, ao fazer isso, elas limitam sua capacidade de gerenciar mudanças: atividades, tecnologias e estruturas organizacionais delas definem seus pontos cegos.

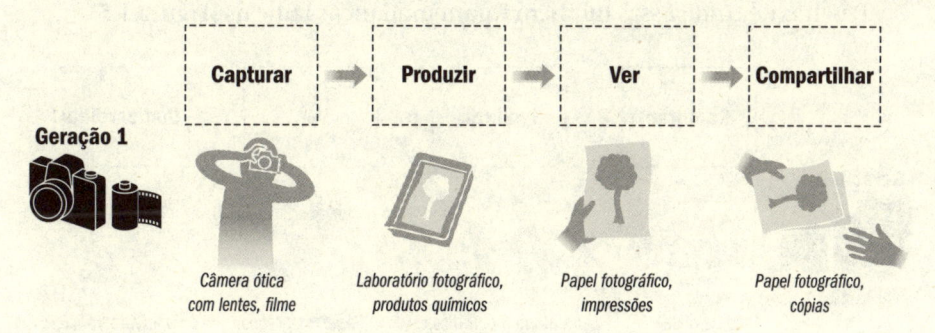

Figura 1.4
Arquitetura de valor para a Geração 1 da Kodak.

Revisitemos o caso da Kodak para ver como a aplicação de uma perspectiva de arquitetura de valor ocasiona uma abordagem sistemática para compreender o processo de ruptura do ecossistema.

Arquitetura de Valor da Kodak: Uma Imagem mais Clara

Para avaliar a dinâmica da ruptura do ecossistema usando uma arquitetura de valor, partimos dos elementos de valor e, em seguida, consideramos como as mudanças nas atividades dentro de qualquer elemento de valor podem impactar outros elementos. Em nossa versão da arquitetura de valor da Kodak, podemos ver como no velho mundo da fotografia química (chamada de Geração 1), a parte *Capturar* era realizada com câmeras óticas e filme; *Produzir*, com revelações em laboratórios fotográficos e produtos químicos; *Ver*, com a impressão em papel de alta qualidade apreciado pelos usuários; e C*ompartilhar*, com as cópias presenteadas a amigos e familiares (Figura 1.4).

A transição inicial para a fotografia digital (Geração 2) implicou mudanças em *Capturar* e *Produzir*. Em *Capturar*, câmeras óticas com lentes e filme foram substituídas por câmeras digitais com sensores e cartões de memória sólidos. A resolução do sensor determinava a qualidade da imagem que poderia ser capturada, e a capacidade do cartão de memória determinava o número de fotos que poderiam ser armazenadas. Isso significava uma mudança tecnológica radical, destruidora de competências. Em *Produzir*, laboratórios fotográficos e revelação com produtos químicos foram substituídos por impressoras digitais e cartuchos de tinta. Essas também foram mudanças radicais (Figura 1.5).

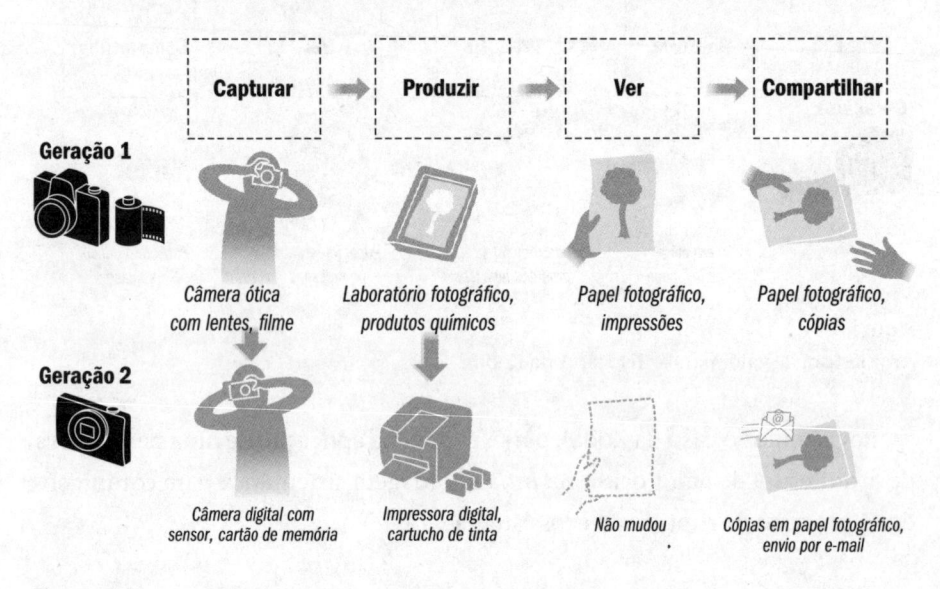

Figura 1.5
Transição da Geração 1 para a Geração 2 na arquitetura de valor da Kodak.

No entanto, nem todos os elementos são impactados de maneira radical. Enquanto a tecnologia de produção mudava, o *Ver* ainda era realizado por intermédio de impressões em papel de alta qualidade que podiam ser emolduradas, carregadas em carteiras ou organizadas em álbuns de família.

A transição para imagens digitais levou a uma mudança significativa no elemento *Compartilhar*, possibilitando a amigos e familiares receber fotos pela internet, em vez de cópias impressas entregues diretamente pela pessoa que tirou a foto. Note, porém, que da perspectiva de uma empresa preocupada com a impressão de fotos, essa mudança foi muito positiva: o e-mail permitiu o compartilhamento de arquivos de imagem com mais pessoas, aumentando a probabilidade de uma determinada imagem ser impressa, contribuindo para os lucros provenientes do papel e tinta. Na verdade, facilitar o compartilhamento digital das fotos a serem impressas foi a lógica por trás da aquisição da Ofoto.com pela Kodak. Nesse sentido, o surgimento de redes sociais com uso intensivo de fotos, como o MySpace (fundado em 2003), o Facebook (2004) e o Flickr (2004), também pode ser visto como positivo em termos de compartilhamento e impressão. Como veremos, essa relação positiva foi drasticamente alterada com a introdução de monitores de vídeo superiores na Geração 4.

A ruptura clássica no nível da economia compartimentada estava ocorrendo dentro dessas caixas — *mas não entre elas*. Ainda que as transições internas sejam difíceis de gerenciar, o desafio que representam é bem compreendido. Na verdade, como vimos, foram precisamente esses desafios que a Kodak administrou tão bem.

À medida que a fotografia digital continuava a evoluir (Geração 3), *Capturar* passava por outra transição, uma vez que as melhorias tecnológicas e as reduções de custos em sensores e memória favoreciam a incorporação de câmeras nos telefones. Essa foi uma substituição clássica (Figura 1.6). Embora fossem notícias desalentadoras para a venda de câmeras autônomas, eram boas notícias para os fabricantes de telefones. Também foi uma boa notícia para todos no ecossistema: mais câmeras de acesso mais fácil, com mais memória e melhor resolução, significavam que mais fotos excelentes eram capturadas, resultando em mais impressão e compartilhamento. "Reviver e compartilhar memórias por meio de imagens" continuou sendo uma proposta de valor atraente. Nesse sentido, a decisão da Kodak de focar os consumíveis de impressão, em vez de câmeras digitais, como o núcleo de seu propulsor de lucro digital foi presciente. Na verdade, olhando corretamente para o que mostrava a bola de cristal, enquanto a Kodak continuava a vender câmeras digitais autônomas, ela transferia toda a produção de suas próprias linhas para um fabricante contratado, retirando-se da parte de capital intensivo do negócio exatamente quando os telefones com câmera estavam a ponto de dizimar o mercado de câmeras autônomas.

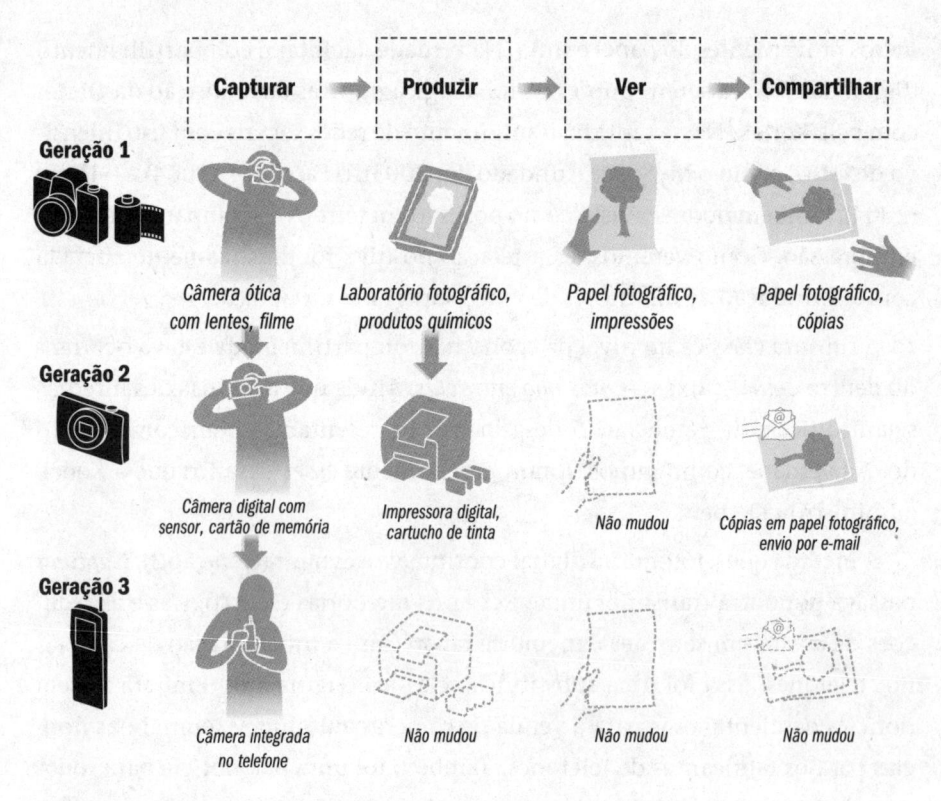

	Capturar	Produzir	Ver	Compartilhar
Geração 1	Câmera ótica com lentes, filme	Laboratório fotográfico, produtos químicos	Papel fotográfico, impressões	Papel fotográfico, cópias
Geração 2	Câmera digital com sensor, cartão de memória	Impressora digital, cartucho de tinta	Não mudou	Cópias em papel fotográfico, envio por e-mail
Geração 3	Câmera integrada no telefone	Não mudou	Não mudou	Não mudou

Figura 1.6
Transição para a Geração 3 na arquitetura de valor da Kodak.

Outros aperfeiçoamentos de componentes ajudaram a criar o smartphone (Geração 4). O lançamento do iPhone da Apple em 2007, com sua grande tela de toque, mudou a maneira como os usuários interagiam com seus aplicativos integrados ao celular, dando origem à interface tátil do Angry Birds e tornando o "deslizar para a direita" um meme cultural. De início, foi uma boa notícia para a impressão de fotos, graças à migração dos consumidores para smartphones com melhores câmeras e componentes, tirando mais e melhores fotos.

Entretanto, conforme as telas se tornavam grandes e nítidas o suficiente ("exibição de qualidade de retina" era o slogan da Apple), algo dramático acontecia. Ver fotos no telefone celular não era mais apenas uma questão de apertar os olhos para uma representação pixelada enquanto se tirava uma foto ou selecionava um download. A tela do smartphone assumiu um novo papel: passou a ser um substituto para a visualização de fotos no papel. Componentes destinados a melhorar o dispositivo em *Capturar* começaram a ter impacto em *Ver*.

E com esse salto entre as caixas — a transposição de um elemento de valor para outro — se dá a ruptura do ecossistema. A súbita alteração em *Ver* repercutiria em todo o sistema. Para começar, suprimir a necessidade de papel no *Ver* afetaria *Produzir*. A eliminação das fronteiras entre os elementos significava que o valor de impressoras, papéis, tintas e todos os grandes e belos lucros que a Kodak tinha apostado na caixa *Produzir* logo se desvaneceriam. Na sequência, a mudança em *Ver* geraria uma mudança em *Compartilhar*. Não apenas as imagens compartilhadas deixariam de ser impressas como, graças ao surgimento das redes sociais, a própria noção de compartilhar se expandiria, passando de memórias visuais em um círculo próximo de outras pessoas para buscar momentos de "curtidas" de amigos e estranhos.

As duas primeiras transições na história da imagem digital mantiveram a integridade das caixas: a ação parte inteiramente das setas verticais na Figura 1.6. Por esse motivo, todas essas transições se encaixam no molde da ruptura clássica e da substituição de tecnologia. Usando ferramentas da estratégia tradicional, a Kodak conseguiu gerenciá-las com segurança. É a última transição, precisamente devido ao seu impacto de transbordamento entre as caixas, que marca a dinâmica da ruptura do ecossistema: a ação está nos arcos horizontais na Figura 1.7. A ruptura do ecossistema ocorre quando uma mudança em um elemento de valor muda o jogo em outro elemento.

Embora tenha sido discutida em termos teóricos por muito tempo, a noção de um mundo sem papel nunca se materializou na prática. Imagens digitais e softwares para edição e pesquisa estiveram amplamente disponíveis por décadas, mas seu uso se restringia em escolher e melhorar imagens para a impressão final. Foi apenas com o surgimento de monitores de vídeo conectados, onipresentes e de alta qualidade que a produção de impressão física de fotos sofreu uma disrupção. Eis aqui uma situação em que fica claro como o software devora o mundo, mas somente após o hardware servir de mesa de refeição.

Perspectiva das Formas das Arquiteturas de Valor

Articular uma arquitetura de valor explícita é fundamental no contexto de ruptura do ecossistema.

A Kodak e, mais tarde, os analistas não se deram conta desse contexto porque se limitaram à questão da oferta de produtos e tecnologias. Veja a Figura 1.1 novamente. Ela destaca apenas os saltos necessários para ter êxito em um mundo de ruptura clássica, dentro da caixa. Mas focar a tecnologia cegou-os para a dinâmica do transbordamento da caixa: eles podiam estar *corretamente* confiantes de que uma câmera nunca seria uma impressora. Dessa perspectiva, é impossível ver como um componente da câmera pode se tornar uma ameaça à impressão.

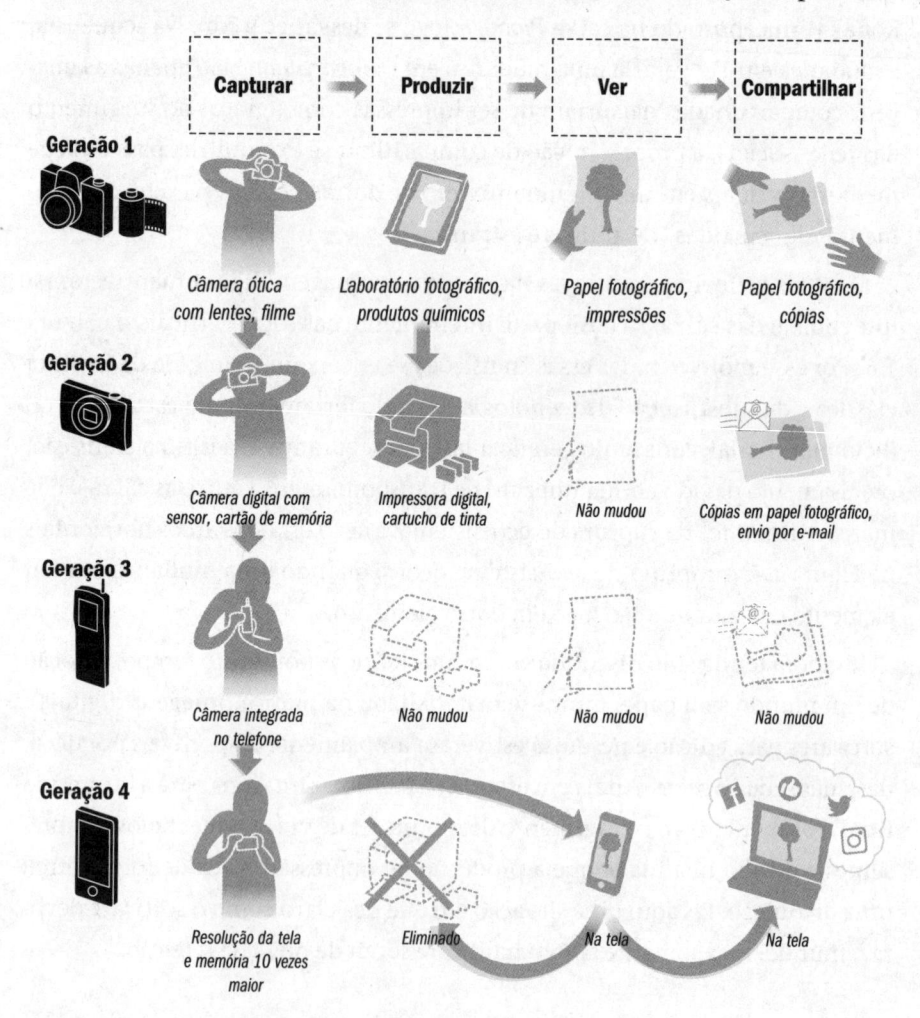

Figura 1.7
Todas as quatro transições de imagem digital dentro da arquitetura de valor da Kodak, destacando o impacto da dinâmica horizontal de transbordamento de caixa na Geração 4.

Ter uma arquitetura de valor explícita possibilita distinguir as transições que respeitam os limites das caixas tradicionais de elementos específicos (ruptura clássica — uma mudança em como as atividades são realizadas) e aquelas cujo impacto é sentido entre os elementos de valor (ruptura do ecossistema — uma mudança em como as atividades contribuem para os elementos de valor que fundamentam a proposta de valor).

A escolha da arquitetura de valor é crítica. A mesma proposta de valor pode ser caracterizada por arquiteturas e elementos de valor bem diferentes. Essas diferentes arquiteturas refletirão diferentes filosofias de como abordar a proposta de valor dada. Sendo assim, elas não podem ser julgadas de acordo com uma métrica absoluta de correto ou incorreto. Em vez disso, só podem ser avaliadas no espectro de úteis ou inúteis, capacitadoras ou limitantes, compartilháveis ou idiossincráticas. A escolha específica da arquitetura de valor é crítica em virtude de seu impacto profundo sobre como uma empresa interpretará as mudanças em seu ambiente, buscará oportunidades, abordará o alinhamento de seus parceiros e fornecerá sua melhor proposta de valor. Na realidade, a arquitetura de valor é o método pelo qual se pode dar forma significativa às noções vagas de diferenciação e às motivações para o consumidor querer pagar.

Sob a ótica da arquitetura de valor, nos concentramos na construção de valor e, assim, nas mudanças que reverberam além de uma única caixa da economia compartimentada e em todo o ecossistema. Ao longo do livro, iremos usá-la para explorar a dinâmica que expandirá nossa compreensão de estratégia, organização e liderança. Começaremos explicando como parceiros úteis podem se transformar em rivais.

Inversão de Valor: Como Amigos se Tornam Oponentes e Levam à Ruptura do Ecossistema

A história da Kodak é chocante e instrutiva. Chocante porque ela não caiu pela ação de um rival tradicional (a Fuji não a superou em filmes), por uma nova tecnologia que não conseguiu dominar (tornou-se uma potência na impressão digital) e nem por uma falha de percepção do cliente (sua proposta de valor central — o Momento Kodak de reviver e compartilhar memórias por meio de imagens — se manteve relevante para o mercado). É instrutiva por demonstrar como o padrão para uma perspectiva baseada em tecnologia dentro da caixa pode cegar uma organização para mudanças críticas. Pontos cegos têm consequências.

A ruptura clássica acontece quando uma tecnologia ou uma atividade é substituída por uma nova por meio de uma troca direta. As câmeras digitais assumem o trabalho das câmeras óticas; as impressoras digitais assumem o trabalho da revelação fotográfica com produtos químicos. A mudança ocorre em uma única caixa e fica lá: câmeras permanecem sendo câmeras, impressoras permanecem sendo impressoras.

A ruptura do ecossistema é diferente. Aqui, uma mudança em um local afeta outro local: a câmera passa a fazer o trabalho do papel e, assim, dispensa a impressora. Trata-se de uma ruptura na qual não há mera substituição, mas uma redefinição de valor. Como podemos melhorar nossa capacidade de ver isso chegando?

Para compreender a dinâmica da ruptura do ecossistema, é preciso ancorar o pensamento em termos de elementos de valor. Isso permite considerar explicitamente como as mudanças em um elemento podem reverberar e impactar outros elementos em toda a arquitetura de valor. Independentemente de a própria organização participar do elemento de origem, se este for parte da arquitetura, é necessário considerar ativamente o impacto potencial nela.

Ao observar uma mudança afetando qualquer elemento, você deve fazer as perguntas maiores: como ela afeta *cada* elemento? Como *isso* afeta seu plano?

Se lhe parece mais complicado do que sua análise usual, você está certo: é mais complicado mesmo. Mas basta considerar o colapso da Kodak, impulsionado pelo "desconhecimento de coisas conhecíveis", para avaliar o custo trágico e evitável de *não* fazer tal análise. Andy Grove, o lendário CEO da Intel, ficou famoso por dizer: "Só os paranoicos sobrevivem." Investigar sua arquitetura de valor é como transformar essa paranoia em produtividade.

A principal diferença entre a ruptura clássica e a ruptura do ecossistema é que a origem da ameaça não está em um oponente, mas em um benigno cocriador de valor. Para entender isso, é preciso revisitar as interações que levam à criação e à destruição de valor.

A economia básica distingue três tipos de atores relativos a uma organização focal (a sua): rivais, substitutos e complementos.

- Os rivais clássicos tentam vencer a mesma corrida basicamente da mesma maneira. Se você for um Sony PlayStation, o Microsoft Xbox é um rival direto no mercado de consoles de videogame. Conforme seus rivais se tornam mais eficazes, o valor agregado de sua empresa reduz, ficando estritamente em pior situação (Figura 1.8).
- Os substitutos clássicos também tentam vencer a mesma corrida que você, mas de um jeito diferente. Se você for um Sony PlayStation, os substitutos potenciais incluem smartphones e plataformas de jogos online, como Steam ou Google Stadia, que permitem aos usuários jogar videogames sem a necessidade de hardware especializado. Conforme seus substitutos se tornam mais eficazes, você fica estritamente em pior situação (Figura 1.8).
- Os complementos clássicos, por outro lado, aumentam seu valor. Eles têm suas próprias ofertas distintas, e elas elevam o valor do produto focal de sua empresa. Se você for um Sony PlayStation, os complementos incluem os jogos desenvolvidos para seu console e as comunidades de discussão online que reúnem os jogadores. Conforme seus complementos melhoram, eles aumentam o valor criado por sua oferta e o deixam estritamente em melhor situação — esta é, de fato, a definição econômica formal de complementaridade (Figura 1.8).

Os complementadores podem desagregar a empresa principal de três maneiras diferentes. Em primeiro lugar, podem agir de forma a comoditizar o mercado primário (por exemplo, o padrão Microsoft-Intel Wintel transformando montadores de computadores em commodities como a IBM). Em segundo lugar, eles podem entrar no mercado primário como rivais diretos por intermédio da integração vertical ou horizontal (por exemplo, a Netflix entrando no mercado de produção de vídeo). Está na terceira maneira, entretanto — inversão de valor —, nosso maior interesse aqui. Enquanto os dois primeiros modos se manifestam em margens e participações de mercado reduzidas, o terceiro mina a relevância, uma ameaça muito mais devastadora (perder seu mercado é muito pior do que perder sua margem).[6]

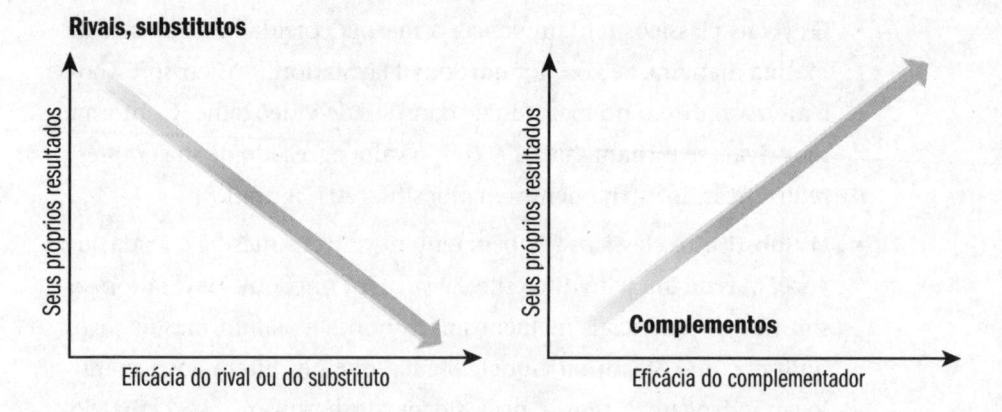

Figura 1.8
Caracterizações-padrão da relação entre os próprios resultados de uma empresa focal e a eficácia de rivais e substitutos (à esquerda), e complementadores (à direita).

Compreender a ruptura do ecossistema requer uma revisão crítica de nossa visão dos complementos. Embora a contribuição *inicial* de todos os complementos seja, por definição, necessariamente positiva, o desenvolvimento continuado deles pode originar caminhos muito distintos (Figura 1.9). Alguns complementos permanecem aumentando o valor da oferta focal à medida que se aprimoram (*Sinergia contínua*). Outros chegam a um ponto além do qual sua própria melhoria contínua deixa de impactar a oferta focal (*Maturidade*). Mais crítica para a compreensão da ruptura do ecossistema é a terceira trajetória (*Inversão de valor*), em que a melhoria contínua do complemento além de um determinado ponto tem efeito inverso e começa a minar o valor da oferta focal. Essa é a dinâmica pela qual seus complementos acabam se transformando em substitutos, ou seja, parceiros tornam-se ameaças.

É vital o entendimento de que *um complemento pode se tornar "bom demais"* e começar a minar sua criação de valor. Ademais, isso pode acontecer *sem* qualquer mudança na direção ou na intenção do complementador. Na ruptura clássica, os substitutos que se tornam bons o suficiente podem ameaçar tornar obsoleta a tecnologia para a criação de valor que você utiliza. Na ruptura do ecossistema, os complementos que se tornam bons demais ameaçam tornar obsoleto o próprio valor que você cria: trata-se de um tipo de desafio fundamentalmente diferente.

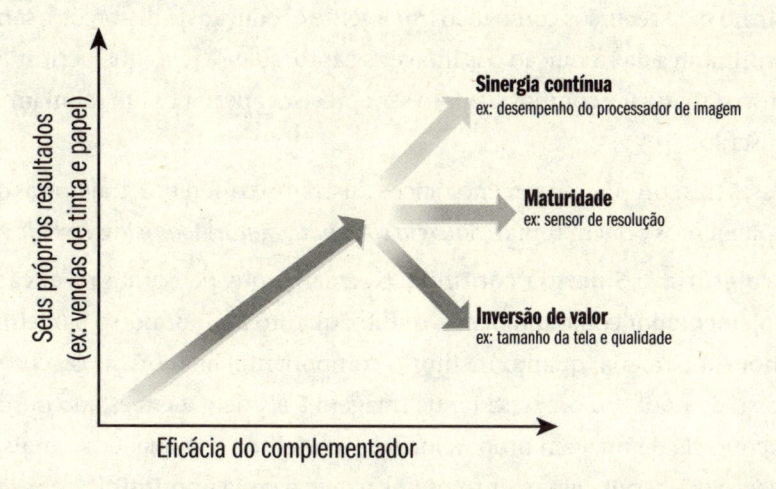

Figura 1.9
As três relações possíveis entre a eficácia dos complementadores e os próprios resultados de uma empresa focal (os exemplos são para uma empresa focal cuja meta central é lucrar com consumíveis de impressão digital).

As Três Trajetórias do Complementador

Exploraremos essas trajetórias usando a Kodak, sob o ponto de vista de uma empresa cuja base de lucro está enraizada na venda de tintas, papéis e impressoras que trazem o elemento *Produzir* da imagem digital.

Na linha de raciocínio da empresa, smartphones com câmeras digitais são um complemento à impressão digital: telefones a cada dia mais onipresentes e de uso cada vez mais amigável, equipados com câmeras aprimoradas, aumentam o número de fotos tiradas, o que aumenta o número de imagens dignas de impressão, o que aumenta o número de imagens impressas, o que aumenta o uso de tinta e papel, o que leva aos lucros digitais planejados pela Kodak.

Note que, embora a Kodak tenha desistido de vender câmeras, *Capturar* continuou sendo um elemento importante de sua arquitetura de valor devido ao seu impacto crítico em possibilitar que *Produzir* contribuísse com a proposta de valor geral, que permaneceu como o Momento Kodak.

Considere três componentes distintos que contribuíram para o aprimoramento das câmeras dos smartphones: processadores de imagem que abriram caminho para recursos como foco inteligente e redução de distorções, sensores determinantes da resolução das imagens capturadas, e telas que permitiam ao usuário visualizar e compor sua foto sem precisar apertar os olhos em um visor minúsculo.

Esses três componentes tecnológicos ilustram as diferentes trajetórias que os complementos podem tomar: *Sinergia contínua, Maturidade e Inversão de valor.*

- **Trajetória 1: Sinergia contínua.** Normalmente, pensamos na eficácia do complementador como um bem absoluto: quanto melhor nosso parceiro fica, melhor é a parceria; quanto melhor o componente, melhor é nosso produto. No caso da Kodak, o processador de imagem é a sinergia em estado puro: melhor controle de imagem proporciona fotos melhores, o que leva a mais fotos tiradas, o que resulta em mais fotos que valem a pena imprimir.

Trajetória 2: Maturidade. Alguns complementos estão sujeitos à utilidade marginal decrescente de melhorias de desempenho: suas melhorias contínuas começam a ser cada vez menos relevantes conforme ultrapassam certo nível de desempenho. Por exemplo, nos primeiros dias da fotografia digital, aumentar a densidade de pixels do sensor era fundamental para a proposta de valor. Câmeras de dois megapixels tiravam fotos granuladas e de baixa resolução. À medida que os sensores foram aprimorados para oferecer quatro, seis e oito megapixels, a qualidade da foto melhorou acentuadamente, e as imagens impressas corresponderam à qualidade das impressões químicas tradicionais, mesmo em formatos de tamanho maior, como 4 × 6 polegadas e até 8 × 10 polegadas. Além de determinado ponto, todavia, o aprimoramento adicional da resolução adicional já não importava. A diferença entre uma câmera de 20 megapixels e uma de 30 megapixels tem relevância apenas para impressões do tamanho de uma parede, algo sem interesse para a maioria dos usuários. Essa dinâmica, na qual os clientes deixam de avaliar melhorias de desempenho, muitas vezes leva à comoditização [processo em que um produto se torna massificado e não diferenciado pelo cliente] entre os produtores do complemento, mas deixa incólume a empresa focal.

Trajetória 3: Inversão de valor. A inversão de valor é uma reversão da relação benéfica entre complemento e núcleo. Nela, há um deslocamento da oferta principal do mercado, uma vez que a própria base de sua criação de valor é enfraquecida. Tal dinâmica, ainda que particularmente saliente em todos os elementos de valor, é facilmente ignorada.

O conceito de inversão de valor sendo apresentado aqui, novo na literatura existente sobre estratégia, tem implicações profundas. A inversão de valor é o que está por trás da ruptura do ecossistema que levou à queda da Kodak. É a dinâmica por meio da qual um complemento que contribui para a criação de valor em um elemento (*Capturar*) enfraquece a criação de valor no que o sucede (*Produzir*). Telas melhores, *inicialmente*, foram um aspecto positivo absoluto na perspectiva das empresas de impressão. O tamanho maior e a resolução em aprimoramento permitiam tirar fotos de maneira melhor, mais fácil e confiável.

Porém, conforme as telas mudavam da parte de trás das câmeras dedicadas para a frente dos onipresentes smartphones, com resolução aprimorada e tamanho maior, as qualidades de uma imagem exibida na tela do dispositivo e a de uma foto impressa começaram a se igualar. A relação de valor entre o núcleo (impressão de fotos) e o complemento (câmera) começou a mudar de positivo para negativo. De repente, o aperfeiçoamento da câmera e da tela, que visava aprimorar o elemento *Capturar*, estava afetando a criação de valor em um novo local — o elemento *Ver*. A câmera do smartphone passou a impactar a criação de valor de uma nova maneira, em um novo lugar. É esse o início da inversão de valor. O ponto de inflexão na Figura 1.9 marca a transição das câmeras de smartphones: de complemento de impressão para substituto de impressão.

O efeito foi ampliado por outras melhorias na câmera, como maior capacidade de armazenamento e gerenciamento de imagens. Essa é a ruptura do ecossistema, e isso pavimentou o terreno para uma mudança ainda maior, já que uma melhor conectividade e o surgimento das redes sociais e do armazenamento em nuvem magnificaram o impacto.

Parceiros são, eles todos, complementadores, pois o ajudam a criar seu valor. Quando você inicia sua jornada, o relacionamento com eles é positivo, por definição. Essa relação, no entanto, pode mudar com o tempo e de forma dramática. Ao contrário dos adversários tradicionais, os complementadores disruptivos não são novatos em uma atividade setorial; eles já ocupam uma posição no ecossistema, com todos os benefícios resultantes dos relacionamentos estabelecidos com parceiros e clientes. Portanto, compreender as trajetórias em que se encontram é de importância fundamental para avaliar o verdadeiro contexto competitivo. Você pode criar uma estratégia para classificar os parceiros em cada uma das trajetórias, mas seu plano variará muitíssimo dependendo de em qual das três eles se encontram. O segredo é ver o reflexo das melhorias de desempenho dos parceiros em sua própria arquitetura de valor.

Predizendo a Inversão de Valor: O Desconhecimento de Coisas Conhecíveis

Não obstante jamais possamos superar o risco existencial de "desconhecer coisas conhecíveis", é frequente vermos empresas se darem mal por perder o que, na verdade, eram "coisas conhecíveis" — informações que estavam disponíveis, mas inadequadamente enquadradas em um contexto mais amplo. Com novas perguntas e uma nova perspectiva, multiplicaremos nossas chances de sucesso.

A inversão de valor elimina as fronteiras entre as caixas de atividade econômica e leva à ruptura do ecossistema. A força desagregadora é parte integrante do ecossistema, não como uma ameaça, ou por estar em algum estado oculto e latente, mas como um contribuinte visível, (inicialmente) útil e produtivo. É esse papel inicial de contribuidor que torna a inversão de valor invisível para as ferramentas de estratégia tradicionais até que seja tarde demais. Essa é a razão pela qual a ruptura do ecossistema só pode ser entendida a partir de uma perspectiva que começa com a construção de valor. Veremos isso se manifestar nas maneiras como as empresas adaptam sua arquitetura de valor para atenuar a ruptura do ecossistema (Capítulo 2), bem como se posicionam para obter vantagens ao construir suas arquiteturas de valor e alinhar parceiros para impulsionar a ruptura (Capítulo 3).

As sementes da inversão de valor, ainda que sejam facilmente esquecidas, não são impossíveis de detectar. Os primeiros sinais podem ser fracos, mas podemos ser proativos em amplificar seu efeito futuro com um experimento de pensamento. *Pergunte: como minha arquitetura de valor seria afetada se determi-*

nado parceiro apresentasse um aumento de dez vezes no desempenho e uma redução inversamente proporcional no preço?

Se a melhoria infinita do desempenho a um preço zero o deixa feliz, você está a salvo da inversão de valor. Se isso o deixa nervoso, continue sondando.

Há nisso tudo uma pungente ironia: mesmo que a estratégia de impressão da Kodak fosse incapaz de ver as implicações decorrentes de telas em constante melhoria, a própria Kodak estava tendo sucesso com um produto que era um sinal de perigo — o porta-retratos digital autônomo e conectado à internet. Essa tela dedicada e de propósito específico permitia que os usuários carregassem e visualizassem as fotos sem a necessidade de imprimi-las. As vendas dessas molduras digitais nos Estados Unidos passaram de US$180 milhões em 2006 para US$904 milhões em 2010, e a Kodak foi, durante um tempo, a líder de mercado. Contudo, os porta-retratos digitais foram descartados como itens inovadores que rapidamente se tornam commodities: "Eles são complicados. Irritantes. Ninguém nunca atualiza as fotos neles." Nada mais verdadeiro. E mesmo hoje os porta-retratos digitais autônomos não substituíram as fotos de papel emolduradas exibidas na maioria das casas. Mas descartar algo como uma novidade leva ao risco de se ignorar seu impacto.

Podemos ver uma implicação diferente dos porta-retratos digitais se soubermos procurar a ruptura do ecossistema. Para fazer isso, precisamos:

(1) pensar em um aprimoramento radical no desempenho e no preço: não por um fator de dois, mas dez ou vinte; e

(2) questionar as implicações em *todos* os elementos da arquitetura de valor, não apenas na localização atual.

Desse ponto de vista, começamos a perceber o potencial de substituição entre os elementos. Conseguimos ver as telas assumindo a função de criação de valor do papel; conseguimos ver o armazenamento digital assumindo a função de álbuns de fotos; conseguimos ver a transmissão digital eliminando a impressão de cópias. E, olhando para o nosso ambiente, conseguimos ver as telas de baixo custo e alto desempenho se tornando onipresentes com o advento dos smartphones. Temos uma maneira estruturada de ver e explicar o potencial dos telefones com tela, tendo armazenamento e conectividade cada vez maiores, transformando-se em porta-retratos digitais anabolizados e, portanto, tornando-se substitutos para a impressão.

Não há nenhuma bola de cristal, é claro. Porém, se soubermos como procurar as pistas certas no presente, podemos ver muito do futuro.

O Poder da Perspectiva: Lexmark como um Caso de Resposta Proativa

A ruptura do ecossistema pode realmente ser prevista? A resposta do fabricante da impressora Lexmark é uma demonstração clara de que (1) é possível ler nas entrelinhas e (2) é ser proativo mesmo quando não se pode mudar as tendências.

O foco da Lexmark estava na impressão de documentos, em vez de na impressão de fotos, mas enfrentou condições quase idênticas às da Kodak. Computadores e telas que haviam possibilitado a impressão de documentos estavam ficando mais onipresentes, portáteis e conectados: a inversão de valor estava no futuro da Lexmark, pois o escritório digital ameaçava se tornar o escritório sem papel.

No relatório anual de 2010 da Lexmark, o CEO Paul Rooke não escondeu a questão que se impunha: "Os clientes da Lexmark estão... reduzindo o manuseio físico, a movimentação e o armazenamento de documentos impressos, além de diminuir a impressão desnecessária e o desperdício". Traduzido em nossos termos: a arquitetura de valor está sendo desagregada, os elementos de *Ver* e *Compartilhar* estão mudando; as telas estão tomando o lugar do papel, a inversão de valores está próxima, e isso será assim mesmo.

Reconhecendo a irreversibilidade dessa tendência, a resposta da Lexmark foi revisitar e reinventar sua arquitetura. A conclusão fundamental foi a de que a informação digital gera oportunidades para a criação de um novo valor. Em resposta, ela se valeu de suas ainda sólidas ações para implementar uma série enorme de aquisições, vendeu seu negócio de hardware para impressoras e usou os lucros para financiar investimentos adicionais em gestão de documentos e fluxo de trabalho. Rooke explicou: "À medida que gerenciávamos esses dispositivos multifuncionais com scanners incorporados, nos víamos capturando conteúdo fora do papel e na infraestrutura digital, e estamos procurando fazer mais do que antes. Vocês nos verão interpretando melhor o conteúdo e reencaminhando documentos automaticamente segundo o que está neles." A Lexmark mudaria seu foco, passando da impressão em papel para o gerenciamento de documentos digitais. Ao reconhecer — e se conscientizar — o que entendia como uma posição que em breve se tornaria insustentável na questão das impressoras, a empresa foi capaz de mudar sua própria direção em tempo. O ponto-chave, claro, é que ela começou a trilhar esse caminho enquanto ainda estava em uma posição de certa força.

Começando com a compra da Perceptive Software por US$280 milhões em 2010, a Lexmark adquiriu um total de 14 empresas de software, multiplicando capacidades e presença no mercado. O resultado? A Lexmark foi adquirida por um consórcio de capital privado em uma transação de US$4 bilhões em novembro de 2016. Em comparação com sua situação em novembro de 2009, o valor do empreendimento da jornada pré-transformacional de US$1,7 bilhão evidencia um não colapso notável e um destino muito melhor do que falir como uma empresa de impressão digital pura contando com as vendas de tinta para sobreviver.

Respondendo à Ruptura do Ecossistema

As trajetórias de câmeras, telas e armazenamento de smartphones no caso da Kodak ilustram de forma flagrante que complementos se tornam substitutos e devastam a competitividade. Na Kodak, vemos como isso pode acontecer mesmo não havendo intenção estratégica: o iPhone não foi desenvolvido para liquidar o mercado de impressão de fotos; os fabricantes de telas não sonhavam em conquistar o mercado de papel fotográfico. Aqui, a perda foi infligida incidentalmente, como dano colateral, por empresas que iniciaram a jornada como parceiras e aliadas. É uma mudança sísmica no mais estrito sentido da palavra: terremotos causam devastação, mas não há intencionalidade nisso, eles "simplesmente" acontecem.

Claramente, a Kodak não estava em posição de interromper a transição de imagens digitais para o consumo digital e a consequente disrupção do negócio de impressão. Ninguém estava. Contudo, se tivesse entendido a dinâmica da ruptura do ecossistema, poderia ter alterado seu próprio curso. Além disso, se tivesse reconhecido o potencial de ruptura com base no ecossistema, a liderança da Kodak poderia ter buscado uma série de outras opções, incluindo:[7]

Especialização. Concorrer em imagem digital, mas se concentrar em espaços que continuarão se beneficiando de melhorias nos componentes. Se a Kodak tivesse antecipado o aumento exponencial em imagens digitais que os consumidores capturariam e armazenar com suas onipresentes câmeras de smartphone, ela poderia ter utilizado bem o vasto portfólio de ponta de sensores e tecnologias de processamento de imagem que desenvolveu e nas quais detinha mais de 1.100 patentes, e gerado bilhões de dólares em receitas de licenciamento (apenas para acesso à sua patente "218", a Kodak obteve US$550 milhões da Samsung e US$414 milhões da LG). Caso tivesse escolhido um foco diferente, ou mesmo apenas subdividido suas apostas, poderia ter sido um participante dominante no mercado de sensores, no qual a Sony ganha bilhões hoje. A mudança para a especialização deve ser construída tendo em vista a força interna, mas, como vimos com a Lexmark, pode ser bastante aumentada com aquisições direcionadas

Ampliação. Considerar quais negócios paralelos podem ser movidos para o centro do palco. A Kodak foi pioneira no gerenciamento de fotos na nuvem, principalmente com a aquisição da Ofoto. Entretanto, seu foco era encorajar o compartilhamento de fotos para impulsionar a impressão de fotos, em vez de embarcar na tendência da rede social. Se tivesse levado mais a sério as questões de armazenamento, gestão e compartilhamento de imagens, poderia ter priorizado o elemento *Compartilhar* ou derivado um novo elemento, como *Arquivar*, atinando para o fato de que o armazenamento quase infinito aumenta a necessidade de opções mais inteligentes de pesquisa e recuperação.

Diversificação. Reconhecer a fragilidade de sua posição e não concentrar as apostas. Em sua ânsia de investir na impressão digital, os líderes da Kodak alienaram partes atraentes da empresa, em especial o negócio de imagens médicas. Se o risco baseado no ecossistema tivesse sido mais bem avaliado, eles não teriam colocado tantos ovos da Kodak na cesta única da impressão. A arquirrival Fuji escolheu a diversificação: diante de um cenário semelhante, foi além do negócio fotográfico; em vez de mobilizar suas capacidades baseadas em produtos químicos, optou por inovar em outros mercados, principalmente no desenvolvimento e na produção farmacêutica.

Encontrar um nicho. No caso de você não poder chegar a um curso de ação positivo, mantenha seus recursos até que surja uma oportunidade. Na pior das hipóteses, considere o reposicionamento em um nicho defensável, um que possa ser o ponto de partida para lançar novas iniciativas. A oportunidade de impressão de fotos não desapareceu, mas foi gradualmente mudando de pilhas de impressão de fotos de 4 × 6 polegadas para impressão especial de livros de fotografias, papéis de parede e quadros decorativos, presentes personalizados e imagens especiais por gráficas comerciais.

Tais alternativas certamente foram debatidas na Kodak. Mas na ausência de uma avaliação completa da dinâmica do ecossistema, e sem uma linguagem estratégica para articular intuições nervosas, não havia como essas preocupações receberem a atenção que mereciam. Isso facilitou o caminho para a decisão desastrosa de apostar o futuro da empresa no mercado de impressão de fotos digital que em breve se evaporaria. A Kodak esbanjou uma fortuna em seu esforço de impressão digital e, no final, não dispunha de capital suficiente para montar uma defesa adequada de sua base de patentes.

Vencer o Jogo Certo

Em virtude da mudança do ecossistema, as opções estratégicas são inúmeras. No entanto, há necessidade de uma visão do conjunto para que possam ser buscadas com confiança e eficácia. A história da Kodak mostra os perigos de interpretar as mudanças apenas em termos de atividades e tecnologias. A lição de sua situação única é que, independentemente do gatilho da mudança — novos participantes, novas tecnologias, pressões sociais —, compreender as implicações interligadas de uma mudança é fundamental para gerenciar com eficácia os desafios e as oportunidades que ela cria. É preciso olhar além da inovação para entender seu impacto na definição dos elementos de valor, a fim de resguardar sua própria criação de valor e continuidade da relevância.

Sua arquitetura de valor é também uma lente para considerar sua função no contexto mais amplo. A ascensão do capitalismo das partes interessadas está expandindo os mandatos corporativos, além de maximizar escala, eficiência e valor para os acionistas. Ao mesmo tempo, a ascensão dos ecossistemas cria a oportunidade de repaginar não apenas sua proposta de valor e seu contexto competitivo, mas os relacionamentos fundamentais que lhes são subjacentes. Ao revelar as premissas em que se baseiam sua criação de valor — estruturando uma avaliação deliberada dos objetivos escolhidos e as restrições em que se concentra —, sua arquitetura de valor estabelece um roteiro para vincular as demandas das partes interessadas à sua estratégia e vincular sua estratégia às demandas das partes interessadas. Nos capítulos que se seguem, conforme consideramos abordagens para inovar arquiteturas e alinhar parceiros, tenha em mente que essas ideias se aplicam a configurações interdependentes em geral e, portanto, podem ser aplicadas para aumentar a eficácia muito além do âmbito comercial.

Competir eficazmente nesse novo terreno requer uma nova perspectiva. É necessário abrir o leque e pensar nos problemas tendo em vista o ecossistema em que atuamos e não levar em conta apenas produto, empresa ou segmento. Se não for assim, corremos o risco de ter o mesmo destino da Kodak: vencer uma luta dura somente para descobrir tarde demais que vencemos o jogo errado.

Compreender seu jogo significa ter clareza em relação à sua proposta de valor e aos elementos que você vê como subjacentes à sua construção — sua arquitetura de valor.

Sua arquitetura de valor oferece uma lente crítica para entender, navegar e se movimentar no jogo do ecossistema. A competição tradicional e a ruptura clássica, que continuam tendo extrema importância, constituem um conjunto de ameaças de dentro da caixa. A inversão de valor e a ruptura do ecossistema, todavia, estabelecem novos desafios (e oportunidades) que atuam em diferentes dimensões de fora da caixa. Uma visão em ângulo aberto da situação nos dá a clareza que permitirá construir estratégias de ecossistema mais robustas e bem-sucedidas.

É com base nesses elementos que pensaremos em como jogar o jogo de maneira proativa: como mudar da *percepção* para a *caracterização* à medida que enfrentamos os disruptores do ecossistema. Começaremos com um enfoque na defesa do ecossistema (Capítulo 2), o que nos permitirá entender melhor o ataque ao ecossistema (Capítulo 3).

2
A Defesa do Ecossistema é Coletiva

"Quem tudo defende nada defende."
— Frederico, o Grande

Imagine passar anos cultivando uma visão de transformação de seu ramo de atividade. Imagine ter convencido seus investidores a se manterem trilhando esse caminho insensato, ter finalmente aliciado seus parceiros a se alinharem apoiando sua proposta de valor, ter finalmente disponibilizado seu produto no mercado, sentir o gostinho de sucesso, então deparar com o ecossistema sendo alvo de uma disrupção.

A quebra da Kodak foi um dano colateral do progresso obtido pelos complementadores em outras partes de seu ecossistema. A ruptura do ecossistema, no entanto, costuma ser estratégica: decorre dos esforços concentrados de jogadores determinados a assumir o controle do espaço em que atuam. Os disruptores do ecossistema variam de startups a corporações. Em sua manifestação madura, eles retiram recursos e impulso de espaços de mercado adjacentes e entram não dissimuladamente, mas de peito aberto e com tudo. E agora?

E se você for Daniel Ek, batalhando durante nove anos para implementar a oferta de streaming de música do Spotify como um modelo de negócios viável e, quando as coisas estão finalmente se assentando em 2015, a Apple vem com toda força e lança o Apple Music, pondo água em seu chope?

E se você for Niraj Shah e Steve Conine, tendo finalmente estabelecido a Wayfair como o principal varejista de móveis para residências da internet, e acordam em uma bela manhã de abril de 2017 com o anúncio da Amazon de que o setor de móveis é sua próxima grande prioridade?

E se você for Harold Goddijn, líder da gigante holandesa de navegação por satélite TomTom em 2008, enfrentando o pesadelo de que o Google — até ontem seu maior cliente individual para serviços de mapeamento de dados — acaba de lançar o Google Maps como um serviço concorrente, aberto a todos e a custo zero? Agora os smartphones não apenas são substitutos gratuitos para o seu negócio principal de dispositivos GPS, mas com a abordagem aberta do Google, passam a fornecer gratuitamente para as empresas seus geodados, até então uma fonte de renda para sua empresa.

Cada uma dessas empresas "nasceu digital" e vestiu o manto de "disruptor da indústria". Mas cada uma se viu na mira de outra, enfrentando um rival maior armado com sua própria agenda disruptora. São enormes o poder, os recursos e a ambição de gigantes como Apple, Amazon e Google. Em teoria, Spotify, Wayfair e TomTom deveriam ter sido extirpados. Provavelmente seriam, caso tivessem seguido as velhas regras de competição. Mas anos após ataques contínuos dos gigantes do ecossistema, eles passaram de sobreviventes a prósperos.

Ao enfrentar um disruptor do ecossistema, defensores inteligentes devem colocar em ação várias peças de seus próprios ecossistemas para formar um escudo coletivo. Veremos como, no lugar da habitual resposta de combater de frente, cada uma dessas empresas fez um movimento expandido. Elas seguiram os princípios de defesa do ecossistema para refinar suas arquiteturas de valor e adaptar as coalizões com seus parceiros. A defesa do ecossistema tem caráter coletivo: se você está fazendo isso sozinho, está errando feio.

Note que, para os defensores que enfrentam gigantes, vencer, em geral, não significa destruir o atacante, mas sim encontrar uma base para uma coexistência exitosa e lucrativa. Claro, a sorte dessas três empresas mudará com o tempo, para melhor ou para pior. O que durará, independentemente dos resultados futuros, é a relevância delas em ilustrar os princípios da defesa do ecossistema.

Os Três Princípios da Defesa do Ecossistema

Montar uma defesa eficaz depende de entender o que você está defendendo.

A tendência de rivais tradicionais é buscar arquiteturas de valor semelhantes. Vimos no Capítulo 1 que isso está por trás da noção de fronteiras setoriais. O que caracteriza os disruptores do ecossistema é que eles mobilizam um rol diferente de elementos para competir de maneira diferente. A defesa contra rivais assimétricos requer mergulhar em sua própria arquitetura de valor para identificar quais elementos específicos de valor estão sendo atacados, com a finalidade de elaborar uma resposta eficaz.

Os princípios da defesa do ecossistema, quando assimilados, permitem estabelecer uma base para a compreensão do ataque ao ecossistema, tema a ser explorado no Capítulo 3. A lógica do ataque ao ecossistema se concentra em *reunir* parceiros em uma estrutura alinhada, ao passo que a lógica da defesa está calcada na *manutenção* de sua vital coalizão de parceiros. Enquanto o atacante procura construir uma nova arquitetura de valor, o defensor toma uma arquitetura de valor completa como ponto de partida (o negócio que você precisa defender), então considera como ela pode ser modificada.

Como veremos, a arquitetura de valor não é apenas uma maneira de conceituar de que modo o valor é criado; é também um prisma através do qual se interpreta como a criação de valor está ameaçada e como protegê-la. Ao sermos explícitos sobre os elementos de valor e suas relações, teremos condições de ser mais coerentes em nossas interpretações de ameaças e nossas lógicas de resposta estratégica. Tais respostas são guiadas por três princípios de defesa do ecossistema:

Princípio 1: Modificar sua arquitetura de valor recrutando e realinhando parceiros.

Caso ilustrativo: Wayfair *versus* Amazon

Princípio 2: Identificar um terreno defensável encontrando parceiros com ideias semelhantes.

Caso ilustrativo: TomTom *versus* Google

Princípio 3: Disciplinar a ambição de sustentar sua coalizão defensiva.

Caso ilustrativo: Spotify *versus* Apple

Esses princípios se reforçam mutuamente e trabalham em conjunto, mas qual deles é enfatizado varia conforme o contexto. Iremos vê-los ilustrados claramente nos casos da Wayfair, da TomTom e do Spotify. Essas empresas foram pioneiras na formação de uma nova arquitetura em seus respectivos mercados, vestindo o manto de disruptoras do ecossistema, depois se transformaram em alvos de disruptores gigantes. Além da simples defesa, veremos como esses princípios facilitam a reinvenção geral das arquiteturas de valor, rejuvenescendo as ofertas originais desses disruptores/defensores.

Em face de um ataque ao ecossistema, uma resposta natural é dobrar a execução da estratégia atual. Contudo, diante de uma ameaça existencial, não há nada de natural em dar um passo atrás para fazer alguma "grande reflexão". Mas é precisamente aqui que um novo modo de pensar é essencial.

Princípio 1: Modificar Sua Arquitetura de Valor Recrutando e Realinhando Parceiros

Modificar sua arquitetura de valor envolve alterar elementos específicos que compõem sua proposta de valor. Significa atualizar sua teoria de criação de valor de acordo com a alteração do contexto competitivo. Uma vez que os elementos de valor se consubstanciam por intermédio de sua colaboração com terceiros, pensar nessas modificações também implicará em adaptar sua estratégia de parceria.

Como princípio geral, os defensores devem procurar oportunidades para modificar suas arquiteturas de valor de maneiras que façam mais sentido para eles, e menos sentido para o atacante: transformando o fato de que são mais especializados em um ativo, concentrando-se em dificultar mais as coisas que são de sua competência mais exclusiva.

Os disruptores do ecossistema podem ser os participantes mais recentes, mas são uma ameaça maior quando trazem consigo recursos e relacionamentos de posições estabelecidas em outros ecossistemas. Esses participantes em expansão enfrentam uma restrição principal: seus cálculos e suas prioridades são definidos em um cenário mais amplo do que os dos especialistas no mercado. Como generalistas, estão altamente motivados a investir seus recursos no desenvolvimento de capacidades que possam ter uma aplicabilidade mais ampla em seus mercados. Nesse sentido, eles têm menos incentivo e urgência do que os especialistas para investir em capacidades limitadas aplicáveis apenas em mercados específicos.

Por que deveria haver um ataque disruptivo para conduzir essas mudanças, se elas são de fato produtivas? A resposta fácil é complacência. Mas fácil é diferente de certa. Certos movimentos defensivos só fazem sentido se há um ataque. Longe de uma passividade com satisfação própria, as empresas que examinaremos nas páginas a seguir eram, todas, inovadoras e dinâmicas. Atuando dentro de arquiteturas já existentes, elas estavam impulsionando o crescimento a todo vapor. A entrada de um rival não serviu para acordá-las do sono, mas para mudar escolhas e prioridades. A abertura para tal mudança não deve ser tomada como certa.

Wayfair *versus* **Amazon**

Não muito tempo atrás, quem desejava um novo sofá ou móveis para a sala de jantar tinha que ir a uma loja física. Na IKEA ou na Pottery Barn, ou em uma loja local, os interessados deslizavam as mãos sobre tecidos e testavam a firmeza dos colchões antes de comprar. Móveis domésticos foi uma das últimas categorias de varejo a se voltar para o comércio online, e a razão é simples. Além das vantagens táteis do varejo físico e da relativa ausência de marcas conhecidas, os desafios logísticos de despachar itens volumosos, caros e facilmente danificáveis eram um impeditivo para as vendas online de móveis, mesmo com outras categorias indo céleres por esse caminho.

Em meio a essa realidade, na esteira do colapso do ponto.com em 2002, Niraj Shah e Steve Conine, fundadores da Wayfair, lançaram uma coleção de sites ultranichos — RacksandStands.com, AllBarStools.com, JustShagRugs.com —, mergulhando a ponta do pé nas águas do comércio eletrônico. O princípio operacional deles era o clássico "foto, preço, mercadoria": reúna uma ampla seleção de mercadorias de diferentes fornecedores em um nicho específico, poste fotos e informações em um site, receba pedidos de clientes, em seguida, encarregue os fornecedores de enviar as mercadorias diretamente para os clientes finais [uma sistemática chamada de *drop-shipping*] . A ideia: atuar como uma plataforma conectando compradores e vendedores e ganhar dinheiro cobrando um adicional sobre o preço (Figura 2.1).

Em 2006, Shah e Conine administravam 150 sites diferentes. Entretanto, ao mesmo tempo em que a seleção crescia a cada nova loja online, cresciam também os desafios logísticos. Os produtores de móveis eram uma miríade de pequenas empresas, muitas vezes familiares, e a maioria delas usava métodos tradicionais de produção e administração. "Mesmo que tivéssemos percorrido um longo caminho e sido melhores do que qualquer outra pessoa cujo sistema também fosse o *drop-shipping*, as expectativas dos clientes estavam ficando cada vez maiores", disse John Mulliken, diretor de tecnologia da Wayfair. Com taxas de pedidos não completados de 15% a 20%, a Wayfair precisou melhorar sua atuação. Como? Modificando e aprimorando a arquitetura de valor da empresa, ou seja, indo além de seus próprios processos internos para usar dados e tecnologia com a finalidade de aperfeiçoar os métodos de envio e estoque de seus fornecedores. Essa foi uma das primeiras etapas na transformação de fornecedores, de sua condição de partícipes de transações comerciais em parceiros de negócios. Em 2010, a empresa formou uma equipe dedicada de consultores para ajudar esses parceiros a se tornarem mais eficientes, identificando problemas em seus armazéns e instruindo-os sobre as melhores práticas. "Em minha opinião, esse é o segredo do negócio: ensinar milhares de pequenos, médios e grandes fabricantes a fazer o *drop-shipping* muito bem", disse um dos primeiros investidores. "É o que realmente faz com que a engrenagem por trás do motor funcione."

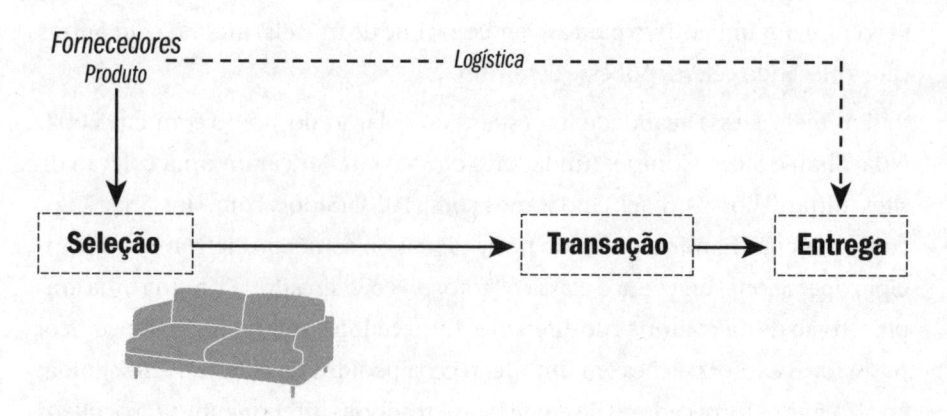

Figura 2.1
Arquitetura de valor inicial da Wayfair.

Em 2011, a empresa juntou seus duzentos sites sob a única marca Wayfair. Com um destino online, a Wayfair poderia agora unificar sua estética, estimular a fidelidade do cliente, gerar oportunidades de vendas cruzadas (com sites dedicados a produtos, era improvável que o mesmo consumidor comprando um relógio também acessasse o site que comercializava mesinhas de cabeceira) e, ao mesmo tempo, ter uma visão mais consistente dos processos do fornecedor. No entanto, com a mudança para o site agregado veio também a necessidade de ajudar os clientes a classificar a seleção massiva de maneira mais eficaz. Considerando que a arquitetura de valor inicial da Wayfair se concentrava em *Seleção, Transação* e *Entrega*, ela agora agregava a *Descoberta* como um elemento de valor, percebendo que ajudar os clientes a classificar sua vasta seleção de produtos era um fator crítico na tarefa de fazer com que a enormidade da seleção importasse.

Em 2014, as expectativas do consumidor quanto a uma experiência de compra online ótima eram ainda maiores. Irrigada de dinheiro proveniente de um IPO bem-sucedido, a Wayfair lançou a CastleGate Fulfillment, uma rede de armazéns que colocava 95% dos norte-americanos em um raio de dois dias de entrega. Imitando o modelo de atendimento terceirizado da Amazon, os fornecedores deixariam seu estoque em "posições avançadas" nos armazéns estrategicamente localizados da Wayfair, mantendo a propriedade de seu estoque até que os pedidos chegassem. Com relações logísticas e de dados mais próximas, a WayFair poderia manter sua política de baixos estoques, facilitando e tornando mais eficientes as operações de entrega, e os fornecedores poderiam evitar atrasos e falta de estoque que resultam em vendas perdidas.

Na primeira apresentação de resultados financeiros da Wayfair após o IPO, o CEO Shah resumiu sua oferta exclusiva ao cliente: "Nossos lares são uma expressão de nós mesmos e de nossa identidade. Os clientes abordam esse mercado de maneira diferente dos outros porque procuram exclusividade e originalidade ao escolher uma mesa de cabeceira ou um lustre, e precisam de uma seleção vasta e de conteúdo inspirador que os ajudem em suas decisões de compra. Além disso, marcas realmente não exercem influência nesta categoria, tornando a inspiração visual ainda mais importante para o consumidor." Colocando à disposição 8 milhões de produtos de mais de 10 mil fornecedores, a Wayfair gerou US$3,6 bilhões em vendas nos 12 meses anteriores a 31 de março de 2017. Um verdadeiro sucesso.

A jornada conjunta da Wayfair e parceiros até aqui foi a de tecer uma arquitetura de valor capaz de causar a disrupção de rivais tradicionais e definir o mercado de vendas online de móveis. A partir desse ponto, a jornada será adicionar e aprimorar elementos dentro dessa arquitetura.

O Inimigo Mora ao Lado Sucesso atrai atenção, que atrai competição.

Em abril de 2017, o inimigo deu as caras. A Amazon anunciou um novo programa de venda de móveis, "farejando um mercado do qual não tiravam proveito", nas palavras de um analista. Veloz, a gigante do comércio eletrônico correu para construir novos centros de abastecimento para itens volumosos e lançar suas próprias marcas de móveis. Nesse aspecto, a Amazon pegou emprestada uma característica da sistemática implementada pela Wayfair — ignorando suas próprias regras estritas de uniformidade de oferta — e permitiu que varejistas terceirizados escolhessem sua região de vendas e oferecessem seletivamente uma variedade de opções de atendimento, incluindo a prestação de serviços "premium" na embalagem, transporte, montagem e cuidado com o mobiliário. "É um grande negócio", observou um consultor de varejo. "Móveis são a única categoria para a qual eles mudaram fundamentalmente a forma como a Amazon funciona." Não foi uma exploração casual, foi um ataque pesado e direto em um mercado recém-priorizado. "Não há como contornar o fato de que a Wayfair terá que ultrapassar a Amazon antes que a gigante engula seus negócios por completo", comentou outro observador.

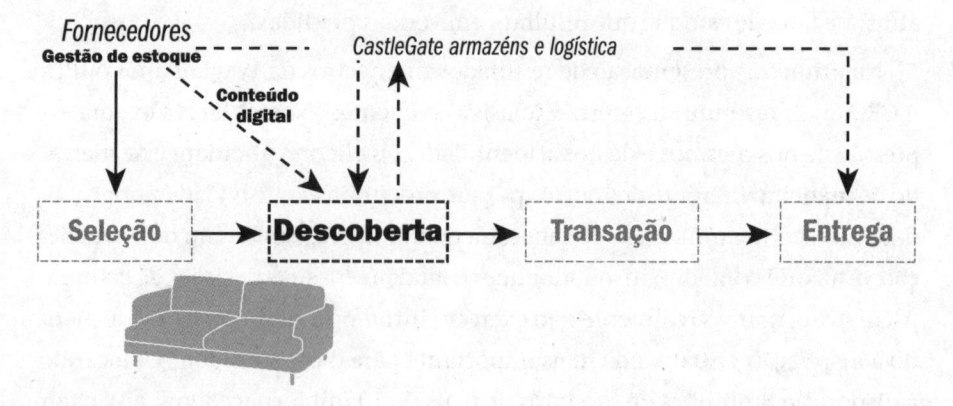

Figura 2.2
Arquitetura de valor da Wayfair por volta de 2014, mostrando a adição de *Descoberta* como um novo elemento de valor e com novas ligações (marcadas em negrito).

A Wayfair tinha credibilidade para superar a concorrência em três frentes. Em primeiro lugar, na mera seleção de produtos disponíveis para compra: algumas centenas, até mesmo milhares de itens em exposição física não podiam competir com os milhões de itens pesquisáveis oferecidos online. Em segundo lugar, ao pesquisar esse enorme conjunto de opções: marcas de "estilo de vida" e a apresentação online de produtos da Wayfair ofereciam atalhos e sugestões — se você clicasse em uma lâmpada de estilo mais tradicional, era encaminhado para outros itens correlatos. Finalmente, na logística: as entregas de móveis de lojas físicas eram notoriamente lentas e não confiáveis, mas com seu sistema CastleGate, a Wayfair estabelecia uma nova referência em rapidez de entrega e confiabilidade, que os varejistas tradicionais eram incapazes de copiar.

Todavia, ao competir com a Amazon, as vantagens de seleção e logística desaparecem. A Wayfair tem armazéns próprios; a Amazon tem sua própria frota aérea de carga. A Wayfair emprega inteligência artificial; a Amazon é dona da Amazon Web Services (AWS), que fornece inteligência artificial para dezenas de milhares de empresas. O valor de mercado da Wayfair era de US$15 bilhões em março de 2019; o da Amazon estava caminhando para US$1 trilhão. Competir de peito aberto era uma fórmula certa para o fracasso.

Não obstante, em vez de sumir na esteira desse participante dominante do ecossistema, a Wayfair não apenas sobreviveu, como prosperou. Entre a ação da Amazon na categoria de móveis de abril de 2017 a setembro de 2020, as vendas trimestrais da Wayfair e seu valor de mercado multiplicaram-se por quatro e nove, respectivamente. Como isso aconteceu?

Defesa Mediante Modificação da Arquitetura de Valor "O modelo Foto, Preço e Mercadoria desmorona diante de uma concorrência mais avançada", disse Steve Oblak, diretor de merchandising da Wayfair. E não há ninguém mais avançado do que a Amazon. Uma defesa bem-sucedida e sustentável contra empresas como a Amazon não pode se basear em fazer mais do mesmo, com movimentos ou vitórias autocentradas. O êxito da defesa exige uma resposta criativa que alavanque sua posição dentro do coletivo que é seu ecossistema. Requer modificar sua arquitetura.

Os elementos *Seleção*, *Transação* e *Entrega* certamente continuariam a ser importantes. Mas, ainda que a Wayfair pudesse superar seus rivais estabelecidos nessas frentes, os recursos e as capacidades que a Amazon traria para o jogo significavam que estes se tornariam apostas fixas, em vez de diferenciais. Para criar uma fonte de diferenciação mais sustentável, a Wayfair precisaria priorizar esforços para enfrentar os desafios únicos das vendas e do ecossistema de móveis, em vez dos desafios gerais do varejo online.

Uma estratégia de aprimoramento da arquitetura começa com um mergulho ainda mais profundo na proposta de valor. O segredo é expandir o foco, não ficar apenas na melhora de seus próprios esforços e recursos, mas ir além e considerar a melhoria da capacidade de seus parceiros de trabalhar com você no intuito de apresentar uma proposta de valor mais rica. A defesa da Wayfair aproveitaria a vantagem exclusiva (em relação à Amazon) de seu foco singular em móveis para criar uma oferta diferenciada. "Isso sempre recai em um cliente que deseja mudar algum aspecto de seu lar — não consegue dizer a marca, não consegue dizer qual é o estilo, qual é a decoração interior, tem uma tremenda sensação de orgulho, tem um orçamento", diz Oblak. "Há uma enormidade incrível de atrito para superar isso, para chegar ao resultado final da casa que você ama."

A Wayfair modificaria sua arquitetura de valor de duas maneiras distintas: aprimorando um elemento existente, a *Descoberta*, e adicionando um novo elemento, a *Deliberação* (Figura 2.3).

Desde 2010, a Wayfair tem agido agressivamente para aperfeiçoar sua própria eficiência logística, investindo na integração de dados e no aprimoramento das capacidades de seus fornecedores. O foco na *Descoberta* (encontrar itens) e na *Deliberação* (assistência na decisão de compra) elevaria o relacionamento de dados a um novo patamar. "Estamos tentando conectar oferta e demanda... E tudo o que o cliente está fazendo é se engajar com o conteúdo", observa Oblak. A questão era a seguinte: que providências a Wayfair poderia tomar para fazer com que os dois ingredientes básicos — imagens do produto e cliques do mouse — ganhassem a confiança do cliente em suas escolhas ao projetar a decoração de sua casa? Quando a Amazon voltou seu foco para a venda de móveis, a Wayfair respondeu expandindo sua arquitetura de valor para ajudar os clientes a descobrir seus próprios gostos e seu próprio estilo.

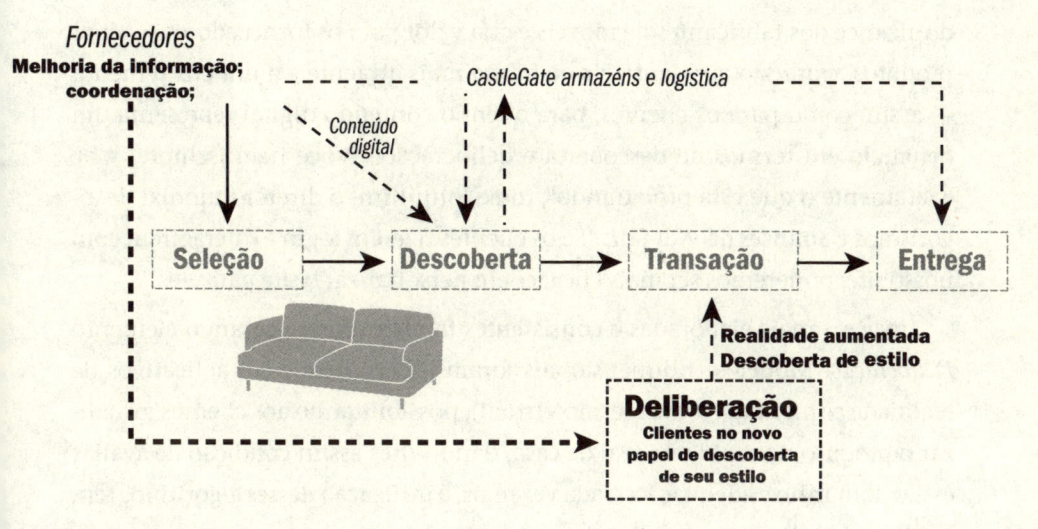

Figura 2.3
Arquitetura de valor aprimorada da Wayfair, com adição do elemento *Deliberação* e novas ligações (marcadas em negrito).

Para os fornecedores, criar fotos cativantes e artísticas de utensílios domésticos sempre foi dispendioso. As imagens de catálogos são pouco valorizadas, embora nelas itens individuais sejam apresentados em cenários atraentes com acessórios apropriados no fundo, um trabalho que requer muitas horas e custa muito dinheiro. A Wayfair investiu para estar na vanguarda da tecnologia de imagem. Ela desenvolveu sistemas internos que permitiam aos fornecedores enviar imagens 2D simples de itens do mundo real filmadas contra paredes brancas, que a Wayfair poderia então inserir em cenas 3D virtuais nas quais a variedade de apresentações é quase infinita. A tecnologia possibilitava que a mesma cadeira fosse apresentada de modo realista em uma sala de estar, em um pátio ou em um ambiente qualquer com o simples apertar de um botão. Outros recursos permitiam aos clientes tirar uma foto de um item de sua própria casa, que a Wayfair poderia usar para sugerir produtos correspondentes para facilitar ainda mais a *Descoberta*.

Para impulsionar esse crescimento digital, a Wayfair aumentou sua equipe de engenharia e ciência de dados, que de mais de 1.000 integrantes em 2016 superava 2.300 dois anos depois. Essa tecnologia alimentada por IA está fora do alcance dos fabricantes de móveis e cria valor para os fornecedores — cujos produtos agora são apresentados de forma mais atraente e a um custo menor — assim como para os clientes, para quem o conteúdo digital representa um benefício em termos de descoberta e deliberação. "Você nem [sempre] sabe exatamente o que está procurando", disse John Kim, o diretor mundial de algoritmos e análises da Wayfair. "Se os clientes fizerem login e interagirem com nosso site, poderemos ser mais eficazes em personalizar o site para eles."

Imagens mais elaboradas e consistentes também fortaleceram o elemento *Deliberação*. Modelos tridimensionais foram incorporados em aplicativos de realidade aumentada (e até mesmo virtual), possibilitando aos clientes visualizar o produto no ambiente real de casa, dando-lhes assim condição de avaliar estilo, tamanho e adequação. Cada vez mais, a utilização desses algoritmos tem auxiliado os clientes a definir seu estilo, e confirmá-lo continuamente.

Uma ação análoga à que provocou esse novo insight do cliente poderia, então, ser dirigida aos fornecedores. A Wayfair foi além da coordenação de estoque e logística para informar e moldar as escolhas de design e produção dos próprios fornecedores, fechando o ciclo demanda/suprimento e, assim, reforçando o relacionamento com seus parceiros-chave.

Essas iniciativas da Wayfair podem ter sido tomadas de forma eventual, mas a entrada da Amazon lhes conferiu a mais alta prioridade.

"Adoramos a dificuldade inerente à nossa categoria", diz Oblak. "É como abrir um fosso, porque é realmente difícil." O cofundador Conine concorda: "O problema é que não dá para ser ótimo em tudo. Então, construímos uma máquina e nos concentramos em ficar em casa. Tentamos ter certeza de que estamos fazendo tudo, com esse foco, excepcionalmente bem, assim, aos olhos dos clientes, estamos construindo uma experiência que realmente nos diferencia de qualquer um no mercado."

Esse esforço todo fará com que a Amazon se retire do mercado de móveis? Claro que não: a Amazon continua sendo um gigante dominante, e móveis continuam sendo uma enorme oportunidade comercial. A questão, na defesa, não é eliminar a concorrência, mas criar um caminho para o crescimento sustentável em um mundo de coexistência. Quando a Wayfair modifica sua arquitetura de valor, concentrando-se nos aspectos que distinguem o jogo do varejo de móveis do jogo do varejo geral, ela se constitui em uma demonstração perfeita de defesa produtiva. Evidentemente que, se a Amazon aumentasse seu foco no setor, a Wayfair precisaria voltar a melhorar.

Arquitetura de Valor como Base para Foco e Diferenciação *Foco* e *Diferenciação* são as pedras angulares clássicas e genéricas do aconselhamento estratégico. A questão sempre se resumiu a: de que maneira? Uma arquitetura de valor claramente articulada serve de guia para preencher os detalhes. No lugar de reagir a uma ameaça com uma estratégia amorfa, ou com tecnologias e atividades restritas, podemos examinar nossa arquitetura para verificar quais elementos de valor específicos estão sob pressão; com isso, ficamos em posição de decidir onde estamos mais dispostos a aceitar a competição e a comoditização (por exemplo, a Wayfair não luta pela exclusividade na *Seleção* tentando impor exclusividade aos fornecedores); onde vemos oportunidades de aprimoramento (por exemplo, usando cada vez mais cliques do usuário e dados de compra para aperfeiçoar as recomendações e a *Descoberta*); e onde podemos querer priorizar o investimento para criar novos elementos de valor (por exemplo, reconhecer que a *Deliberação* é a chave para o compromisso e que orientações adicionais podem ser incorporadas ao jogo).

Às vezes, um disruptor do ecossistema parece bloquear todos os caminhos para a diferenciação. Mesmo aqui, veremos que a arquitetura de valor ainda pode se constituir em um guia para criar espaços de coexistência.

Princípio 2: Identificar um Terreno Defensável Encontrando Parceiros com Interesses Similares

Uma alternativa para adequar sua proposta de valor é adaptar *onde* você tenta implantá-la. A entrada de um disruptor do ecossistema pode impactar não só o defensor focal, mas também outros atores do mercado. São precisamente esses aspectos que diferenciam os disruptores do ecossistema — entrar com motivos distintos e buscar um conjunto expandido de atividades — que criam possibilidades para realinhar parcerias e mudar afiliações.

Quando um disruptor do ecossistema, com base na oferta e na capacidade, pode igualar ou superar você, criar um nicho defensável envolve encontrar a parcela de seus clientes e parceiros que podem estar receosos com a entrada desse novo tipo de ator. O nicho defensável pode, portanto, surgir não apenas ao longo das linhas de segmentos do usuário final (como a opção de encontrar um nicho discutida pela Kodak), mas também ao longo das linhas definidas por aliados emergentes cuja lógica comum é a de que "o inimigo do meu inimigo é meu amigo". Podemos olhar em volta e avaliar quem mais pode estar insatisfeito com a chegada na vizinhança do disruptor do ecossistema e, em seguida, concentrar esforços especiais na formação de uma coalizão de atores com ideias semelhantes em todo o ecossistema.

Importante ter em mente que criar um nicho defensável significa focar menos que o mercado completo: trata-se de uma estratégia defensiva destinada a preservar sua coexistência na presença do novo invasor, não afastá-lo. Como veremos no caso da TomTom, que continua a adaptar sua proposta de mapeamento, criar um nicho pode ser uma meta perseguida em paralelo com a modificação de sua arquitetura de maneiras capazes de abrir novas oportunidades de domínios. Entretanto, considerando que a lógica operacional dessas duas estratégias são diferentes, é útil pensá-las como caminhos distintos.

TomTom *versus* Google

Quando, em 2004, a TomTom lançou o primeiro dispositivo de navegação pessoal [PND, na sigla em inglês] montado em um painel do mundo, revolucionou não apenas a navegação em veículos, mas também a dinâmica social entre motoristas e passageiros. Talvez seja difícil lembrar (ou para o leitor mais jovem, imaginar) a frustração das discussões sobre que direção tomar, quem interpretou mal o mapa rodoviário cheio de orelhas e perguntas indicadoras de uma crise como "Perdemos a saída?" e "Por que você não me disse antes?", que caracterizavam tantas viagens de carro das famílias e entregas comerciais.

Embora os dados de posicionamento global baseados em satélite (latitude e longitude) estivessem disponíveis para usos não militares desde 1983, e os carros de última geração tivessem incorporado o GPS com mapas baseados em CD-ROM (relacionando sua localização com ruas e rodovias), foi a TomTom GO que deixou o mercado de massa livre dos mapas de papel e introduziu a orientação passo a passo com voz calma à qual estamos hoje acostumados. Entre 2004 e 2008, as receitas provenientes do PND da TomTom cresceram quarenta vezes. Em 2009, mais de 120 milhões de dispositivos foram vendidos globalmente, fazendo do PND uma das tecnologias mais rapidamente adotadas da história.

O mercado era controlado por duas companhias: a TomTom, que começou como uma empresa de software que fornecia soluções de navegação para assistentes de dados pessoais de primeira geração, como Palm Pilot e Psion, e a Garmin, cujas raízes estavam no hardware GPS para barcos e aviação. Em 2007, essas duas empresas, que representavam mais de 55% do mercado PND, eram ferozmente competitivas e intensamente inovadoras.

De modo geral, as empresas no segmento de PND buscavam a mesma proposta de valor, usando aproximadamente a mesma arquitetura de valor (Figura 2.4). Um conjunto de chips em um dispositivo dedicado captaria sinais da rede de satélites GPS para triangular longitude e latitude, combinando os dados com mapas digitais que conectavam a localização com informações de sistemas rodoviários — nomes de ruas, endereços, limites de velocidade e assim por diante. Adicionando-se algoritmos de roteamento, a localização podia ser personalizada: a mágica passagem do estático "Onde estou?" para o dinamismo do "Como chego aonde quero ir?"

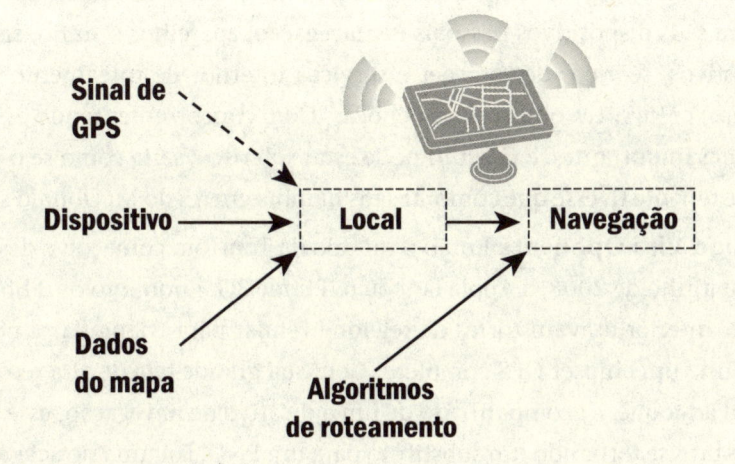

Figura 2.4
Arquitetura de valor da TomTom em dispositivos de navegação pessoais.

Competir dentro dessa arquitetura significava correr para aprimorar cada um dos elementos: dispositivos com telas e interfaces melhores, adicionando dados de tráfego em tempo real e algoritmos capazes de emitir alertas sobre tráfego intenso, redirecionar sua viagem ou encontrar o posto de gasolina mais próximo. Tarefa certamente árdua, mas pelo menos evidente. Olhando em retrospectiva, o CEO da TomTom, Harold Goddijn, chamou esse período anterior ao smartphone de "anos gloriosos". Os disruptores do ecossistema podem nos deixar saudosos dos bons e velhos tempos, não porque tivéssemos um robusto monopólio que nos permitia ganhar dinheiro durante o sono, mas porque podíamos subir no ringue com uma chance justa de vencer o confronto em uma luta corpo a corpo.

Em 2007, antevendo a turbulência que viria, a fabricante de telefones Nokia adquiriu a Navteq, uma das duas únicas grandes provedoras de dados de mapeamento desse setor, por US$8,1 bilhões. Era claro que os telefones poderiam, em teoria, competir com PNDs, mas telas pequenas e teclados pesados comprometiam os dispositivos. Embora sem causar danos no mercado de navegação, a entrada da Nokia estimulou a TomTom a assumir o controle de outra fabricante de mapas, a Tele Atlas, a qual adquiriu após uma guerra de lances com a Garmin por US$3,7 bilhões. A TomTom viu a aquisição da Tele Atlas como oportunidade e proteção em um ambiente em rápida mudança. Agora, ela poderia "ser a fornecedora de todas as empresas que desejam contar com mapas aprimorados para seus dispositivos pessoais de navegação, aparelhos sem fio, sistemas automotivos, serviços de internet e serviços internos de roteamento", disse Goddijn. A *Newsweek* observou, na época: "Com concorrentes tendo esses fornecedores importantes, a Garmin pode estar sob risco; seria como se o Burger King de repente tivesse que comprar seus hambúrgueres do McDonald's."

Amigo Vira Oponente Então o mundo da TomTom começou a desmoronar. Em junho de 2008, a Apple lançou o iPhone 3G. Enquanto os iPhones da geração anterior usavam torres de telefone celular para triangular a posição, o 3G tinha um chipset GPS completo. Com sua grande tela de alta resolução, sensível ao toque, e acompanhado de um aplicativo de navegação, esse dispositivo estava se tornando um substituto para um PND. Foi uma notícia terrível para os fabricantes de dispositivos, mas para a TomTom havia uma pequena salvação: os fabricantes de aplicativos de navegação ainda precisavam de dados de mapeamento. Sua divisão Tele Atlas ofereceu uma linha B2B (empresa para empresa) conforme seu negócio B2C (empresa para consumidor) começou a desmoronar. Na verdade, o maior cliente da Tele Atlas era a Google, que dependia do serviço para impulsionar o Google Maps.

Até que... em outubro de 2009, a Google anunciou que estava descartando a Tele Atlas: havia desenvolvido sua própria versão do serviço. Além disso, seu novo sistema operacional, Android 2.0, incluiria um novo e empolgante recurso, o Google Maps Navigation. Isso transformava o telefone em um PND totalmente funcional, com visualizações em 3D, orientação por voz e redirecionamento automático. Mas, ao contrário da maioria dos sistemas de navegação, o Google Maps Navigation foi "desenvolvido do zero para aproveitar as vantagens da conexão de internet do seu telefone". E era tudo gratuito: para os usuários finais, por meio do aplicativo, e para os desenvolvedores, que poderiam usar APIs abertas (interfaces de programação de aplicativos, que possibilitam aos aplicativos "conversarem" entre si) para incorporar o Google Maps em seus próprios aplicativos e páginas da web.

Agora, em vez de pagar algumas centenas de dólares por um PND dedicado, qualquer pessoa com um smartphone tinha um navegador grátis na palma da mão. Os técnicos ficaram impressionados, já os analistas ficaram preocupados. No clássico eufemismo francês, o analista de ações da Société Générale observou: "O Google está redefinindo a referência de preço para serviços de navegação em US$0,00, o que coloca em xeque o modelo de negócios da TomTom." A pergunta não formulada: ela sobreviverá? A cofundadora da TomTom, Corinne Vigreux, comparou a mudança da Google a "um tsunami".

A entrada do Google no segmento GPS foi fundamentalmente diferente daquela os rivais anteriores porque ele *não* era um concorrente do tipo Garmin. Para a TomTom, o Google historicamente tinha sido um parceiro e um cliente que se beneficiara do uso de dados de mapeamento, não um concorrente direto que busca lucrar com dispositivos ou mapas.

O Google é emblemático na questão da ruptura do ecossistema, pois montou uma arquitetura de valor diferente, capaz de atacar lateralmente porque a forma como cria valor e lucros não está ancorada na comercialização de dados geográficos ou dispositivos. O elemento que se distingue em sua arquitetura de valor são as *informações do usuário* (Figura 2.5). Para essa empresa, o valor real da navegação estava em gerar receita (a) diretamente, com a venda de anúncios no Google Maps; (b) indiretamente, coletando e analisando os dados de localização e navegação gerados pelos usuários, algo que viria a aumentar seu mecanismo de lucro principal de publicidade segmentada; e (c) vendendo acesso a APIs aprimoradas que outros desenvolvedores poderiam usar nos próprios aplicativos, gerando receita e dados de uso adicionais. Conforme a coleta de dados por telefone se tornava uma proposta mais clara, ganhar o controle de sua própria plataforma de mapeamento, que o Google poderia, então, abrir para mais desenvolvedores observarem as idas e as vindas de mais usuários, se transformou em uma escolha estratégica natural.

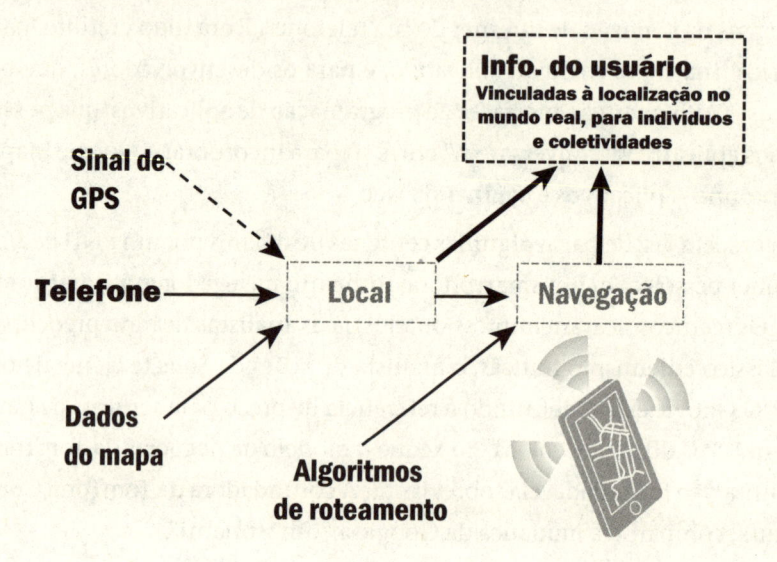

Figura 2.5
A arquitetura de valor do Google adiciona *Informações do usuário* como um elemento.

Para o Google, bom. Para a TomTom, catastrófico. Na verdade, a combinação do Google Maps gratuito com a adoção generalizada do smartphone, elevando os mercados B2C e B2B, deveria ter sido o fim para a TomTom e assemelhados. Não obstante, em 2021, a TomTom permanece sendo uma empresa de bilhões de dólares. Como?

Criando um Nicho Defensável   O que se pode fazer diante de tal ataque? A realidade diz que você acabará vivendo em um território menor. Contudo, há uma grande diferença entre adotar uma abordagem proativa e permitir que essa realidade se estabeleça por conta própria. Essa é a diferença entre criar uma posição forte em um nicho sustentável, a partir do qual você pode crescer mais tarde, e se encontrar encurralado em um canto cada vez menor, do qual você desaparecerá.

A arquitetura de valor da TomTom apresentou um conjunto diferente de possibilidades em relação à da Wayfair. As melhorias da Wayfair apoiavam sua competitividade no mercado amplo, ao passo que as opções da TomTom eram eficazes em alguns segmentos e irrelevantes em outros. Assim, embora a onipresença dos smartphones tenha posto em xeque, abruptamente, os esforços da TomTom em dispositivos de consumo, suas principais inovações de mapeamento permaneceram valiosas para, digamos, fabricantes de automóveis que trabalhavam para fornecer Sistemas Avançados de Assistência ao Motorista [ADAS, na sigla em inglês].

De fato, desde 2015, a TomTom tem apostado pesado no futuro da direção autônoma, fazendo grandes investimentos no mapeamento HD (alta definição), a tecnologia necessária para que carros autônomos "enxerguem" cada poste, mureta de proteção e pista. "Costumávamos fazer mapas para humanos, mas agora fazemos mapas para robôs", disse um membro da diretoria. Embora não se possa caracterizar essa estratégia como sendo um grande risco, a enorme incerteza em torno do momento da chegada comercial da direção autônoma (consulte o Capítulo 4) a torna um refúgio de curto prazo inadequado.

Por definição, a visão é algo voltado para o amanhã, mas a sobrevivência depende das vendas de hoje. A resiliência da TomTom está ancorada na *identificação de aliados emergentes* — clientes e parceiros cujo interesse também é o de se esquivar do perigo representado pelo tamanho, pela influência e pelo poder financeiro ilimitado do Google. A TomTom vive não somente apesar do Google, mas também porque *não* é o Google. De modo explícito, o CEO Goddijn estabeleceu uma diferença crucial entre as duas empresas de tecnologia ao afirmar: "Não competimos com nossos clientes. Usamos dados de clientes apenas para melhorar nossos produtos, não para modelos de negócios alternativos." Em outras palavras, a TomTom só usará dados para suas próprias inovações de mapeamento interno. Não irá vendê-los para anunciantes ou empresas de mineração de dados. E não irá usá-los para usurpar as linhas de negócios dos clientes.

Essa diferença tem valor real para empresas como Apple, Microsoft e Uber, que optaram pela TomTom, em vez de pelo Google, como a espinha dorsal de seus respectivos recursos de mapeamento. Para elas, seus próprios dados são vistos como um ativo importante, não para compartilhamento. Além das grandes empresas de tecnologia, as que operam em transporte e logística, como UPS, Transurban, Deutsche Post e outras, também têm uma parceria confortável com a TomTom. Pitney Bowes, cuja missão é "organizar e gerenciar dados de endereço global e fornecer atributos e dados enriquecidos em torno desses endereços", é um exemplo perfeito de cliente que pode estar preocupado com a concorrência do Google com relação a seu negócio principal. "A decisão [de usar o TomTom] se resumiu a modelos de negócios complementares", disse Dan Adams, vice-presidente de produtos e estratégias de dados da Pitney Bowes. Em essência, ele está dizendo: "Com o Google, eu vejo a ameaça de inversão de valor. E isso é assustador. Vamos manter a linha juntos."

Também para os fabricantes de automóveis, o apelo da TomTom está em seu esforço relativamente modesto para conquistar uma posição para si mesma, fornecendo mapas para consoles integrados. A TomTom não pretende se tornar o cérebro inteiro do carro. E é do interesse da indústria automobilística precaver-se com a comoditização por gigantes da tecnologia, o que poderia, essencialmente, restringir os fabricantes à função de colocar rodas em caixas. "Nem todas as montadoras decidiram ainda quem as apoiará nos mapas HD", disse Willem Strijbosch, diretor de direção autônoma da empresa em setembro de 2019. "Mas, de todas as montadoras que tomaram uma decisão, vemos que as grandes — as dez primeiras — estão escolhendo a TomTom."

A história da TomTom desperta a atenção porque ainda está de pé lutando no ringue. Embora nunca vá derrubar a Google ou reviver o mercado de PND, ela mostra a possibilidade de coexistência lucrativa em um nicho defensável. Além disso, enquanto se sustenta no nicho, está investindo para criar uma nova posição com mapeamento em HD que tem o potencial de ser ainda mais emocionante do que os PNDs jamais foram.

Múltiplos Caminhos Possíveis Já para a Garmin, outra pioneira da navegação, coube demonstrar a alternativa de sair para lutar em uma arena diferente. Vítima do mesmo colapso no mercado de PND, sem seu próprio mecanismo de mapeamento, mas contando com uma longa história de inovação em hardware, a Garmin concentrou sua energia em dispositivos de navegação especializados. Ela foi pioneira no mundo dos *wearables* [acessórios pessoais inteligentes] de última geração para segmentos ativos, como os relógios de pulso: os de corrida, que rastreiam sua velocidade, passos e níveis de oxigênio no sangue; os de golfe, que registram sua velocidade na tacada; os de natação, que rastreiam a distância e a contagem de braçadas. Além disso, a Garmin, na esteira da ascensão dos smartphones, desenvolveu aplicativos que conectam dados baseados no relógio de pulso ao seu celular e à comunidades online, transformando treinos em experiências sociais. Como é de praxe, a Garmin enfrentará maior pressão à medida que outros *wearables* (por exemplo, Apple Watch) e redes sociais (por exemplo, Strava) forem invadindo seu espaço, e, novamente, o sucesso da empresa dependerá da qualidade de sua resposta.

O contraste entre TomTom e Garmin é um lembrete de que a defesa eficaz depende tanto da natureza do atacante quanto das capacidades do defensor. De fato, há paralelos claros nas estratégias de sobrevivência desenvolvidas aqui e no contexto da imagem digital do Capítulo 1. Na estratégia da Garmin, são claramente audíveis os ecos da abordagem da Fuji para a revolução digital: permanecer viva encolhendo e se concentrando em suas capacidades em produtos químicos e farmacêuticos. A TomTom, por outro lado, repete a estratégia de sobrevivência da Lexmark. A escolha de sair do hardware e dobrar a aposta na parte de gestão de dados do mapeamento é semelhante à da Lexmark deixando as impressoras para trás no mundo da gestão de dados corporativos. Em todos os casos, o que se nota é uma resposta direcionada, seletiva nos elementos de valor a serem priorizados e clara sobre os elementos que estão além da economia. Consistente com a citação de abertura deste capítulo, uma defesa que tenta preservar o *status quo* da arquitetura de valor — que tenta defender tudo — não defende nada.

Princípio 3: Disciplinar Sua Ambição de Sustentar uma Coalização Defensiva

Não importa o quão brilhante seja sua estratégia defensiva, a entrada de um disruptor de ecossistema faz com que o crescimento seja mais difícil em seu mercado doméstico. Por sua vez, isso estimula a busca não apenas por nichos defensáveis no mercado atual, mas também por possíveis novas áreas de crescimento em mercados adjacentes.

Em casos extremos, encontrar um nicho pode implicar em uma mudança total de mercados. A presença do disruptor do ecossistema pode alterar a atratividade relativa das oportunidades o bastante para obrigar o defensor a buscar caminhos muito diferentes para crescer. Essa atitude pode fazê-lo assumir, por sua vez, o papel de disruptor do ecossistema, penetrando em novos espaços e redefinindo elementos de sua arquitetura de valor para ocupar com presteza uma nova posição com uma nova proposta de valor (consideraremos essa abordagem de maneira explícita no Capítulo 3 com o conceito de transposição do ecossistema).

Menos extremo é buscar crescimento um pouco mais perto de casa. Especialmente quando sob pressão, pode haver uma tentação natural de visar mercados atendidos por parceiros, nos quais a proximidade e a potencial transposição dão condições de uma caminhada mais segura do que oportunidades mais distantes. Essa, entretanto, pode ser uma tentação perigosa, trocando a instabilidade de longo prazo por um alívio mais imediato.

A defesa do ecossistema é um jogo de equipe que depende da mobilização de parceiros. Lembre-se: fazer isso sozinho é fazer errado. Porém, alinhar parceiros em uma coalizão de acordo com sua arquitetura de valor é apenas o primeiro passo. Como veremos no caso do Spotify, o sucesso duradouro requer a *manutenção* dessa coalizão em face da pressão e, crucialmente, da tentação. A disciplina estratégica que distingue claramente o crescimento às custas dos rivais e o crescimento às custas dos parceiros é crítica para sustentar um ecossistema de sucesso.

Spotify *versus* Apple

Tendo em vista o sucesso do Spotify, líder mundial em 2021 como plataforma de streaming de música, pode ser difícil avaliar quão precária era sua situação apenas alguns anos antes. Na verdade, o caso do Spotify *versus* Apple Music se constitui em um dos maiores milagres da década, chamado "como é que esses caras não morreram".

Fundado por Daniel Ek em 2006, a ambição do Spotify era criar um serviço de música que fosse mais atraente para os usuários do que o download gratuito de um catálogo de música quase infinito fornecido por sites de pirataria online, respeitando os direitos de propriedade e pagando royalties aos músicos e às empresas de música. O Spotify levou dois anos para descobrir as inovações tecnológicas — e as coinovações legais — viabilizadoras do streaming de música. Os serviços anteriores, como o Pandora, disponibilizavam música aos usuários na forma de "estações de rádio" personalizadas, ao passo que a inovação do Spotify consistia em dar aos usuários acesso integral a um catálogo global de música que permitia escolher qualquer música ou álbum, e a partir daí formar a playlist que desejassem. Foi essa capacidade de escolher faixas específicas em todo o catálogo que tornou o Spotify uma alternativa à pirataria de música online mais atraente do que outras plataformas da época.

Demorou 2 anos para iniciar o serviço, 4 anos para atingir 4 milhões de assinantes e 6 anos para chegar aos 10 milhões. Em 2014, após 8 anos de trabalho árduo, o Spotify atraiu 50 milhões de usuários, dos quais 37 milhões no *freemium*, oferta com publicidade, e 13 milhões que pagavam uma assinatura mensal para o serviço sem anúncios. O Spotify estava finalmente no auge do sucesso. Então...

Então, em 2015, a Apple se juntou à festa de streaming com a Apple Music, usando sua atuação em vários ecossistemas como um martelo.

Já quando era a maior vendedora de música do mundo por meio de sua loja iTunes, a Apple fez sua maior aquisição, trazendo, ao custo de US$3 bilhões, a Beats Electronics para seu negócio de acessórios de áudio e serviço de streaming de música. A Beats estava em uma posição central entre os músicos por meio de seus influentes fundadores, o produtor musical Dr. Dre e o lendário executivo da gravadora, Jimmy Iovine. Com essa nova carta em mãos, comentou-se que a Apple tentou (sem êxito) mudar as regras do jogo, pressionando as gravadoras a encerrar os acordos de streaming com anúncios, o que destruiria a posição do Spotify. A Apple, então, deu continuidade a seu maior lançamento de serviço de todos os tempos.

A Apple Music foi lançada no verão de 2015 em 100 países. Surgiu "magicamente" em todos os iPhones como parte da atualização do iOS 8.4 e incluiu três meses gratuitos de serviço. Diferentemente de um aplicativo normal, como o Spotify, a instalação não era uma opção para os usuários. No final do primeiro mês, 11 milhões de pessoas estavam usando o teste gratuito. Seis meses após o lançamento, a Apple Music tinha 6 milhões de assinantes pagantes. A título de comparação, levou 4 anos para o Spotify chegar a 4 milhões.

As ideias são fáceis de copiar. Para um gigante digital como a Apple, escalar era mais fácil do que nunca. E no negócio de streaming de música, com uma arquitetura de valor (inicial) relativamente simples (veja a Figura 2.6), com grandes gravadoras oferecendo acesso ao mesmo *corpus* de músicas para todos, e com o alcance massivo e a marca da Apple, a diferenciação no produto principal é ainda mais difícil de obter.

E, ainda assim, em 2021 o Spotify está firme e forte. Como sempre, em uma história de gigantes contra nanicos, não é realista esperar que um colosso disruptivo como a Apple seja eliminado do mercado. Em vez disso, a marca de uma estratégia defensiva robusta é que o defensor menos poderoso está florescendo: enquanto a Apple tem 72 milhões de assinantes, o Spotify cresceu para 345 milhões de usuários, incluindo 155 milhões de assinantes de serviços pagos.

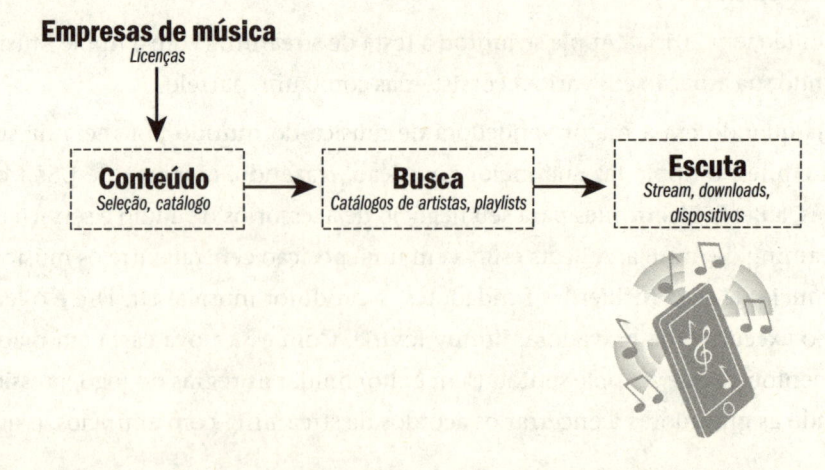

Empresas de música
Licenças

↓

Conteúdo
Seleção, catálogo

→

Busca
Catálogos de artistas, playlists

→

Escuta
Stream, downloads, dispositivos

Figura 2.6
Arquitetura de valor inicial do Spotify (e da Apple) para streaming de música.

De onde veio essa magnífica resiliência do Spotify? A esta altura do capítulo, já sabemos a resposta: *não sozinho*. A defesa do ecossistema é coletiva.

Coalizões São Construídas no Contexto Os aliados-chave do Spotify — os parceiros que asseguraram sua sobrevivência ao rejeitar as solicitações da Apple para acabar com a camada do serviço com anúncios gratuitos — foram as três principais gravadoras. Sony Music, Universal Music e Warner Music juntas controlavam de 65% a 70% da participação no mercado global de música. Há uma razão pela qual elas recusaram a oferta da Apple: estavam desesperadas por uma alternativa ao domínio da Apple na distribuição de música digital. O posicionamento de Steve Jobs em 2003 quanto ao iTunes ser a solução para o flagelo da pirataria online acabou se revelando um cálice envenenado. Paul Vidich, vice-presidente da Warner Music, recorda: "Lembro-me de pensar: 'Isso [iTunes] é tão simples. Funciona. É ótimo.' A atração do [serviço de pirataria de música] Napster não era apenas o fato de ser gratuito, o mais importante é que ele proporcionava às pessoas uma maneira de se conectar com praticamente qualquer composição musical... O que Steve estava fazendo com o iTunes era replicar esse tipo de experiência: um vasto catálogo, facilmente disponível, com uma interface conveniente."

Para as gravadoras desesperadas, em pânico com a pirataria online, o iTunes parecia um raio de esperança — um fixo de US$0,99 por música (do qual a gravadora recebia aproximadamente US$0,70). Um milhão de músicas foram baixadas na primeira semana do iTunes. Mas ao separar as músicas dos álbuns, a Apple mudou em um instante o equivalente a 100 anos de comportamento do consumidor. Em vez de gastar US$16 por um CD de 12 músicas (que outra escolha havia?), os fãs de música pagariam US$1,98 pelas duas músicas que *realmente* queriam ouvir em determinado álbum.

Aí estava o ponto nevrálgico do problema: a ilusão de sucesso. Quem estava comprando as músicas de US$0,99? Não eram as pessoas que já estavam baixando músicas de sites ilegais (os iPods tocavam música pirateada tão bem quanto a comprada). Eram aquelas que, de outro modo, estariam pagando o preço total por um álbum inteiro. O impacto: as receitas da indústria fonográfica dos EUA diminuíram 12% nos cinco anos após o lançamento do Napster; e despencaram 23% nos cinco anos após o lançamento do iTunes.

Os executivos da música logo se deram conta de que o preço uniforme de músicas não agrupadas era um desastre econômico para uma indústria baseada em sucessos individuais que geravam a venda de álbuns inteiros. Mas o gênio se recusou a voltar para a garrafa. "Não se ganha dinheiro lançando músicas individuais", observou um advogado do setor. "A menos que você possa vender um álbum, você realmente não pode se dar ao luxo de lançar os artistas. Toda a economia é movida por uma certa massa crítica de produto." Mas isso não ajudou. "A má notícia é que eles [Apple] decidiram que todas as músicas eram criadas do mesmo jeito", disse o presidente do Warner Music Group, Edgar Bronfman Jr. "E eu disse a Steve [Jobs] que nunca achei que isso fosse certo."

Isso deixava as gravadoras líderes de mãos atadas, e Jobs, sabendo-se em vantagem, ameaçava com uma publicidade desastrosa. "Se [as gravadoras] querem aumentar os preços, isso só mostra que estão um pouco gananciosas", disse Jobs em uma entrevista coletiva. Nas entrelinhas, estava sugerindo que a consequência natural de quem culpasse o cliente seria uma volta à pirataria. Um analista da Gartner resumiu a situação em 2006 perfeitamente: "Como não há varejistas online que rivalizem com a Apple, as gravadoras perdem tanto os fundamentos morais quanto a vantagem para exigir aumentos de preços."

Entra o Spotify. Enquanto os artistas duvidavam do streaming — para não dizer que militavam contra — e de seu fluxo em conta-gotas de royalties, as gravadoras podiam ver diversas vitórias. O streaming como tecnologia era uma alternativa perfeita à pirataria: tão vasta quanto e mais conveniente. Também era uma alternativa ideal para vendas de singles mal precificados, oferecendo músicas mais populares e gerando mais receita com o pagamento de royalties de acordo com a reprodução das músicas [*pay-per-play*]. Para as grandes gravadoras, não menos importante do que o valor patrimonial que lhes foi oferecido na infância do Spotify como incentivo para permitir o acesso a seus catálogos era o apelo de um novo campeão para a nova geração de música. O resultado: para os consumidores, um serviço amigável e legal que expandiu seus gostos por meio de playlists elaboradas por algoritmos ou curadoria; para as gravadoras, uma opção feliz à camisa de força da Apple. "Queremos que o Spotify seja um forte concorrente", disse uma fonte da indústria musical.

Vemos aqui uma variante da dinâmica do caso TomTom. Os parceiros críticos não estão alinhados em termos de exclusão, mas pela não exclusividade: seu objetivo, em vez de "a Apple não", era "não apenas a Apple". O Spotify, em sua condição de startup focada, frágil e subnutrida, constituía a alternativa perfeita. Era uma opção muito melhor do que ficar sob o controle da Apple ou sofrer sob um gigante semelhante. Como disse um executivo sênior da música: "A última coisa que a maioria de nós deseja é que haja uma briga direta entre os streamings da Apple e do Google."

O Spotify havia encontrado seus aliados. No entanto, construir uma coalizão defensiva e sustentá-la são coisas diferentes. Para sobreviver, o Spotify precisava encontrar um rol de parceiros que o apoiassem. Para satisfazer as expectativas dos investidores, era necessário encontrar novas maneiras de impulsionar o crescimento. O êxito dependia de administrar o conflito natural entre esses dois objetivos. A lição que aprenderemos com o Spotify é a de que a defesa do ecossistema implica a disciplina estratégica.

Trajetórias que Sustentam a Parceria *versus* **Trajetórias que Corroem a Parceria** Fazer com que um negócio inovador cresça é sempre uma tarefa complicada. Quando um gigante agressivo entra, tudo se torna mais difícil. Acionistas e analistas não são conhecidos por uma filosofia de vida do tipo "não se preocupe, a gente se contenta com menos". Pelo contrário: com um rival no jogo, há apenas mais pressão para provar resultados no negócio principal e encontrar novos caminhos para o crescimento. Faz sentido, pois os preços das ações são baseados em expectativas futuras, e novas arquiteturas de valor geram oportunidades para estender e redistribuir elementos de novas maneiras. Poder criar e desenvolver novas sinergias em oportunidades adjacentes é uma alavanca poderosa para puxar — e aproveitar a ocasião para abalar o mundo!

A reformulada arquitetura de valor do Spotify era vantajosa. Com mais usuários, graças ao nível gratuito suportado por anúncios e, portanto, mais dados sobre as escolhas de músicas, ele descobriu uma maneira inovadora de fazer recomendações que conectariam os usuários com novas músicas (Figura 2.7).

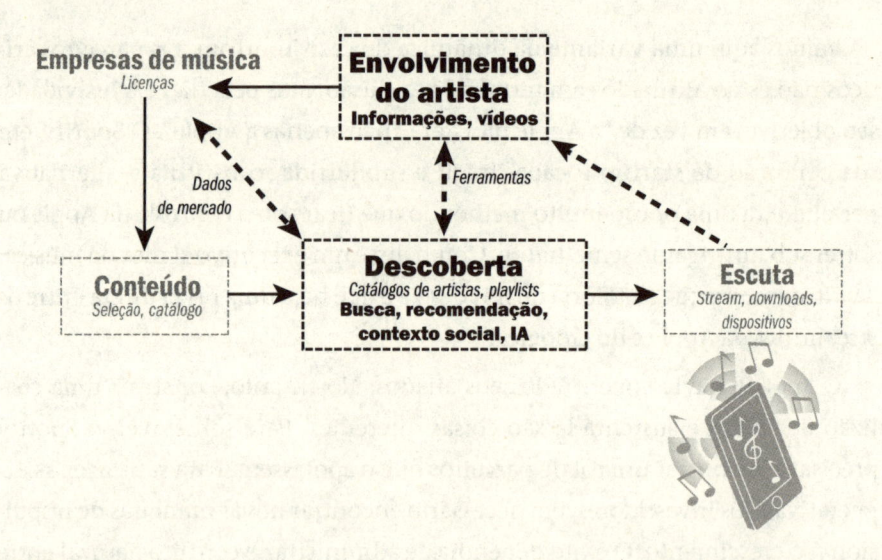

Figura 2.7
Arquitetura de valor aprimorada do Spotify, adicionando os elementos de *Descoberta* e *Envolvimento do artista*, e novas ligações (em negrito).

No lançamento, a *Descoberta* envolveu usuários explorando o catálogo do Spotify por conta própria, formando suas próprias playlists ou usando listas de terceiros para experimentar novos sons. A *Descoberta* foi aprimorada quando o Spotify se alinhou com o gigante de mídia social Facebook, em 2011. As músicas e os álbuns que os usuários ouviam no Spotify apareceriam em sua linha do tempo do Facebook, tornando-se acessíveis em sua rede social, cujos membros poderiam então ouvir aquela música no ambiente do Facebook. A isso se seguiu a integração com outros apps populares. A *Descoberta* deu mais um salto quando o Spotify implantou o aprendizado de máquina e a inteligência artificial para aumentar sua capacidade de combinar ouvintes e música. O recurso extremamente popular Discover Weekly, incorporado em 2015, usava algoritmos para criar um perfil pessoal a partir do qual ele mesmo construiria sua playlist: uma "mixagem" feita especificamente para você. Para os usuários, a habilidade perfeita do Spotify de combinar seus gostos com novas músicas soava como mágica.

O Spotify também adicionou o elemento *Envolvimento do artista*. Como havia uma combinação de biblioteca de músicas (acesso franqueado a qualquer música) e rádio (o Spotify pode sugerir músicas), o primeiro passo foi conectar música e ouvintes. O segundo foi permitir que os artistas se conectassem diretamente com os fãs, existentes e novos. A oferta Spotify para Artistas, lançada em 2017, introduziu uma série de ferramentas poderosas: acesso à análise de dados para que os músicos pudessem saber quantos ouvintes os estavam ouvindo e onde se localizavam; a capacidade de se conectar com os fãs para promover os próximos shows; um perfil personalizável; e a oportunidade de enviar músicas para a equipe editorial do Spotify para a inclusão na playlist. Em 2019, mais de 300 mil artistas foram beneficiados com o serviço.

Àquela altura, tudo ia bem. Cada uma dessas etapas fortaleceu a parceria, criando valor adicional para todos os envolvidos.

A próxima etapa, porém, foi diferente. Paralelamente aos esforços para expandir o grupo de ouvintes, o Spotify tentou fazer o mesmo com os artistas. As gravadoras eram notoriamente seletivas quanto a quem trariam a bordo, e por uma boa razão: os custos tradicionais associados à gravação, à promoção e à turnê de um novo artista podem ir de US$50 mil a US$2 milhões. Para a miríade de bandas de garagem sem representatividade e sonhadoras, é um doloroso sistema de exclusão. O Spotify, ao oferecer a esses artistas independentes um lugar para serem ouvidos, não só aumentou sua proposta de valor, como também deu força à imagem desejada do Spotify de ser um amigo do artista; o mocinho em um mar de tubarões. Isso faz todo o sentido, se você for o Spotify. Mas...

Havia uma agitação febril entre os analistas antes do IPO do Spotify em abril de 2018. "As gravadoras costumavam decidir o que ouvíamos", disse um observador. "Tudo isso está mudando. O Spotify está desmembrando os álbuns, quer isso lhe agrade ou não. Está pegando as melhores partes, escolhendo as faixas matadoras, colocando-as em playlists, decidindo o que vai para onde, usando dados para ajudar a consubstanciar essas decisões. E o uso desse poder de convencimento [soft power] é realmente assustador para as gravadoras." Ele resumiu a base do receio causado por essa capacidade persuasiva: "É provavelmente inevitável que o Spotify comece a fazer coisas que as gravadoras fazem."

De fato, a carta que antecedia o IPO da Spotify, endereçada aos investidores em fevereiro, não foi sutil: "O modelo antigo favorecia certos guardiões", escreveu Ek, pondo diretamente na mira as gravadoras tradicionais. "Hoje, os artistas podem produzir e lançar sua própria música."

Com sua plataforma digital e custo variável mínimo incorrido em função da adição de conteúdo, o Spotify ofereceria a artistas independentes uma rampa de acesso, permitindo-lhes vincular diretamente suas músicas aos fãs. O recurso daria aos artistas controle total — eles poderiam fazer upload de suas músicas e obras, escolher uma data de lançamento e visualizar os dados de escuta dos usuários, tudo de graça. Ignorando por completo as gravadoras, qualquer artista agora teria o potencial de se conectar com uma enorme população de ouvintes globais. Algo que não poderia ser mais natural para uma empresa cujo CEO disse: "Quando olho para o futuro da música, já não acho que a escassez seja o modelo. Temos que assumir a onipresença, que a música está em toda parte."

Consegue ver a luz amarela piscando? É aqui que os dois imperativos — impulsionar o crescimento e manter uma coalizão — se chocam.

Em junho de 2018, o Spotify anunciou que dispensaria o intermediário — "certos guardiões" — e permitiria que músicos independentes fizessem o upload de suas músicas diretamente no site. A partir de setembro, o upload para o serviço beta [produto ainda em estágio inicial] seria gratuito; os royalties seriam simplesmente creditados nas contas bancárias dos artistas todos os meses. Em comparação com os royalties padrão oferecidos pelas gravadoras — cerca de 11% por transmissão — os artistas receberiam 50% de participação por transmissão.

"Que grande notícia! Estamos felizes por você estar fazendo isso." Jamais se ouvira algo assim de gravadora nenhuma.

O cuidado a ser levado em conta aqui é que muitas vezes aquilo que se encontra por perto é mais tentador porque mais está próximo dos interesses de seus parceiros. Se eles integrarem sua coalizão defensiva, haverá problemas. Com muita frequência, tais problemas eclodem como surpresas e, em retrospecto, são óbvios e evitáveis. O que é inevitável é a assimetria na percepção: a parte em expansão dá um sentido, e uma justificativa, ao motivo pelo qual é justo capturar o território. De seu lado, a parte lesada só pode observar a intrusão e projetar o futuro a partir da violação percebida.

No processo de planejamento interno, não há um grande e natural representante do interesse dos parceiros externos, que, precisamente porque são externos, não participam da reunião. É fácil imaginar a discussão no Spotify:

"Se nós só oferecemos isso para artistas sem gravadora, significa que só vamos atrás do pessoal em quem as gravadoras não têm interesse, então eles devem concordar, certo?"

Eis aqui o teste decisivo para modificar as arquiteturas: no caso de seu parceiro ser questionado sobre a reação que teria, ele responderia (A) "Que ideia fabulosa! Eu lhe desejo muito sucesso com essa nova linha de negócios"; ou (B) "Espere aí... isso me deixa desconfortável. Na verdade, quanto mais penso nisso, menos gosto." A resposta A sinaliza que você está embarcando em uma trajetória de aprimoramento de relacionamento. Na resposta B, a trajetória do relacionamento é inversa. Qualquer um dos caminhos pode ser uma boa escolha, mas você deve estar ciente quanto à possibilidade de haver consequências. Um relacionamento desgastado pode ser algo com o qual você pode conviver. Contudo, quanto mais crítico o parceiro — especialmente se ele faz parte de sua coalizão defensiva —, mais cuidadoso você precisa ser.

Esse é o outro lado da dinâmica de inversão de valor que vimos com a Kodak no Capítulo 1, pela qual amigos se transformam em oponentes. A diferença é que a Kodak não tinha como lutar contra o avanço da tecnologia. Já as gravadoras eram parceiras críticas na criação de valor do Spotify. Eram cruciais para o ecossistema e, portanto, estavam bem posicionadas para montar uma resposta estratégica.

Testando os Vínculos Em 15 de junho de 2018, a manchete do *Financial Times* era [em tradução livre]: "Spotify Balança as Gravadoras de Discos Tratando Direto com os Artistas." O subtítulo alardeava a implicação: "Grupo de streaming elimina intermediários licenciando diretamente com artistas." Do ponto de vista do público em geral e dos investidores do Spotify, isso soava como um novo e empolgante estágio de crescimento.

Entretanto, do ponto de vista das gravadoras, ganhava ares de um desastre iminente. E um desastre ainda passível de resposta. No final do mesmo dia, o *Music Business World Wide*, site de notícias do setor, apresentou a visão com seu próprio título [em tradução livre]: "As Grandes Gravadoras Podem Bloquear a Expansão do Spotify na Índia Devido ao Licenciamento Direto."

Notou a rapidez com que isso aconteceu? A ambição de crescimento do Spotify bateu de frente com os objetivos de seus parceiros de coalizão essenciais. Embora o Spotify pudesse alcançar novos artistas diretamente, os catálogos de música existentes eram propriedade das gravadoras, o que as fazia permanecer na condição de guardiões críticos dos direitos e das permissões dos quais dependia o negócio principal do Spotify. Tendo desmascarado a si próprio como um potencial condutor de inversão de valor em longo prazo, mas continuando a ser criticamente dependente das gravadoras pelo menos em médio prazo, o novo desafio do Spotify passou a ser melhorar as coisas.

"Cabe ao Spotify nos convencer sobre por que devemos ajudá-lo a competir", disse um executivo de uma gravadora. "E agora, por razões óbvias, não nos sentimos muito convencidos." E acrescentou: "Estamos considerando seriamente [não licenciar] a Índia". Outro executivo de gravadora, quando informado de que outras duas gravadoras estavam pensando em bloquear o lançamento do Spotify na Índia, disse: "Idem. Todos nós sabemos que, sem esses mercados, a participação de mercado global do Spotify simplesmente não crescerá."

Assumir Erros Pode Abrir Novas Oportunidades Em sua apresentação de resultados de julho de 2018, o Spotify tentou convencer as gravadoras de que exageraram em sua postura: "Licenciar o conteúdo não nos torna uma gravadora, nem temos qualquer interesse em nos tornarmos uma", Ek disse. "Não possuímos direitos sobre nenhuma música nem agimos como uma gravadora."

O Spotify deu continuidade ao lançamento beta de sua ferramenta de upload para artistas independentes em setembro. E não demorou para anunciar o adiamento de seu lançamento na Índia, algo que não caiu bem aos olhos de investidores que buscavam crescimento. Em meio a uma mudança geral no mercado de empresas de tecnologia, a cotação de suas ações caiu de US$196,28 em julho para US$106,84 em dezembro.

Em face dessa situação, o Spotify finalmente capitulou. "Quero trabalhar com a indústria da música... nunca fui um disruptor", insistiu Ek, na esperança de apagar as marcas de um ano de alegações disruptivas da mente dos executivos das grandes gravadoras, cujos catálogos representavam 87% dos ouvintes do Spotify. "Trata-se de um grande mal-entendido a meu respeito. Acredito que as gravadoras são importantes e serão importantes no futuro." Em julho de 2019, o Spotify encerrou o serviço direto para experimentos de artistas. "A melhor maneira de servirmos a artistas e gravadoras", declarou a empresa respeitosamente, "é concentrar nossos recursos no desenvolvimento de ferramentas em áreas onde o Spotify possa beneficiá-los de maneira ímpar".

O Spotify havia aprendido sua lição. Implantar um recurso poderoso no domínio de seus aliados é uma receita para a crise. É preciso disciplinar seus anseios e suas opções de crescimento caso se queira manter uma coalizão.

Outra questão, entretanto, se coloca: implantar esse mesmo recurso em um domínio onde não se depende de aliados essenciais pode ser um poderoso acelerador de crescimento. Para o Spotify, ser forçado a olhar além da música revelou um novo horizonte: podcasts — programas de áudio no espírito das primeiras rádios, cobrindo uma enorme variedade de tópicos e temas. Um ano após abandonar o serviço de upload na arena musical, o Spotify gastaria mais de US$1 bilhão com a aquisição de conteúdo exclusivo e agregadores de conteúdo no âmbito do podcast, assinando acordos com influenciadores como Kim Kardashian e Michelle Obama. Ter seu próprio conteúdo exclusivo aumentaria a diferenciação e a fidelidade do usuário, ao mesmo tempo em que potencializaria a enorme base instalada de ouvintes do Spotify para incrementar as receitas de distribuição e publicidade. Os podcasts, como um novo elemento, se encaixariam perfeitamente na arquitetura de valor, beneficiando-se das sinergias na descoberta e recomendação (Figura 2.8). Sobre a lógica da compra de US$200 milhões pelo Spotify de um grupo de mídia de podcast de esportes, Ek explicou: "O que realmente fizemos com The Ringer, eu acho, foi comprar a próxima ESPN." E continuou: "Trata-se, na verdade, de expandir nossa missão de nos atermos apenas às músicas, passando a abranger todo o áudio e ser o líder mundial nessa plataforma."

Poucos anos antes, Ek havia elogiado o foco singular da empresa: "Música é tudo o que fazemos, dia e noite." Mas a percepção de que o crescimento no lado direto do artista estaria fora dos limites (pelo menos por um tempo) levou o Spotify a fazer a mudança estratégica rumo a um novo horizonte de crescimento, um que não causaria danos à coalizão crítica no setor musical.

Como sempre, não se deve esperar que as coisas fiquem nesse pé. Apesar do rápido recuo do Spotify, pode-se antecipar que a tensão natural entre ambição e capacidades do Spotify, de um lado, e o forte entrincheiramento das gravadoras, do outro, permanecerá. E conforme o Spotify se torna mais central com o tempo, é de se esperar que retome uma posição mais assertiva em algum momento. Convém aos principais jogadores da indústria dormirem de olhos abertos.

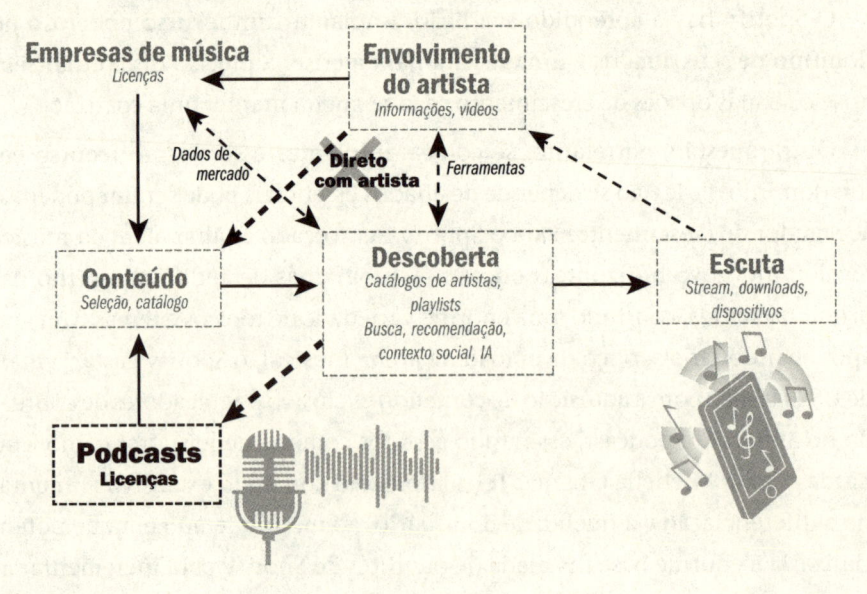

Figura 2.8
Arquitetura de valor revisada do Spotify mostrando o rompimento do vínculo direto do artista e adicionando *Podcasts* como um elemento de valor (em negrito).

Defesa Eficaz do Ecossistema

A lógica da estratégia competitiva tradicional está vinculada à mentalidade militar de terreno invadido, adversário direto e jogos de soma zero, ao passo que a lógica da estratégia do ecossistema está vinculada à mentalidade diplomática de coexistência, formação de coalizões e identificação de interesses estratégicos compartilhados. Wayfair, TomTom e Spotify não poderiam ter defendido suas posições sozinhos, pois uma defesa robusta do ecossistema é coletiva.

Os princípios da defesa do ecossistema se constituem na manutenção de sua capacidade de criar valor, em vez de eliminar a dos rivais. Isso vai além de ser uma filosofia de boa vontade quanto à paz mundial. Ao contrário, é um reconhecimento de que diferentes abordagens para a construção de ecossistemas, ou seja, diferentes arquiteturas de valor, criarão valor de maneiras diferentes, ainda que buscando a mesma proposição de valor articulada e, portanto, atraindo diferentes clientes no mercado.

Qual é o seu processo para selecionar quais elementos de sua arquitetura deve aprimorar e defender, e quais você deve aceitar como comoditização?

Quanto mais a concorrência parece ser de enfrentamento direto, caracterizada por intensas batalhas por uma fatia de mercado bem definida, mais comoditizado é o valor disputado. E quanto maior a variação na criação de valor — resultado direto de diferentes arquiteturas —, maior o potencial de coexistência no mercado.

As rivalidades que examinamos neste capítulo eram intensas, mas sua resolução dependia de encontrar novas maneiras de criar valor. Isso representa uma abordagem diferente não apenas para o mercado, mas também para os parceiros. Em um mundo de coalizões, construir confiança é essencial. Começar a construir confiança só quando precisa recorrer a ela é começar tarde demais. E pior é a consequência não pretendida de uma busca indisciplinada de crescimento. Não priorizar a sustentabilidade de sua coalizão pode inverter sua posição, de aliado a adversário, minando sua capacidade de defesa tanto em curto como em longo prazo. Passar a ser uma ameaça é especialmente prejudicial, dado o tempo que leva para construir a confiança e como ela definha rapidamente.

Onde sua organização precisará criar coalizões defensivas? Onde é mais suscetível de, inadvertidamente, arriscar os laços existentes?

A chave para a defesa é reconhecer a realidade do ataque e agir de forma proativa para preservar e aprimorar a capacidade de criar valor. Uma arquitetura de valor é um instrumento poderoso para interpretar a natureza de um ataque baseado em ecossistema (quais elementos estão ameaçados) e as opções de resposta (quais potenciais elementos se destacam para fazer isso). Por esse motivo, não existe uma estratégia genericamente "certa" em resposta a um ataque, mas sim uma estratégia certa para você, sua organização e seus parceiros, em determinado momento e circunstância.

O centro nervoso da defesa do ecossistema é manter o alinhamento do parceiro. No entanto, antes disso vem a questão: de que modo alinhar os parceiros? A construção do ecossistema, que por si só é a chave para o ataque ao ecossistema, é o foco de nosso próximo capítulo.

3
Ataque ao Ecossistema: Do Aumento da Concorrência à Mudança da Competição

> "Como você come um elefante? Uma mordida por vez."
> — DITADO POPULAR

> "Como você engasga com um elefante? Dando a segunda mordida antes da primeira."
> — COROLÁRIO DE ADNER

Estamos testemunhando no campo competitivo de hoje uma nova maneira de jogar. Disruptores clássicos lançavam ataques furtivos com um soco no queixo. Os disruptores do ecossistema lançam seus ataques com um chute circular lateral. Os diversificadores clássicos entravam em setores de atividade adjacentes e competiam de frente com os já existentes. Quando entravam em determinado setor, aumentavam a concorrência dentro daquela caixa, mas a caixa em si permanecia inalterada (por exemplo, Walmart entrando em comestíveis; Honda, em veículos; Sony, em consoles de jogos). Os disruptores do ecossistema mudam a arquitetura de valor de seus setores e, com isso, *criam novas adjacências*. Após entrarem, setores anteriormente separados convergem, e as caixas são transformadas (por exemplo, a Apple combinando MP3 players e telefones para lançar a revolução dos smartphones; a Tesla combinando carros elétricos e infraestrutura de carregamento das baterias; a Alibaba combinando comércio eletrônico com pontuação de crédito). Quando alguém pensa estar no negócio de vender X, eles mudam os limites de modo que Y conduza o jogo.

A diferença entre ruptura clássica e ruptura do ecossistema é a diferença entre *aumentar* e *redefinir* a competição. A ruptura do ecossistema está vinculada à implantação de novas arquiteturas de valor. Estas, por sua vez, dependem de um novo alinhamento de parceiros e atividades. Esse arranjo novo e, portanto não familiar é o motivo pelo qual os esforços iniciais dos disruptores do ecossistema estão no radar dos atores já existentes, mesmo que esses radares tenham se tornado altamente sintonizados com o potencial da ruptura clássica. Quando a entrada de um disruptor do ecossistema acaba desencadeando uma resposta competitiva, a imitação é muitas vezes falha, uma vez que os que a fazem se concentram na forma da oferta, e não no processo pelo qual a arquitetura de valor foi construída, e por meio do qual os parceiros críticos foram alinhados. Uma melhor compreensão da dinâmica do ecossistema esclarecerá as causas de transformações surpreendentes e dará orientação sobre como buscá-las.

Como a Amazon se transformou de um gigante do comércio eletrônico que enviava livros e papel higiênico pelo correio para a companhia que deixou para trás Apple, Google, Microsoft e uma série de gigantes atuando no mesmo segmento e passou a liderar a corrida para ser o cérebro da casa inteligente?

Como Oprah Winfrey, uma empreendedora individual, passou de apresentadora de um *talk show* para construir um império de mídia que redefiniu as fronteiras entre radiodifusão, publicação e bem-estar?

Como a ASSA ABLOY, uma fabricante nórdica especializada em chaves e fechaduras do século XIX, deixou de atender serralheiros locais e se tornou um parceiro fundamental na definição do ecossistema de controle de acesso, ao lado de gigantes como Honeywell, Samsung e Google?

Esses disruptores — o varejista online, a empreendedora individual e a fabricante do Velho Mundo — elaboraram uma nova arquitetura de valor que mudou o cenário competitivo. Em alguns casos, a ruptura do ecossistema desestruturou setores inteiros (como veremos com o assistente de voz Alexa, da Amazon). Em outros casos, criou pontos de entrada exclusivos que rompem as regras tradicionais e os limites do que é possível (como veremos com Oprah Winfrey e ASSA ABLOY). Os disruptores do ecossistema podem vir de muitas formas e pontos de partida: ninguém está excluído de se valer da ruptura do ecossistema e, também por isso, ninguém está a salvo de seu impacto.

E, sim, a ASSA ABLOY está aqui para descartar a noção de que os setores de atividade mais antigos são imunes às disrupções modernas e também para mostrar que as empresas setoriais estabelecidas podem jogar esse jogo pelo menos tão bem quanto as queridinhas do Vale do Silício.

Os Três Princípios da Construção do Ecossistema

Como você parte de setores não relacionados entre si — tocadores de música, assistentes de voz, interruptores de luz — e os costura de maneira tão harmoniosa que, uma vez feita, as pessoas se admiram de que a obviedade da convergência tenha passado despercebida desde o começo? Como você constrói um ecossistema reorganizando elementos de forma tão poderosa que qualquer um que siga as regras antigas se torna um dinossauro?

Isso é feito com uma nova arquitetura de valor. Mas como se constrói essa arquitetura?

A resposta é (a) não sozinho e (b) não de uma vez.

É raro uma única empresa controlar todas as atividades necessárias para sustentar os elementos de valor por trás de uma nova e estimulante proposta de valor. O sucesso, portanto, depende de atrair e alinhar parceiros. O segredo para promover a ruptura do ecossistema é trazer outras pessoas para o novo jogo que você está tentando jogar, e fazer isso de modo a fazê-las querer participar. Além da visão de um ecossistema, é preciso encontrar uma maneira de realmente construí-lo.

A construção do ecossistema é o fator central da ruptura do ecossistema. São três os princípios cuja ajuda é especial ao considerar o processo essencial de construção de um ecossistema:*

---

* Apresentei esses três construtos em *The Wide Lens: What Successful Innovators See That Others Miss*, como uma forma de pensar sobre inovação. Em *The Wide Lens*, examinei como esses construtos esclarecem os caminhos de desenvolvimento de pilotos inovadores *versus* MEVs como abordagens para ingressar em ecossistemas complexos. Aqui, nós os usaremos para entender a competição e a ruptura do ecossistema. As duas discussões são altamente complementares, e os leitores interessados se beneficiarão ao ver ambos os tratamentos.

- **Princípio 1:** Estabelecer um ecossistema mínimo viável.
- **Princípio 2:** Seguir um caminho de expansão em estágios.
- **Princípio 3:** Implantar a transposição do ecossistema.

Princípio 1: Estabelecer um Ecossistema Mínimo Viável

Se aceitarmos que os ecossistemas não aparecem de repente totalmente formados, como por mágica, imediatamente surge a questão de sua construção: "Então, o que fazemos primeiro?" O ecossistema mínimo viável [MVE, na sigla em inglês] é a resposta. O MVE é a menor configuração de atividades que pode criar evidências suficientes de criação de valor para atrair novos parceiros. Adicionar parceiros é fundamental para construir a arquitetura de valor e cumprir a promessa da proposta de valor. Como veremos, uma vez que o objetivo do MVE é atrair parceiros, a principal contribuição dos clientes no estágio de MVE não é o lucro em si, mas gerar evidências favoráveis à obtenção do compromisso do parceiro.

Encontrar um MVE significa enfrentar a tensão entre a ambição da criação de valor e a participação realista do parceiro. De início, é preciso ter uma noção de onde se quer terminar e, em seguida, identificar os possíveis caminhos até o destino. Escolher os benefícios de uma opção de rumo, e com isso abrir mão dos benefícios de outras [o conceito inerente ao termo do inglês "*trade-off*"], significa que um MVE é estratégico, não determinístico: você não está procurando um MVE universalmente "certo", mas aquele que é certo para você. Contrastaremos o conceito de um MVE com o de um MVP [produto mínimo viável, na sigla em inglês] após o caso Alexa.

Princípio 2: Seguir um Caminho de Expansão em Estágios

Com o MVE estabelecido, a questão muda do que fazer primeiro para o que fazer a seguir. O princípio da *expansão em estágios* dita a necessidade de ser explícito quanto à ordem em que um parceiro ou uma atividade adicional deve ser incluído além do MVE. A expansão em estágios é a lógica que explica a razão pela qual o Parceiro B é adicionado em segundo lugar, e não em terceiro — ter o Parceiro B nesse lugar facilitará trazer o Parceiro C. Cada parceiro adicional é incluído com o propósito de alcançar dois objetivos distintos: eles constroem a arquitetura de valor e pavimentam o caminho para trazer o próximo parceiro, que, por sua vez, fará sua própria contribuição para esses dois objetivos. O papel dos primeiros parceiros não é gerar lucros, mas atrair parceiros subsequentes e criar as evidências necessárias para que se sintam confiantes em participar.

Embora não haja um mapeamento mecânico, um a um, entre elementos de valor e parceiros (pois certo parceiro pode contribuir apenas parcialmente para um elemento ou contribuir para mais de um elemento), a adição de parceiros aumenta o valor da arquitetura e, portanto, a proposta de valor.

Princípio 3: Implantar a Transposição do Ecossistema

Conforme vimos no Capítulo 1, um novo ecossistema é definido por uma nova configuração de parceiros. Para empresas estabelecidas, entretanto, os parceiros não precisam ser inteiramente outros. O princípio da *transposição do ecossistema* destaca o potencial para alavancar elementos que foram desenvolvidos na construção de um ecossistema para permitir a construção de um segundo ecossistema. Parceiros que foram integrados ao Ecossistema 1 podem ser transportados para ajudar a impulsionar o MVE do Ecossistema 2.

Para os participantes esclarecidos, a transposição do ecossistema é o "molho secreto" para a criação de um novo espaço de mercado. Para as startups, uma vez estabelecidas, a transposição do ecossistema pode ser um poderoso acelerador de crescimento e expansão. Esse movimento é um processo delicado, pois requer que se convença os parceiros a seguir sua visão em um ecossistema ainda por estabelecer. Às vezes é possível trazer um parceiro de tal forma que ele nem perceba que faz parte de um MVE em um novo ecossistema. Veremos isso com as gravadoras no caso Alexa. Contudo, com mais frequência, a participação é aberta. Nesse caso, o desafio estratégico é alavancar os entendimentos já desenvolvidos em um contexto e elaborar um novo acordo sobre como você e seu parceiro interagirão no novo ambiente.

Esses três princípios de construção de ecossistemas elucidam a criação de uma arquitetura de valor e, por meio dela, a proposta de valor. Obter esse alinhamento é o centro nervoso da estratégia do ecossistema. Sem o alinhamento, a disrupção não passa de um sonho. Com ele, a ruptura pode ser de tirar o fôlego.

Exploraremos esses princípios e sua interação utilizando três casos diferentes. Alexa, da Amazon, demonstrará como uma empresa estranha ao setor de atividade pode estabelecer uma posição segura com um MVE e, na sequência, um passo por vez, construir uma posição de liderança. Oprah Winfrey mostrará que implantar uma transposição do ecossistema pode redefinir os limites para mudar o jogo em diferentes domínios, e que o jogo pode ser jogado por empreendedores individuais, não só por grandes corporações. Finalmente, a ASSA ABLOY demonstrará como um fornecedor de commodities da velha economia pode se tornar um jogador diferenciado e ocupar uma posição de destaque ao se valer das vantagens exclusivas de quem já é atuante no mercado para alinhar parceiros conservadores e capacitar uma transformação.

Notaremos que há tropeços ao longo do caminho, como é comum em toda jornada real. E para ser franco, embora cada protagonista tenha estabelecido um objetivo estratégico claro no início, a caminhada de cada um foi caracterizada por desafios e oportunidades emergentes: o objetivo da estratégia não é eliminar a necessidade de adaptação, mas sim definir um rumo claro para, em seguida, orientar a tomada de decisão consistente conforme as escolhas vão surgindo.

Alexa: Quem Ganhará a Corrida para a Casa Inteligente?

Quem observa o nível de dominância da Amazon em 2021 facilmente se esquece de que, em 2014, a empresa havia lançado apenas quatro linhas de produtos eletrônicos de consumo: o bem-sucedido leitor Kindle, o desastroso Fire Phone e os relativamente derivados Fire [um tablet] e Fire TV [um controle remoto].

Quando, em novembro de 2014, a Amazon lançou seu alto-falante inteligente Echo com tecnologia Alexa, o produto entrava no mercado como um azarão na corrida dos assistentes de voz, enfrentando o Siri, da Apple (lançado em 2011 pelo proprietário do iOS, a plataforma de smartphone mais lucrativa do mundo), o Google's Now (posteriormente rebatizado como Google Assistant, lançado em 2012 pelo proprietário do Android, a plataforma de smartphone mais popular do mundo) e o Cortana, da Microsoft (lançado em 2013, pelo proprietário do Windows, a plataforma de computador dominante mundialmente). Nas primeiras voltas da corrida, o *deficit* de tecnologia da Amazon era óbvio. "Ok, então a Alexa não é perfeita; longe disso, na verdade ", notou o *New York Times*. "Se há uma falha gritante no Amazon Echo... é que ele é bastante estúpido. Se Alexa fosse uma assistente humana, você a demitiria, até a internaria."

A Amazon ampliou sua linha de frente competitiva ao embutir o assistente de voz Alexa no cilindro preto de seu alto-falante Echo. Operadores como Bose, JBL e Sonos ofereciam qualidade de som muito superior e já haviam adotado a conectividade e a integração com smartphones. "Não, repito, não compre o Amazon Echo como um alto-falante Bluetooth", pediu um especialista. "Parece bom o bastante para tornar audível uma voz humana robotizada, mas a música é superficial, metálica e comprimida. Você pode conseguir um alto-falante *muito* melhor pelo mesmo preço."

Ainda em 2021, a Amazon fundiu em um só os até então distintos segmentos de alto-falante e reconhecimento de voz, dominou o mercado de alto-falantes inteligentes resultante e ainda se valeu dessa união para ficar na dianteira em uma terceira corrida: a competição de décadas para se tornar o eixo central da casa inteligente. Então, expandindo-se para além da casa, alcançou o terreno da "computação ambiental", baseada em voz para carros, escritórios, hospitais e muito mais. Como fazer uma transformação tão radical?

A entrada da Alexa da Amazon no disputadíssimo espaço da casa inteligente é uma ilustração perfeita de uma abordagem centrada no parceiro para redefinir mercados. O início modesto não fazia supor a audaciosa proposta de valor da Amazon de se tornar o centro do ecossistema da casa inteligente e expandir-se a partir daí. Em quatro anos, superou décadas de esforços das gigantes da automação Honeywell e General Electric; das líderes de telecomunicações AT&T e Motorola; e das rivais de tecnologia Apple e Google. Nada mal para um neófito de hardware e áudio.

A luta para ocupar o centro da casa inteligente — o coração pulsante que interliga os vários e cada vez maiores dispositivos de uma residência — foi tão intensa porque as expectativas de ganhos eram enormes. Prevê-se que o mercado global da casa inteligente cresça 14,5% ao ano entre 2017 e 2022, atingindo estonteantes US$53,45 bilhões. Ao mesmo tempo, três décadas de tentativas e (principalmente) erros deixaram evidente que capturar o mercado doméstico inteligente exigia mais do que apenas aparelhos que pudessem automatizar a temperatura de sua casa ou trancar remotamente sua porta.

Jeff Bezos, fundador e CEO da Amazon, deixou claro o objetivo desde o início: "É um sonho, desde os primeiros dias da ficção científica, ter um computador com o qual você possa falar de forma natural, realmente pedir a ele para ter uma conversa e fazer coisas por você." De fato, essa visão foi uma constante em filmes e programas de televisão por anos a fio. Única ou não, uma visão que oferece aos consumidores a interoperabilidade, a facilidade e a funcionalidade, ao mesmo tempo em que alinha os parceiros certos para apoiar sua proposta de valor, é apenas isso: uma visão.

Grandes corporações podem ter enormes vantagens tecnológicas, excelentes marcas e acesso ao mercado. Porém, essas vantagens só são significativas caso sejam apoiadas por um conjunto alinhado de parceiros capazes de levar a oferta adiante. O Fire Phone, da Amazon, é um exemplo perfeito: sua tentativa, fartamente financiada e promovida, acabou fracassando em competir no mercado de smartphones, comprovando que um grande lançamento de uma grande empresa não substitui um bom plano.

Amazon Alexa Estágio 1: Estabelecendo um MVE

O primeiro estágio da Amazon nessa história de ruptura moderna tem início com um cavalo de Troia: o lançamento do alto-falante Echo em novembro de 2014, disponível apenas para usuários Prime. Uma variação na já popular categoria de alto-falantes Bluetooth, a qualidade de som do Echo era medíocre. A novidade apresentada era a capacidade de usar comandos de voz básicos para reproduzir músicas do Amazon Prime Music (serviço de streaming de música da Amazon, fornecido com a assinatura do Prime) e utilizar aplicativos rudimentares baseados em voz (clima, hora etc.). No lançamento, o Echo, com seu cérebro Alexa, estava muito aquém dos referenciais definidos pelos pioneiros no espaço. O *Consumer Reports* não ficou impressionado. "Ao contrário de Siri, Google Now e Cortana, profundamente ligados à funcionalidade de calendário, mensagens e chamadas do seu smartphone, o Echo, surpreendentemente, sabe pouco sobre você e seu mundo."

Quando finalmente foi disponibilizado para não usuários do Amazon Prime, o dispositivo teve alguns especialistas nada satisfeitos. "Não sei dizer quantas vezes fizemos perguntas a Alexa e ela respondeu: 'Desculpe, não entendi a pergunta que ouvi'. Ouvimos isso de novo, de novo e de novo... Obrigado por nada, Alexa."

Um alto-falante sem fio, medíocre, mas que incluía streaming de música grátis e a novidade do controle por voz, era interessante o suficiente para atrair os primeiros usuários. Não muitos. E, por certo, não o suficiente para contribuir com as receitas da Amazon, mesmo que pequena. Mas era suficiente para começar.

O objetivo do Estágio 1 não é deixar o mercado de queixo caído, mas estabelecer o MVE em cima do qual se dará o aprimoramento. No caso da Alexa, o ponto de partida foi o Prime Music, um serviço de streaming de música de segunda categoria que oferecia um catálogo de músicas limitado, em comparação com o Spotify e a Apple, mas que estava incluído gratuitamente na assinatura do Prime. A Amazon lançou o Prime Music quatro meses antes do lançamento do Echo. Você acha que foi por acaso? Para os parceiros críticos — as gravadoras —, a presença antecipada do Prime Music significava que elas eram participantes da casa inteligente MVE da Amazon, mesmo sem saber disso.

A implantação inicial do Echo tinha por meta estabelecer uma base sutil para os parceiros, não obter um estrondoso sucesso junto aos consumidores. "Pensamos assim: vamos para um subconjunto de clientes que achamos que nos darão feedback e que querem moldar o produto", explicou Toni Reid, diretora de produto, dispositivos Echo e Alexa. "Acontece que funcionou. Tivemos um grupo de ótimos clientes que nos deram feedback inicial e intensa utilização." O foco não era receita ou bombar em termos de marketing, mas *o hábito de usar*, que em um mundo baseado em nuvem é o motor oculto do progresso: mais uso gera mais dados, que são usados para treinar algoritmos, resultando em melhor desempenho. Não há substituto para os dados gerados pelo usuário para acelerar esse progresso, e é exatamente isso que o MVE de Estágio 1 da Alexa permitiu.

A Figura 3.1 caracteriza os estágios de construção do ecossistema Alexa.

Amazon Alexa Estágio 2: Expansão de Habilidades

A partir da tração algorítmica inicial de seu MVE, a Amazon começou a estender o conjunto de "habilidades" disponíveis na plataforma Alexa. A Amazon anunciou o controle por voz do Spotify, do iTunes e do Pandora por meio do Alexa. A empresa também lançou uma função Simon Says apenas por diversão. Nesse segundo estágio, a Amazon aproveitou algoritmos de aprendizado de máquina implantados por intermédio do Amazon Web Service (AWS), cuja capacidade de computação em rede em grande escala na nuvem permitiu aprimorar a IA Alexa e torná-la mais inteligente. Sete meses após o lançamento, a Alexa da Amazon oferecia aplicativos mais avançados, desde pedir pizza no Domino's até sincronizar com o Google Agenda para prever seu futuro. ("Boas notícias virão em breve").

Essas habilidades mais avançadas demonstraram aos consumidores — e, mais importante, aos desenvolvedores — que a Alexa (através do Echo) poderia e deveria ser vista como uma plataforma significativa. Os especialistas e os consumidores ainda não haviam se dado conta, mas os desenvolvedores certamente perceberam que o enorme poder da AWS faria com que a Alexa ficasse cada vez mais inteligente. Em 2016, falando sobre IA na Code Conference, Bezos observou: "Haverá enormes avanços."

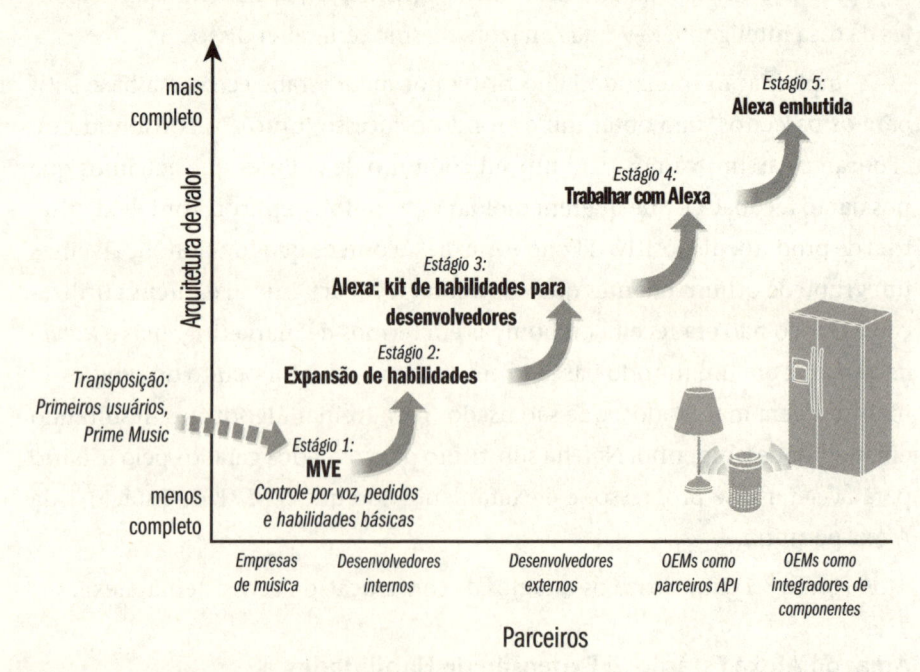

Figura 3.1
Gráfico de construção do ecossistema para Amazon Alexa.

A interface baseada em voz na qual Alexa foi pioneira estava ganhando legitimidade mediante a prova advinda de um conjunto crescente de habilidades. E estava ganhando eficácia conforme cada nova interação adicionava os dados que possibilitavam aos algoritmos Alexa se tornarem mais precisos e perspicazes.

Amazon Alexa Estágio 3: Kit de Habilidades Alexa para Desenvolvedores

Despertado o interesse do desenvolvedor, o terceiro estágio da Amazon foi abrir a interface do Alexa para tornar mais fácil a criação de novas habilidades para a Alexa em relação a qualquer plataforma rival. O lançamento do Kit de Habilidades Alexa [ASK, na sigla em inglês] permitiu que desenvolvedores externos criassem novas funcionalidades para a Alexa, similar ao ecossistema da Apple e da App Store. Com o ASK, a Amazon terceirizou para a comunidade de desenvolvedores sua necessidade de novos recursos de voz. "Hoje, estamos disponibilizando o ASK para qualquer desenvolvedor, criador ou interessados em geral que desejam inventar em nome dos clientes, criando novas habilidades e capacidades", disse Greg Hart, vice-presidente da Amazon Echo e do Alexa Voice Services, em junho de 2015. "Mal podemos esperar para ver o que os desenvolvedores inventarão com essa tecnologia." Naquele mesmo verão, a Amazon também anunciou seu Fundo Alexa, US$100 milhões destinados a apoiar desenvolvedores e empresas na criação de novas funcionalidades em tecnologia de voz.

O número de habilidades da Alexa cresceu de 130 em 2015 para 5 mil em 2016, 25 mil em 2017 e mais de 80 mil em 2021. Cada novo uso possibilitava à Amazon aproveitar mais dados para aprimorar a inteligência artificial que, simultaneamente, definiu as capacidades crescentes da Alexa e levou mais consumidores e desenvolvedores adicionais a adotar a plataforma.

Em maio de 2016, Bezos anunciou que mais de mil funcionários trabalhavam no Alexa. Em 2017, ultrapassariam 5 mil. Não foi uma iniciativa limitada a uma equipe "que pudesse ser alimentada com duas pizzas grandes", nas palavras de Bezos, mas um esforço em grande escala para dominar um espaço de mercado. No final de 2017, após a introdução de modelos adicionais, como o Echo Dot, Look e Show, em diferentes faixas de preço, a Amazon se tornou a maior marca de alto-falantes do mundo, deixando para trás os fabricantes de alto-falantes convencionais e concorrentes de alto-falantes inteligentes. A variedade de dispositivos Echo cresceu, mas cada um era uma instância distinta para a mesma plataforma Alexa, que continuava a ficar melhor e mais inteligente a cada nova alternativa de uso.

Amazon Alexa Estágio 4: Trabalhar com Alexa

Com uma massa crítica, *tanto* de usuários *quanto* de desenvolvedores, a Amazon entrou em seu quarto estágio: persuadir fabricantes de hardware domésticos inteligentes. Essas empresas tinham um longo rol de plataformas e padrões para tornar seus produtos compatíveis (HomeKit da Apple, Nest da Google, SmartThings da Samsung), mas a plataforma da Amazon foi capaz de atrair atenção e investimento de recursos.

O ano de 2016 marcou outro ponto de inflexão com o lançamento do Trabalhar com Alexa: a GE anunciou que sua linha de eletrodomésticos com conexão wi-fi — geladeiras, lava-louças, fornos, fogões e máquinas de lavar — agora seria compatível com a plataforma Alexa. Os comandos de voz seriam direcionados ao alto-falante Echo, que controlaria o comportamento dos aparelhos. "A conectividade por voz tem um grande papel na Internet das Coisas, bem como nas residências", disse um executivo da GE Appliances. "Integrar nossos aparelhos conectados à Alexa ajudará a tornar a vida dos consumidores mais fácil, mais produtiva e um pouco mais divertida." Realizando o sonho da iluminação inteligente, nada menos que oito dos principais fabricantes de lâmpadas lançaram produtos compatíveis com a Alexa. Tratava-se apenas da ponta do iceberg. Em janeiro de 2019, mais de 28 mil dispositivos de mais de 4,5 mil empresas podiam ser controlados por meio da inteligência ambiental da Alexa.

Amazon Alexa Estágio 5: Alexa Integrada

E agora — que rufem os tambores — a revelação da grande ambição da Amazon desde o início. O quinto estágio, e verdadeiramente um enorme avanço, permitiu que a capacidade de voz da Alexa não só funcionasse, mas fosse *integrada* nos dispositivos de outros fabricantes.

O Alexa Voice Service (AVS) foi, de início, aberto a fabricantes de dispositivos de terceiros gratuitamente. Esse conjunto de ferramentas permitiu que as empresas colocassem facilmente a Alexa em seus próprios dispositivos, como interruptor de luz, TV ou termostato. Diferentemente do Estágio 4, no qual um interruptor de luz poderia ser controlado pela Alexa por intermédio de um alto-falante Echo, no Estágio 5 a Alexa se tornou *parte* do interruptor: em vez de vocalizar "luzes acesas" para o Echo, os usuários agora podem falar diretamente para o interruptor. Foi um salto gigante — da compatibilidade para a integração, de uma conexão opcional para o cérebro embutido.

Em setembro de 2019, a Amazon apresentou o Alexa Connect Kit (ACK), um módulo que facilmente "transforma qualquer dispositivo em um dispositivo inteligente". Pagando em média US$7 por dispositivo (valor que cobre o módulo e o uso do serviço de nuvem ACK), os fabricantes de dispositivos podem construir produtos integrados à Alexa que se tornam mais inteligentes com o passar do tempo. Em dezembro de 2020, empresas como Samsung, LG, Sonos, Bose e Ecobee haviam lançado produtos integrados ao Alexa. "A Amazon fez um trabalho incrivelmente bem-sucedido ao reposicionar a Alexa como plataforma", observou um analista. "O número de dispositivos em que a Alexa está aparecendo é impressionante." Bezos resumiu a jornada: "Não se vê surpresas positivas dessa magnitude com muita frequência: nossa expectativa é dobrar. Chegamos a um ponto importante em que outras empresas e desenvolvedores estão se apressando na adoção do Alexa."

O êxito da Alexa dependia de uma abordagem disciplinada e implementada em estágios para atrair os parceiros necessários para a empreitada. Eis o segredo nessa questão: em estágios. É *muito* claro que a Amazon tinha uma visão panorâmica do que o Echo poderia abranger. Controlar a residência foi uma visão alimentada já em 2010, quando a Amazon solicitou patentes de monitores virtuais que ofereceriam uma série de serviços em resposta a comandos de voz e gestos físicos. O próprio Bezos estava listado em várias dessas patentes. Descrevendo a visão de Bezos para o pré-lançamento do Echo, um desenvolvedor comentou: "Havia uma expectativa quase irracional em torno da funcionalidade [final] do dispositivo." Mas disciplinar essa visão envolvia um senso claro do possível e uma abordagem passo a passo para cumpri-la.

Ao dizer "chegamos a um ponto importante", Bezos lembra que se tornar uma plataforma não é uma linha de partida, mas um destino. A Alexa não começou no Estágio 5. A Amazon caminhou passo a passo, construindo as condições para liderar um ecossistema que projetou e colocou em funcionamento. Um estranho no ninho criou uma posição central ao lado de gigantes da tecnologia, mudou as aspirações de seus parceiros, até então dispostos a ser o cérebro da casa inteligente, que passaram a fornecer periféricos compatíveis com Alexa, e alterou a base da competição no espaço da casa inteligente. É raro que a ruptura bem-sucedida do ecossistema ocorra repentinamente.

Uma Jornada de Mil Quilômetros Começa pelo Primeiro Passo

É importante lembrar que não houve predeterminação na rápida ascensão da Amazon no espaço da casa inteligente.

O sucesso da Amazon hoje torna mais fácil esquecer sua condição de azarão em 2014. Apostando na corrida de quatro raias entre Apple, Google, Microsoft e Amazon, poucos apostariam que a Amazon chegaria em primeiro lugar (53% de participação de mercado em 2020), com o Google se colocando em um respeitável segundo lugar (28%), a Apple em um distante terceiro posto (4%), e a Microsoft desistindo da competição com a Cortana.

A retirada da Samsung do campo de batalha dá uma lição sobre os limites da integração vertical: ter as peças à disposição não é uma solução automática para a questão do alinhamento de parceiros. A Samsung é uma empresa globalmente dominante em segmentos que vão de smartphones a eletrodomésticos, tecnologia automotiva, saúde, semicondutores e muito mais — um verdadeiro gigante. Em 2017, a Samsung implantou seu próprio assistente pessoal baseado em voz, o Bixby, em produtos de consumo comercializados em mais de duzentos países. "Ampliar os recursos de voz do Bixby é um passo inicial na expansão contínua da funcionalidade dele. No futuro, o Bixby terá o poder de aprendizado para oferecer interações mais inteligentes e personalizadas, e conexões perfeitas em mais dispositivos", afirmou um executivo sênior da Samsung. Em setembro de 2019, o Bixby nem sequer foi mencionado na conferência de imprensa de eletrônicos de consumo.

Visão ou tecnologia raramente se constituem no maior obstáculo para o êxito do ecossistema. O obstáculo mais difícil é fazer com que parceiros confiáveis concordem em ser alinhados por outro que não eles próprios. A Amazon se tornar a líder da casa inteligente significava fazer com que os demais aceitassem e adotassem o fato de que *não* seriam a plataforma.

Ecossistema Mínimo Viável *versus* Produto Mínimo Viável A ideia de um *produto* mínimo viável [MVP, na sigla em inglês] tornou-se uma abordagem dominante para testar mercados. Trazida à proeminência graças ao trabalho de Steve Blank, Eric Ries e do movimento Startup Enxuta [Lean Startup, como é conhecido em inglês], uma metodologia MVP orienta os inovadores a examinar o mais cedo possível em seu processo de desenvolvimento seus pressupostos em relação ao design do produto e à demanda do mercado. O objetivo é realizar essa investigação usando o protótipo mais rudimentar (isto é, mais barato) capaz de angariar feedback significativo do consumidor e iterar extensivamente em resposta a esse feedback antes de se comprometer com a "construção real" e lançar o produto inteiramente comercial. Ao combinar o envolvimento forçado do cliente e a prototipagem iterativa de baixo custo, o MVP se constitui em uma abordagem poderosa na investigação e um ativo valioso para ter em sua caixa de ferramentas.[1]

Um *ecossistema* mínimo viável (MVE) significa outra coisa. Seu objetivo não é investigar a demanda do consumidor. Em vez disso, ele visa alinhar os parceiros dos quais você precisa para construir sua arquitetura de valor e entregar sua proposta de valor (que, com certeza, deve ser selecionada com base em um profundo insight vindo do cliente). O MVE tem menos a ver com prototipagem e mais com atrair e alinhar. Com ele, você pode atrair um subconjunto inicial de parceiros, que, por sua vez, serve de atração para um segundo subconjunto, depois um terceiro, e assim por diante.

A diferença fica nítida quando consideramos o papel dos primeiros clientes: em um MVP, cabe a eles ensinar a você a quantas anda o mercado antes de lançar um produto. Já no MVE, o trabalho dos primeiros clientes é fornecer evidências suficientes para atrair um parceiro, que então atrairá o próximo parceiro. Quando a arquitetura for aprimorada ainda mais, esses parceiros lhe darão condições de apresentar uma proposta de valor suficientemente desenvolvida para dirigir seu esforço de vendas "verdadeiro" com foco no cliente.

Em ambientes em que sua proposta de valor depende da conjunção de vários elementos e é necessário atrair e alinhar parceiros para apresentar sua proposta ao cliente, confiar em uma abordagem MVP pode ser problemático. Embora você possa *engajar* parceiros com um protótipo cru, não dá para *alinhá-los*. É possível fazer com que você e eles sejam cocriadores, mas em tal circunstância não é possível definir as regras do jogo.

Imagine o cenário alternativo, no qual, em vez da expansão de um MVE em estágios, a Amazon tivesse saltado para o ponto final em suas tratativas iniciais:

> "Olá, Samsung, você gostaria de ter a nós como o cérebro da casa inteligente e você apenas um parceiro ao lado de outros fabricantes de eletrodomésticos?"
>
> "Olá, Universal Music, seu catálogo é elemento crítico para nosso plano de assumir o controle da casa inteligente: você pode ignorar esse fato enquanto negociamos os termos de desconto para um catálogo limitado?"
>
> "Olá, desenvolvedores, vendemos um bocado deste produto não testado e nossa última tentativa de um dispositivo foi um desastre homérico. Podemos ter vocês contando conosco?"

Caso seu processo seja de cocriação, não se surpreenda quando os parceiros sentirem que têm uma reivindicação de liderança tão natural quanto você. Uma estratégia de alinhamento fundamentada em um MVE, elaborada para facilitar a expansão em estágios, pode ajudar a gerar uma posição de liderança, evitando um confronto por essa posição. A abordagem da Amazon para fabricantes de eletrodomésticos é uma ilustração perfeita disso. No Capítulo 5 voltaremos ao desafio de estabelecer liderança em ecossistemas.

MVPs e MVEs devem coexistir em seu kit de ferramentas. Contudo, previna-se contra a armadilha de confundir um com o outro. O MVP é uma ferramenta para obter insights do cliente, enquanto o MVE é uma ferramenta para alinhar e escalar parceiros.

Indo além da casa inteligente O Echo — o alto-falante inteligente que hospedou inicialmente a inteligência em nuvem da Alexa — é uma demonstração excelente de como usar as etapas iniciais para mudar o jogo maior. A Alexa, que estivera engaiolada naquele alto-falante cilíndrico medíocre, bateu asas e voou. Uma teia de conectividade em constante expansão, essa "computação ambiental", invisível, permanentemente conectada, flexível, contínua, é a realização definitiva de uma casa inteligente, deixando o dispositivo para trás para se tornar, de fato, parte do ambiente. A proposta de valor da Amazon, em vez de se referir à ambição de estar à frente do negócio de caixas de som inteligentes, tinha por meta ser a campeã no negócio de inteligência habilitado por voz. Peça por peça, parceiro por parceiro, a ação da Amazon nesse espaço é um fascinante estudo sobre o poder da expansão em estágios.

A iniciativa da casa inteligente, em si, é apenas um passo em uma jornada ainda maior. De sua base no ecossistema da casa inteligente, a Amazon já passou para os setores automotivo, de saúde, soluções móveis pessoais e aplicativos corporativos. Penetrar ecossistemas dessa forma é uma maneira poderosa de fomentar o crescimento. A eficácia dessa estratégia quase sempre se resume em impulsionar MVEs, alavancando o princípio de transposição do ecossistema, que examinaremos a seguir.

Oprah Winfrey: Alavancando a Transposição para Redefinir a Entrada no Ecossistema

Um ataque em larga escala ao ecossistema pode mudar o curso de setores econômicos inteiros. No entanto, o princípio de transposição pode ser igualmente aplicado para redefinir a competição em uma escala menor, permitindo a empresas e empreendedores criar novas posições e novas possibilidades de entrada no mercado para si próprios, sem necessariamente derrubar o tabuleiro do jogo para outros. A jornada empreendedora de Oprah Winfrey, consistente com sua marca, é uma bela ilustração de que para causar uma ruptura não é preciso destruir.[*]

A trajetória de Oprah exemplifica o uso da transposição do ecossistema para alinhar novos parceiros e lançar MVEs distintos como apoio a novas propostas de valor. Ela nos dá uma aula magna sobre como transferir relacionamentos de um ecossistema para avançar rumo às metas em um novo ecossistema.

A questão a se ter em mente não é "Como faço para gerar uma celebridade?", mas sim "Quais de meus atuais recursos e relacionamentos posso aproveitar para impulsionar o alinhamento em um novo ecossistema?"

---

[*] Como a Sra. Winfrey transformou seu primeiro nome em sua marca registrada, me referirei a ela no texto como Oprah.

Um Começo nos Ecossistemas da Televisão e Cinematográfico

A ascensão de Oprah Winfrey parece um conto de fadas: nascida e criada em um ambiente incrivelmente desafiador, seu brilho, seu otimismo e sua coragem a levaram de um extremo ao outro do espectro.

Oprah foi apresentadora de um noticiário de televisão local e de um programa de entrevistas em Nashville, e depois em Baltimore. Em 1984, Oprah mudou-se para Chicago. Lá, no primeiro mês no ar, seu talento alçou um modesto programa matinal do último ao primeiro lugar em audiência. Em 1986, ela se qualificou para ter seu próprio programa, *The Oprah Winfrey Show*, que duraria 25 anos e acumularia 48 prêmios Daytime Emmy. O *Oprah Winfrey Show* foi o programa de entrevistas número um em 23 temporadas consecutivas, atraindo um pico de 12 a 13 milhões de telespectadores diários.

Estabelecer a combinação idiossincrática de talento, perseverança e sorte que levou ao sucesso do *The Oprah Winfrey Show* e fez de Oprah um nome familiar foge ao escopo do que este livro espera explicar. Em vez disso, a lição replicável para nós está no âmbito das escolhas feitas ao longo do caminho rumo ao estrelato.

Oprah poderia ter sido (apenas) uma megacelebridade. Ela, porém, se tornou uma magnata da mídia, expandindo sua presença no ecossistema de conteúdo e indo além dele. Embora sempre haja a presença da sorte, tal como na história da Alexa, uma visão ambiciosa também tem seu papel. Entrevistada em 1986 — seu primeiro ano no cenário nacional —, Oprah corajosamente declarou: "Certamente pretendo ser a mulher negra mais rica dos EUA. Pretendo ser uma magnata."

O sucesso nunca é garantido, mas é raro ser completamente acidental.

Assumindo o Controle: De Estrela a Dona Astros e estrelas são bem pagos, mas ainda são funcionários sob orientação da gerência. Donos assumem riscos e, como prêmio, obtêm retornos positivos; porém, talvez mais importante, controlam os riscos assumidos.

Em 1988, com o *The Oprah Winfrey Show* firmemente estabelecido como o mais assistido programa diurno da televisão norte-americana, e com todos reconhecendo que tal sucesso dependia de Oprah, ela e Jeffery Jacobs, seu advogado e agente, e em breve sócio, negociaram a compra dos direitos de seu programa. A empresa de Oprah, Harpo Media, tornou-se o guarda-chuva sob o qual seu império seria construído. Esta é a primeira lição sobre a diferença entre ter encontrado algo que pode valer ouro, perceber que vale mesmo ouro e saber que o valor real do ouro se materializa na negociação.

Oprah agora era uma empreendedora. Havia risco, mas estava sob controle. A Harpo Media também comprou, além dos direitos do programa, os estúdios onde este era produzido. Não demorou para que ela extrapolasse os limites do programa e partisse para a produção de conteúdo adicional: filmes feitos para televisão (*Sete Mulheres*, 1989; *There Are No Children Here*, 1993), outros programas diurnos apresentando personalidades que se destacaram no *The Oprah Winfrey Show* (Dr. Phil, Dr. Oz, Rachel Ray) e, por fim, até filmes de longa-metragem (*Bem-Amada*, 1998; *Preciosa — Uma História de Esperança*, 2009; e *Selma — Uma Luta pela Liberdade*, 2014). Em 2018, ela fez parceria com a Apple para produzir conteúdo exclusivo para seu novo serviço de streaming.

Em todas essas produções, um conteúdo em comum abrangendo temas como transformação pessoal, empatia e espiritualidade. Em negócios, entretanto, havia em comum um só tema, o do controle: a capacidade de controlar o conteúdo, o tom e os tipos de risco que a Harpo Media correria.

O bem mais precioso, e o mais resguardado de todos, era o relacionamento de confiança que Oprah havia estabelecido com seu público. "Oprah se tornou parte dele. Ela chorou ao lado de seus convidados, compartilhou histórias pessoais e falou com o público, não para eles. Isso fez com que as pessoas aprendessem a acreditar e a confiar nela", observou um analista. Carismática, atraiu seu público e granjeou a confiança de seus seguidores, tornando o "Efeito Oprah" o endosso mais poderoso do mercado. Os produtos que constavam de sua lista de coisas favoritas se transformaram em best-sellers instantâneos. O Clube do Livro de Oprah, lançado em 1996, tornou-se o impulso mais impactante que um autor poderia esperar. Alavancou a carreira de romancistas estreantes como Wally Lamb, consolidou os escritores mais consagrados, como Cormac McCarthy, chegando a colocar 60 milhões de livros nas mãos dos leitores.

Isso foi mais do que o endosso de uma celebridade: tratou-se, de fato, de um relacionamento com um público que gerou algo que se pode chamar de influência cultural. É esse relacionamento que Oprah Winfrey implantaria para alinhar parceiros e inovar ofertas em outras áreas: o motor de sua transposição de ecossistema.

Ultrapassando Fronteiras: A Transposição do Ecossistema em Ação

Vista por si só, a gradual expansão das atividades de Oprah na cadeia de valor do conteúdo de vídeo — sua passagem do talento na tela para se tornar produtora e, em seguida, dona — teria sido uma conquista notável no mundo dos negócios. Mas, como tal, seria uma história tradicional de integração vertical: impressionante, mas ainda dentro da caixa de criação de conteúdo, com o jogo de apostas altas sendo definido pelo modelo básico de "faça um bom programa, seja pago por um bom programa".

Mais inovador foi como Oprah se valeu dessa posição para entrar em outros segmentos (veja a Figura 3.2).

Entrada por Transposição Nº 1: Publicação
O Clube do Livro de Oprah foi um segmento de um programa de televisão, não se constituindo em uma entrada no mercado editorial. Porém, deu credibilidade à ideia de que Oprah poderia passar da radiodifusão para a mídia impressa, na qual novos parceiros precisariam ser alinhados. Em 2000, a revista *O, The Oprah Magazine* debutou. A Hearst batalhou pelo privilégio de publicar a revista de Oprah, vencendo a Condé Nast e a AOL Time Warner ao prometer transportar sua marca para o mundo da impressão. Não obstante a tradicional competência da gigante editorial Hearst, a credibilidade de Oprah como uma força cultural honrada e sustentável foi suficiente para que a Hearst cedesse o controle editorial a seu novo parceiro. Por exemplo, o índice de *O* está na página dois da revista, uma grande ruptura com as normas do setor que obrigam os leitores a vascular vinte páginas de anúncios até chegar a ele. Essas são páginas cuja alta atenção é fundamental para os anunciantes e, portanto, para os editores. Mas Oprah insistiu em uma política de "Colocar o leitor em primeiro lugar", ou seja, nenhum anúncio seria exibido antes que o leitor pudesse saber o que havia na revista. E ela conseguiu o que queria. Esse é um MVE diferente, alinhado por transposição.

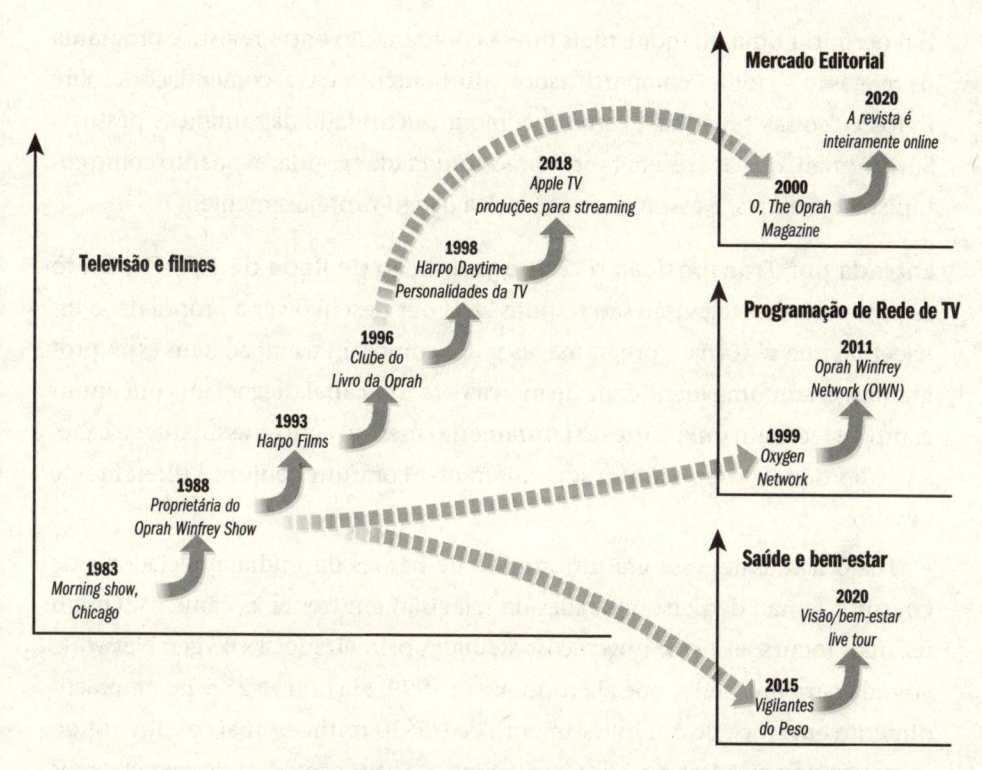

Figura 3.2
Transposição de Oprah Winfrey em novos ecossistemas.

A revista se tornou a personificação física da mensagem de Oprah, uma mistura de aspiração e praticidade. Na condição de caloura no mercado de revistas competitivas, seu desempenho era notável: revistas de sucesso normalmente levam cinco anos para se tornarem lucrativas. A Hearst imprimiu um milhão de cópias em sua primeira tiragem, e na sexta edição tinha 627 páginas de anúncios. Após sete edições, O tinha 2 milhões de assinantes, o que a tornava não apenas lucrativa, mas também a revista nova de maior sucesso na história dos EUA. A revista em papel circulou por 20 anos antes de se tornar totalmente digital em 2020.

Lançar uma revista não é a questão, é isso que fazem os estreantes. Lançar uma revista com um parceiro e fazer com que ele aceite seus termos para maximizar a capacidade que você tem de alavancar os recursos exclusivos que você está trazendo de seu ecossistema doméstico: essa é a questão. O controle editorial permitiu uma melhor e mais direta coordenação entre revista e programa de televisão — temas compartilhados; alinhamento das recomendações sobre livros e "coisas favoritas"; estrelas como a celebridade das finanças pessoais Suze Orman, que aparecem tanto como convidadas regulares quanto como colunistas regulares. É assim que você muda o jogo vantajosamente.

Entrada por Transposição N° 2: Programação de Rede de TV Enquanto as produtoras de televisão são responsáveis por desenvolver a propriedade intelectual que se torna o programa, as redes compram e empacotam esses programas, criam uma identidade de marca para um canal, negociam com anunciantes e recebem uma parte do faturamento mensal com os assinantes a cabo. As redes de televisão são um jogo diferente, com um conjunto diferente de desafios.

Historicamente, esse era um mundo de barões da mídia apreciadores de charutos, e não de personalidades da televisão em frente às câmeras. Oprah fez duas incursões nesse novo ecossistema. A primeira foi a Oxygen Network, voltada para mulheres, que ela fundou em 1999. Ela obteve 25% no empreendimento em troca de um investimento de US$20 milhões, mais os direitos do conjunto de episódios do *The Oprah Winfrey Show*, uma decisão que ela mais tarde lamentou. A participação minoritária e cofundadores que tinham sua própria opinião sobre a direção fizeram com que a influência de Oprah internamente fosse mais restrita do que ela esperava. À medida que o canal adicionava programas como *Girls Behaving Badly*, em um esforço para cativar um público mais jovem, ia se afastando de sua filosofia central. "Esse canal não refletia minha voz", disse Oprah. Em 2007, o canal foi vendido para a NBC por US$900 milhões.

Um ano depois, Oprah fez uma segunda incursão no mundo da programação de rede; desta vez como timoneira. Tal como sua colaboração na revista com Hearst, o acordo de Oprah com a Discovery Communications lhe deu o total controle criativo sobre sua própria rede a cabo: a OWN (Oprah Winfrey Network).

Ao evoluir, a OWN seguiria seu próprio caminho, mostrando mais uma vez que até mesmo uma força da natureza como Oprah pode tropeçar. Sua visão para a OWN — "Eu pensei em fazer este canal despertar a *consciência* espiritual!" — não repercutiu nos telespectadores. Apesar de o Discovery ter despejado, de início, US$250 milhões na rede, após um ano os resultados foram desanimadores.

Promovendo uma reviravolta, Oprah colocou suas fichas nos relacionamentos do ecossistema de produção de televisão. Em 2012, assinou um contrato com o criador de sucessos Tyler Perry para duas séries com roteiro exclusivo. Perry ficou feliz com oportunidade. "Como dizer não para Oprah?" Em 2015, a OWN havia dobrado sua receita de anúncios ano a ano, e era a rede número um entre as mulheres afro-americanas, um público importante e mal atendido.

Entrada por Transposição Nº 3: Saúde e Bem-estar Talvez o ponto alto da alavancagem do ecossistema de Oprah esteja em sua entrada em bem-estar e saúde. Uma área de interesse há anos — como indicam seus muitos segmentos de TV voltados para a saúde, bem como sua disposição em ser franca sobre suas lutas pessoais quanto à questão do peso —, ela foi além de falar sobre bem-estar para entrar no ecossistema do bem-estar. Em 2015, Oprah adquiriu uma participação de 10% na Weight Watchers [Vigilantes do Peso], bem como um lugar no conselho.

Os Vigilantes do Peso, como o nome indica, passaram meio século ajudando seus clientes a perderem peso disponibilizando planos de refeições e coaching baseados em pontos, mas sua marca e seus resultados operacionais estavam enfraquecendo. Contudo, com a mensagem de Oprah de "bem-estar" global, a empresa mudou seu foco e até mesmo seu nome para WW [Weigth Watchers], assumindo um grande compromisso com a nova direção.

Não foi apenas a celebridade, o investimento e a missão de embaixadora da marca de Oprah que possibilitaram essa transformação. Fator importante foi também sua herança única: décadas explorando o bem-estar em seu programa com o público. Com essa tradição e credibilidade, ela conseguiu convencer a liderança dos Vigilantes do Peso a revisitar o cerne da missão da organização.

"Estamos indo além de nosso propósito de focar apenas a perda de peso para ajudar mais amplamente as pessoas a terem uma vida mais saudável e feliz", disse o CEO da WW, Jim Chambers, em 2015. "Durante nossas conversas, ficou claro que há um tremendo alinhamento entre a intenção de Oprah e nossa missão. Acreditamos que há uma complementaridade única entre sua notável capacidade de conectar e inspirar as pessoas a realizar todo o seu potencial, e a força de nossa comunidade de treinadores extraordinários com sua abordagem comprovada." Mindy Grossman, que o sucedeu na função de CEO, continuou com a transformação: "Saudável é o novo magro", disse ela a analistas em 2018.

Nenhum mero especulador corporativo, influenciador do Instagram ou porta-voz de Hollywood poderia ter dado tamanho estímulo a esse tipo de mudança. Na transposição realizada por Oprah, negligenciar o relacionamento é, fundamentalmente, interpretar mal o jogo dela.

Na parceria com a Weight Watchers, Oprah expandiu ainda mais seus esforços dentro do ecossistema de bem-estar por intermédio de sua turnê ao vivo *Oprah's 2020 Vision: Your Life in Focus*. Cerca de 15 mil pessoas, em média, compareceram a cada show ao vivo, que contou com celebridades como Lady Gaga e Tina Fey, bem como "poderosos líderes em bem-estar", com foco em alimentação saudável e o tema mais amplo de "bem-estar". Os ingressos variavam de US$69,50 a mais de US$1.000 para uma experiência VIP. Quando a pandemia da COVID-19 interrompeu as apresentações ao vivo, a turnê passou a ser online, servindo como uma fonte de esperança para o público em streaming e como uma fonte de potenciais clientes para a WW. "Agora, é mais importante do que nunca estar e permanecer bem e forte", disse Oprah. "Juntos, vamos redefinir, ajustar o foco e encontrar clareza no que é mais importante."

Transposição e Restrições

A transposição do ecossistema envolve sinergias relacionais: valer-se dos relacionamentos desenvolvidos em um ecossistema como ajuda para lançar uma posição em um novo ecossistema, e usar isso para se diferenciar de um novo participante/diversificador padrão. Em cada uma dessas entradas em ecossistema — além do dinheiro e da mera celebridade —, Oprah alavancou a relação de confiança com seu público, que passou anos cultivando durante seus programas diurnos na televisão. Isso lhe permitiu alinhar os parceiros de MVE de um modo que, de outra forma, seria impossível.

Cumpre frisar, no entanto, que recursos e relacionamentos podem expor a riscos em outras frentes. Se as coisas derem errado em um local, os problemas poderão reverberar em outros. Assim, nesse aspecto, a transposição deve ser executada com cuidado. David Carr colocou melhor essa situação em sua coluna no *New York Times*:

> Ao examinar o discurso de várias décadas de Oprah Winfrey durante o dia, a maior parte como a Nº 1, é fácil ficar impressionado com o que ela fez para que isso acontecesse. Mas sua longevidade e sucesso [...] provavelmente tem mais a ver com o que ela não fez. Ela nunca abriu o capital de sua empresa, o que significava permanecer no controle de sua operação e seu destino [...]. Ela nunca batizou seu próprio livro, embora tenha criado best-sellers com um movimento do pulso [...]. Nunca colocou seu nome, uma marca muito poderosa, em qualquer mercadoria [...]. Não licenciou seu nome para uma revista, ela construiu uma à sua própria imagem e ajustou-a até se tornar um grande sucesso editorial [...]. Ela nunca se envolveu em algo que embaçasse o brilho de seu nome.

Quando corretamente posta em prática, a transposição permite que os inovadores se valham de suas histórias exclusivas para criar pontos de entrada exclusivos. Tal como a Amazon transferindo usuários Prime para sua plataforma Alexa logo no início e depois se expandindo para além de suas fronteiras, aquela ação não é apenas uma venda cruzada para uma população fixa. Trata-se de mudar as estruturas de alinhamento e os termos de colaboração com parceiros de uma forma que apenas vir com dinheiro e uma marca comprovada nunca tornaria viável.

ASSA ABLOY: A Vantagem de Já Estar por Ali

Oprah iniciou sua jornada pelo ecossistema como uma empreendedora individual, mas a celebridade lhe proporcionou uma grande vantagem para redesenhar os limites. E se você for uma empresa atuante em um setor de atividade antigo, e sujeita a uma disciplina financeira conservadora? E se seu mundo estiver mudando, mas você não está em posição de dominar um ecossistema, como fez a Amazon? Ainda assim, como você pode viabilizar uma estratégia de ecossistema para subir na cadeia alimentar, garantir seu lugar à mesa e ganhar uma nova voz no novo jogo?

ASSA ABLOY resultou de uma fusão, em 1994, da ASSA da Suécia (fundada em 1881) e da ABLOY da Finlândia (fundada em 1907), ambas fabricantes de fechaduras e chaves mecânicas.[2] Em um mundo no qual produtores de baixo custo em geografias distantes intensificavam a pressão competitiva, e em uma época em que as tecnologias digitais estavam substituindo as façanhas mecânicas, o que se poderia esperar desse casamento de empresas antigas do velho mundo? Uma previsão razoável seria a de um trabalho insano contra forças poderosas: a comoditização puxando para baixo, com pressões de custo e margens cada vez menores conforme os rivais nivelavam por baixo.

Não obstante essas condições, a ASSA ABLOY viu crescerem suas receitas e margens ao transformar não apenas a si mesma e suas tecnologias, mas também os próprios limites que haviam definido a indústria de fechaduras. Embora a disrupção tenha sido frequentemente retratada como privativa das startups, o caminho da ASSA ABLOY oferece uma demonstração perfeita das vantagens de uma empresa que já era atuante no segmento em mutação, quando ela participa ativamente desse processo. No caso de você já ter usado um cartão de plástico ou seu celular para destravar a porta de um quarto de hotel, provavelmente já usou uma inovação da ASSA ABLOY.

Em 1997, em seu relatório aos acionistas, o CEO da empresa, Carl-Henric Svanberg, estabeleceu uma meta audaciosa: "Nossa visão é nos tornarmos a empresa líder mundial em fechaduras." Ambicioso, mas definitivamente dentro da caixa. Para alcançar esse propósito, a ASSA ABLOY empreenderia um festival de aquisições agressivas para formar escala e uma pegada global, tornando-se o melhor consolidador de uma indústria de commodities.

Nosso foco aqui é a transformação dessa visão. Hoje, a ASSA ABLOY se descreve como "a líder global em soluções de acesso". Essa mudança — em essência, de "fechar" para "abrir" — não é apenas uma atualização no jargão de marketing, mas é radical: sinaliza o impacto de uma percepção profunda que mudou a ASSA ABLOY, de líder do setor para disruptor do ecossistema.

A percepção: uma chave não é apenas uma chave. É também uma identidade.

No mundo das fechaduras mecânicas, uma chave é um instrumento de formato estranho cujos dentes irregulares alinham os pinos dentro de um cilindro de fechadura para liberar um mecanismo que faz com que uma trava seja retirada. Porém, se observado de uma perspectiva diferente, a chave é um signo, uma credencial. A posse da chave confirma sua identidade como "pessoa de confiança".

As limitações para esse milagre mecânico são evidentes. O acesso só é concedido levando-se em conta as restrições impostas pela hierarquia do sistema de chaves. Isso significa de duas, uma: fornecer uma única chave mestra de primeira categoria, possivelmente concedendo acesso demais, ou distribuir um monte de chaves, o que em geral leva a uma barafunda confusa. Perder uma chave mestra implica em abrir mão da segurança em todo o domínio e ocasiona uma custosa fabricação de chaves para todas as fechaduras envolvidas. Garantir que nenhuma cópia ilícita seja feita é um ato de pura fé, algo que faz o pessoal da segurança engolir em seco. Não se tem certeza de quem está realmente entrando e saindo; na ausência de uma sentinela, não há como limitar *quando* alguém pode entrar.

A proposta de valor inerente à visão da ASSA ABLOY de acesso inteligente é que cada pessoa obtenha exatamente o acesso de que precisa — nem mais, nem menos; tanto no sentido físico como de tempo. A visão da companhia não mais seria definida pela fabricação de fechaduras e chaves, embora o segmento mecânico ainda represente saudáveis 26% do faturamento total. A nova arquitetura de valor da empresa foi redefinida como criação, gerenciamento, monitoramento, aproveitamento e até mesmo apagamento — identidade. Como foi possível um participante veterano administrar uma transição tão profunda?

ASSA ABLOY Estágio 1: MVE — Chaves Inteligentes Viabilizam Fechaduras Mais Burras (Baratas)

O controle de acesso eletrônico existe desde a década de 1970 (pense em cenas de filmes com agentes do governo entrando em salas seguras com códigos de acesso e varreduras de retina), contudo, esse era um nicho de mercado atendido por empresas especializadas e que cobravam caro pelo serviço, em grande parte graças à complexa tarefa de adicionar inteligência ao mecanismo de travamento da porta.

A democratização do acesso inteligente exigiria inovação tanto na tecnologia quanto nas abordagens para ingressar no ecossistema. O primeiro passo da ASSA ABLOY nesse caminho foi seu sistema CLIQ, introduzido em 2001. Comparado com outras soluções de acesso da época, o sistema CLIQ permitia fabricar uma fechadura muito mais burra (e mais barata) na lateral da porta, deixando a inteligência para o corpo da chave. Essa nova chave tinha, além de um chip programável que poderia conter vários códigos de acesso, uma bateria para alimentar a operação da fechadura. Ademais, cada chave e cada fechadura mantinham um registro de uso, o que permitia uma eventual auditoria caso algo estivesse faltando e fosse necessário saber quem acessou o laboratório entre o final de uma segunda-feira e o início da terça-feira.

Embora o desenvolvimento de uma tecnologia gere oportunidades, a criação de riqueza ocorre quando ela é colocada no mercado. O CLIQ foi explicitamente projetado para permitir a transposição do ecossistema de acesso mecânico para o de acesso eletrônico. Os relacionamentos da ASSA ABLOY com distribuidores, empreiteiros, arquitetos e gerentes de segurança foram todos transferidos para o CLIQ. Houve um único ajuste relevante, relativo aos chaveiros, cujas competências mecânicas centenárias precisariam ser expandidas para que pudessem instalar e fazer a manutenção de um sistema acionado por software. O MVE da ASSA ABLOY exigia cultivar um pequeno grupo de chaveiros que estivessem dispostos e fossem capazes de aprimorar suas habilidades. Em troca de uma certificação oficial e da promessa de apresentação de potenciais clientes, esses chaveiros investiriam no desenvolvimento do novo conjunto de habilidades necessário. A ASSA ABLOY, nesse particular, transformou esses chaveiros motivados e parceiros em algo novo: provedores de serviços de software.

Essa é uma primeira visão da vantagem de já estar atuando no segmento de mercado. Qualquer empresa inteligente pode apresentar uma grande inovação. No entanto, fazer com que os participantes conservadores ajustem suas atividades de negócios para trazer valor ao mercado em termos comerciais pode, muitas vezes, ser o maior desafio (e a indústria da construção é um garoto-propaganda do conservadorismo quando se trata de inovação). Ao alavancar parceiros e relacionamentos do mundo das fechaduras mecânicas para o mundo do acesso inteligente, a ASSA ABLOY teve condições de estabelecer a base de apoio necessária para as etapas subsequentes e maiores (Figura 3.3).

ASSA ABLOY Estágio 2: Conectando Portas para Criar uma Rede Inteligente

O sistema CLIQ possibilitou à empresa produzir chaves e fechaduras individualmente inteligentes, mas não em rede. Isso requer conexões de dados entre pontos de acesso, o que, por sua vez, exige interação com novos participantes no ecossistema, ou seja, os fabricantes de equipamentos originais (OEMs, na sigla em inglês) de sistemas de controle e integradores de sistemas (SIs, em inglês) que projetam e instalam os sistemas completos de controladores, software, portas, fechaduras e chaves. Quando a ASSA ABLOY era o maior peixe no lago das fechaduras e chaves, não passava dessa lagoa. OEMs — empresas como Honeywell, Johnson Controls, United Technology Corp — são peixes grandes em um mar muito maior. Para eles, em 2001, a ASSA ABLOY era um produtor confiável de componentes de *commodities*, um entre centenas com os quais lidavam, sem nenhuma pretensão particular de moldar o futuro. Como a ASSA ABLOY conseguiu um lugar à mesa?

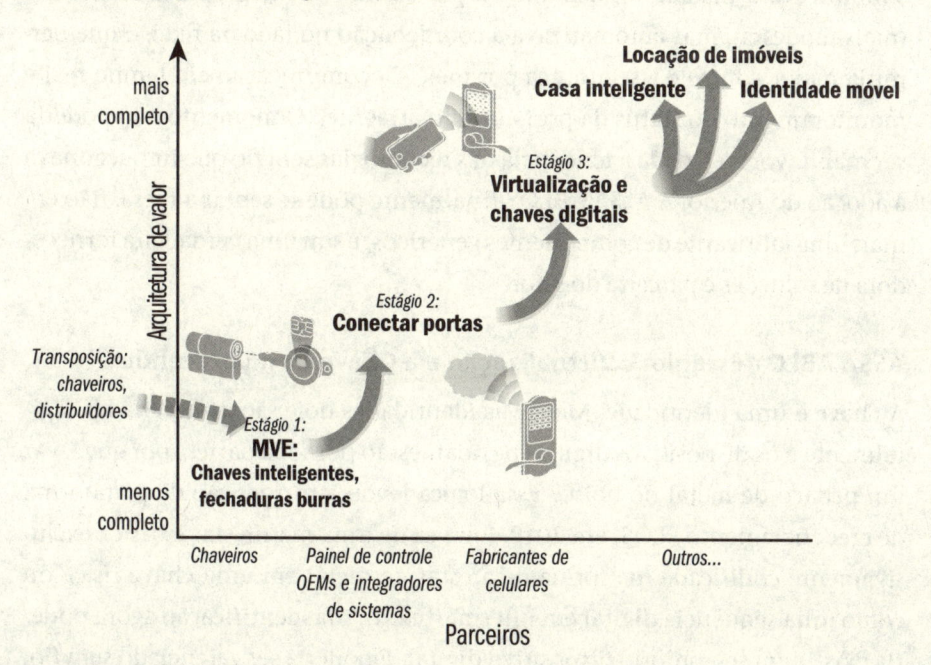

Figura 3.3
Diagrama de construção do ecossistema da ASSA ABLOY com acesso inteligente.

A primeira tentativa da ASSA ABLOY de portas em rede, seu sistema Hi-O introduzido em 2004, contou com CANbus, um padrão tecnológico aberto, para simplificar a instalação e coordenar as informações entre as ofertas de todos os integradores. Era uma solução brilhante no papel, mas foi um fracasso comercial. Os integradores de sistema estavam muito felizes com seus sistemas fechados, muito obrigado. Do ponto de vista deles, não havia nenhuma razão convincente para adotar os padrões abertos ou colocar a ASSA ABLOY na liderança do ecossistema. Embora Hi-O continue sendo uma solução interna da ASSA ABLOY, foi uma falha do ecossistema.

Em 2008, a ASSA ABLOY voltava à carga com uma solução que era, ao mesmo tempo, mais modesta e mais atraente. O sistema Aperio permitia que as travas mecânicas fossem conectadas sem fio. Era compatível com mais de cem sistemas de segurança diferentes e projetado para ser de fácil integração com os protocolos existentes dos integradores de sistema. Ao contrário do Hi-O, não simplificava a instalação, deixando-a por conta dos integradores de sistema (mais modesta), mas automatizava a coordenação no lado da rede, o que permitia maior controle e segurança por meio da comunicação em tempo real e monitoramento do status da porta (muito atraente). O momento não poderia ser mais favorável, dada a tendência das tecnologias sem fio que impulsionava a adoção do Aperio. A ASSA ABLOY finalmente pôde se sentar à mesa: não era mais uma fabricante de componentes genéricos, e sim uma verdadeira fornecedora de soluções e parceira do setor.

ASSA ABLOY Estágio 3: Virtualização e a Chave Desaparecendo

A chave é uma identidade. Mas se as identidades hoje são armazenadas digitalmente e os dispositivos digitais pessoais estão por toda parte... por que levar um pedaço de metal no bolso? Essa lógica levou à introdução da plataforma de credenciamento SEOS, em 2012. Em vez de uma manifestação física exclusivamente codificada (na forma de arestas de metal em uma chave física ou como uma sequência digital em um smartcard), sua identificação agora poderia existir em seu próprio dispositivo digital. E poderia ser gerenciado sem fio: pela primeira vez, o acesso poderia ser concedido sem transferência física. É essa tecnologia de criptografia que permite que os hóspedes do hotel façam o check-in, recebam suas chaves e, em seguida, entrem no quarto usando seus telefones celulares, sem nenhuma interação na recepção.

Com integração no celular dos sistemas NFC (comunicação por aproximação de dois dispositivos) ou Bluetooth, a ASSA ABLOY permite que outros participantes licenciem a plataforma SEOS, incluindo os gigantes da tecnologia

Google e Apple. "Usar o celular é o futuro — ser capaz de ver e controlar tudo", disse Martin Huddart, então presidente de Access and Egress Hardware da ASSA ABLOY. Por exemplo, a partir de 2019, os alunos da Clemson University poderiam usar seu dispositivo Android habilitado para SEOS, iPhone ou Apple Watch para entrar no dormitório, verificar um livro da biblioteca ou comprar uma refeição no refeitório. Expandindo sua proposta de valor, a SEOS deu à ASSA ABLOY uma plataforma na qual, agora, estavam interligados acesso e pagamento. Sua identidade digital o leva até a porta — e também ao almoço.

Considere as interações requeridas para tornar isso possível. O ecossistema teve que se expandir além dos integradores de sistemas tradicionais para incluir agora um conjunto mais amplo de participantes e um nível mais profundo de integração de TI (no sistema de reservas, nos pagamentos etc.). A SEOS era uma visão poderosa, mas a capacidade de trazê-la à vida dependia da credibilidade e da pegada de mercado que fora adquirida com a Aperio. As chances de êxito no Estágio 3 foram multiplicadas graças às bases estabelecidas no Estágio 2: a ordem da expansão em estágios é importante.

Iniciativas de um Próximo Estágio: De Chaves a Vidas

A inovação transformadora e bem-sucedida no espaço empresarial colocou a ASSA ABLOY em posição de alavancar sua visão de uma forma que pareceria impossível 25 anos atrás.

Hoje, a ASSA ABLOY está buscando acesso inteligente em várias novas direções. Está colocando suas fichas no ecossistema de casa inteligente DIY [Faça Você Mesmo, na sigla em inglês], mercado em que o segmento de fechaduras inteligentes deve atingir US$3,4 bilhões em 2025. Sua plataforma de tecnologia Accentra está facilitando, sem deixar de ser sofisticado, o acesso em ambientes como prédios de apartamentos e unidades de escritórios menores. Os proprietários de residências que se valem do Airbnb podem emitir remotamente para seus hóspedes temporários chaves utilizáveis durante a estada, as quais desaparecem no final da reserva, sem a necessidade de se preocupar com cópias delas ou extensão da ocupação do imóvel. E sua plataforma HID goID aproveita a tecnologia SEOS para permitir aos governos emitir e gerenciar credenciais de identificação digital oficiais, como carteiras de motorista, vistos de viagem e qualificações de benefícios, que podem ser entregues diretamente no dispositivo móvel.

A ASSA ABLOY poderia ser expulsa por disruptores do ecossistema, como a Amazon na questão da casa inteligente? A empresa poderia se tornar uma vítima da inversão de valor caso o Google e a Apple, com seu controle de aparelhos e sistemas operacionais móveis, façam suas próprias jogadas no credenciamento de identidade digital? A resposta: certamente. Entretanto, quando consideramos tal competição, seria de bom alvitre examinar a estrutura do ecossistema. Segmentos de mercado em que o jogo se baseia no acesso a fechaduras individuais, como uma residência particular, apresentam um desafio de alinhamento. Já os segmentos de mercado com regras de acesso mais complexas — controle de quem tem permissão para entrar em qual prédio e sala, com requisitos de integração avançados, como links para segurança do *campus* e redes de serviços de emergência — representam outro tipo de desafio de alinhamento. Isso nos leva de novo à questão da defesa do ecossistema e como se encontram nas arquiteturas de valor as pistas para uma resposta competitiva eficaz. Quando as redes B2B fazem parte da arquitetura de valor, os relacionamentos são mais difíceis de construir e mais fáceis de defender. Como vimos no Capítulo 2, ainda que seja sempre um erro descartar a competição de gigantes, também é um erro pensar que eles não podem ser derrotados ou, pelo menos, mantidos a uma distância segura.

Incumbentes Esclarecidos

Hoje, a entrada em escola, gabinete farmacêutico, casa ou apartamento é controlada pelo acesso inteligente. Mas a identidade digital vai além de nossa capacidade de acessar um espaço. Ela altera e simplifica as opções em uma série de ambientes diferentes, desde serviços no escritório até o check-out na biblioteca e pagamento na cafeteria. O recorrente esforço da ASSA ABLOY em inovação se estendeu às carteiras de motorista e passaportes digitais. O fabricante de chaves de metal está agora no negócio de identidade pura.

Eis o que quero dizer com incumbência esclarecida: a ASSA ABLOY foi presciente, teve a capacidade de reconhecer que a digitalização da identidade é o futuro e de se valer de sua reputação e de seus relacionamentos para fazer uma reivindicação de mercado confiável sobre esse futuro. Ao mesmo tempo em que mantinha sua posição dominante no mercado de fechaduras tradicional, conduzia a transformação digital tanto dentro de sua organização quanto fora de seu mercado.

A imagem de rapazes que largam a faculdade e ocupam suas garagens para criar de forma brilhante a próxima grande novidade está impregnada na imaginação popular. Mas a ASSA ABLOY demonstra que ser um incumbente, ou seja, já ser um participante ativo em um segmento, oferece vantagens poderosas sobre startups recém-nascidas que carecem de sinergia relacional. Seu porte poderia sugerir ser um barco grande demais para passar de mecânico para digital sem soçobrar. Mas é precisamente seu tamanho, sua história e sua reputação que permitiram à empresa trazer parceiros críticos — mas altamente conservadores — do mundo das fechaduras mecânicas para o terreno digital. Sem esses parceiros, os esforços tecnológicos da ASSA ABLOY não teriam meios para escalar. É essa vantagem relacional que privilegia os incumbentes sobre as startups em configurações de ecossistema, que são definidas pela necessidade de conduzir novos alinhamentos entre atores novos *e* estabelecidos, sem os quais os sonhos de inovação estão condenados a permanecer como visões estratégicas, em vez de realidades de mercado.

Isso coloca em destaque uma distinção adicional entre a ruptura clássica e a ruptura do ecossistema. Na teoria da ruptura clássica, os clientes estabelecidos inicialmente rejeitam a oferta inferior, mas boa o suficiente, e, portanto, criam uma responsabilidade para os operadores tradicionais, para quem alocar recursos para a oferta disruptiva significava ir contra o feedback de seus melhores clientes. Essa era a tensão na raiz do dilema em *O dilema da inovação*, de Clayton Christensen.[3] Em contraste, relacionamentos estabelecidos com o cliente são um trunfo na introdução da ruptura do ecossistema, pois abrem as portas para a credibilidade e a transposição do ecossistema.

Os incumbentes esclarecidos têm o potencial de ser grandemente favorecidos no mundo da ruptura do ecossistema: a transição do ecossistema depende de *já* ter sido exitoso em algum ecossistema inicial. Mas depende também da disposição de implantar *e escalar* esses trunfos e relacionamentos no novo ecossistema. A questão, assim, é se uma empresa estabelecida tem ou não recursos para transformar esse potencial em realidade.

Quando as empresas seguem a orientação mais em voga para isolar novas iniciativas de crescimento como proteção contra as pressões da organização dominante, elas tornam muito difícil reunir o compromisso exigido da organização dominante para criar a transposição. Esse é um erro generalizado que rouba dos operadores tradicionais sua vantagem mais valiosa, deixando-os no papel de capitalistas de risco prejudicados, presos por capital menos flexível e limitados a investir apenas em oportunidades autogeradas. Não surpreende que muitas vezes eles entreguem menos do que se espera. No Capítulo 6, veremos o quão impactante pode ser uma mudança na disposição de se comprometer ao examinarmos a transição da Microsoft para a nuvem.

A Estratégia Corporativa na Ótica do Ecossistema

Amazon Alexa, Oprah Winfrey e ASSA ABLOY. Esses são atores de tamanhos, poder, recursos e restrições muito diferentes. Como denominador comum, têm não meramente o sucesso, mas o sucesso proveniente do redesenho de limites e do alinhamento de parceiros em novas maneiras. Cada um desagregou a estrutura de um ecossistema, mas sempre por meio de ações consistentes com os três princípios de construção do ecossistema: MVE, expansão em estágios e transposição do ecossistema. Eis aí o segredo para alinhar parceiros e transformar a visão ambiciosa em realidade coerente, coordenada e colaborativa.

As estratégias que os três casos ilustram revelam uma nova abordagem para entrar em novos mercados e, ao fazer isso, mudá-los. Há neles uma lição mais ampla para a busca do crescimento. A questão da diversificação — onde e como as empresas devem se expandir para novas linhas de negócios — está no centro da estratégia corporativa. Historicamente, o êxito na diversificação é visto como enraizado em uma das duas fontes de sinergia. A primeira fonte é a lógica do lado da oferta de *competências essenciais*, pela qual a diversificação bem-sucedida é alcançada estendendo o uso das capacidades de uma empresa a novos cenários. Uma competência pode ser implantada em dois mercados: pense na Honda usando sua tecnologia de motores para carros e motocicletas para entrar no mercado de motores de popa marítimos, ou na Canon usando sua proficiência em ótica para atender a indústrias que vão da fotografia a imagens médicas e fabricação de semicondutores. A segunda fonte é a lógica do lado da demanda da *sinergia do cliente*, enraizada na capacidade de fazer vendas cruzadas de ofertas aos clientes existentes. Ao mesmo cliente podem ser vendidas duas coisas diferentes simultaneamente, o que é mais eficiente do que dois esforços de vendas separados. Um exemplo é o Walmart vendendo mantimentos junto com seus tradicionais produtos a granel para o mesmo cliente.

Ao entrar em um setor de atividade, um diversificador clássico posiciona-se em relação aos que já participam do mercado com uma combinação de custos mais baixos ou maior qualidade. Porém, mesmo quando nos limitamos a pensar apenas nas empresas tradicionais diversificadas mais bem-sucedidas (como 3M, Corning, Siemens, Sony), notamos que elas tendem a competir dentro dos limites estabelecidos, aplicando seus recursos para replicar a arquitetura de valor estabelecida, ou seja, o segmento continua a ser o mesmo. Por exemplo, a Sony teve muito sucesso em se aproveitar das proezas tecnológicas e da força do canal de varejo em aparelhos eletrônicos para entrar no mercado de consoles de videogame. Contudo, ainda que a Sony tenha avançado a fronteira da tecnologia com placas gráficas e hardware de ponta, a empresa não alterou a natureza da proposta de valor, a base da competição ou os limites setoriais. Os diversificadores clássicos capturam participação de mercado, geram lucro e aumentam a competitividade dentro da caixa do setor de atividade; mas a caixa em si permanece inalterada.

A característica distintiva dos ataques ao ecossistema é que, em vez de se aterem a esquemas estabelecidos, eles rompem a parede das caixas do setor ao introduzir novas arquiteturas de valor. Eles abrem novas possibilidades de consumo ao mesmo tempo em que tornam obsoleta a antiga demanda. Além das sinergias de oferta e demanda, a abordagem dessas empresas é inovadora: "sinergias relacionais" alcançadas por meio da transposição do ecossistema.[4] Elas se aproveitam de relacionamentos específicos originados em uma caixa e os trazem para a outra, usando trunfos e capacidades de parceiros para, simultaneamente, iniciar seu MVE e borrar as fronteiras entre setores distintos. Eles começam realinhando os primeiros parceiros, e só então agem no sentido de transformar o relacionamento com o cliente final.

Concorrência e Política

O rompimento dos limites do setor de atividade também é importante para os formuladores de políticas e reguladores. Estratégia competitiva e estratégia antitruste estão intimamente correlacionadas, uma tentando criar e proteger a lucratividade (muitas vezes sob o rótulo de "vantagem competitiva sustentável"), a outra tentando proteger o bem-estar social das perdas de "peso morto" [desperdício ou subutilização de recursos por ineficiências] associadas aos monopólios. Na verdade, os carros-chefes tradicionais da análise setorial dos estrategistas — poder de barganha, intensidade de rivalidade, facilidade de entrada competitiva — são inversões diretas dos testes tradicionais dos reguladores para o poder monopolista.

Essa tensão assumiu uma nova complexidade e urgência à medida que o local da competição se expandiu para além dos setores de atividade tradicionais com fronteiras relativamente bem definidas (por exemplo, notícias, telefones celulares, automóveis) rumo a ecossistemas mais amplos cujas fronteiras estão em fluxo (por exemplo, redes sociais, plataformas móveis, mobilidade). As antigas regras dos setores de atividade ainda se aplicam, mas não sem modificações. Para os que se preocupam com a concorrência em termos de políticas, uma implicação direta das ideias deste capítulo é a necessidade de revisitar, e potencialmente restabelecer, a análise de noções centrais, como poder de mercado e relacionamentos verticais e horizontais.

Quando a estratégia corporativa está ligada à ideia de aprimorar uma arquitetura de valor, veem-se empresas entrando em áreas de mercado que parecem não previamente relacionadas e obviamente vinculadas após o fato. Mas, no momento em que o vínculo fica óbvio, as expectativas para a proposta de valor em ambos se transformam. A abordagem da Amazon para conectar assistentes de voz e alto-falantes de áudio é um exemplo perfeito. De fato, a Amazon, ao ser observada de forma mais ampla, é um exemplo desse tipo de abordagem. Como vimos no Capítulo 2, defender-se desse tipo de entrada é possível, mas requer que os defensores aprendam a jogar um novo jogo.

Uma Palavra sobre Aquisições

Nas rupturas viabilizadas pela transposição do ecossistema, a seleção e o alinhamento de parceiros tornam-se elementos críticos das estratégias de expansão. Para o estrategista corporativo, as alavancas tradicionais de construir, comprar ou se aliar permanecem, mas sua aplicação deve ser feita tendo em mente uma arquitetura de valor mais ampla, em vez de se concentrar no setor. Por exemplo, além da fusão e da aquisição para acessar o mercado e ganhar escala, é necessário criar estratégias de F&A para obter vantagens para a arquitetura de valor, avaliando não apenas as contribuições para a receita e a eficiência de custos, mas também as contribuições para MVEs em potencial e alinhamento do ecossistema. Estrategistas sábios reconhecerão que a aquisição para tal finalidade deve (1) ser avaliada por meio de métricas diferentes, levando em conta que seu propósito é atrair parceiros, e não aumentar imediatamente a receita; e (2) ser avaliada em conjunto com um plano de expansão em estágios para construir a arquitetura de valor mais ampla.

Não há valor nenhum em fingir ter uma previsão perfeita. Os detalhes de quaisquer planos e estratégias mudam conforme a realidade com que se deparam. Contudo, ter uma estratégia cria uma estrutura para responder a novas oportunidades e desafios que surgem à medida que vamos em frente. Esse é o cerne da famosa máxima de Eisenhower de que "Planos não são nada, mas planejamento é tudo." Propostas e arquiteturas de valor podem mudar, assim como a sequência pela qual as construímos. A diferença entre navegação ativa e busca cega, entretanto, é dispor de uma bússola para guiar nossos esforços em uma direção produtiva.

O ataque ao ecossistema obedece a um conjunto claro de princípios para redesenhar a natureza do ataque. Tal como ocorre com a defesa do ecossistema, sua articulação decorre das ações de uma coalizão e, portanto, exige manter um olho no prêmio e outro nos parceiros. Uma vez que, tanto no ataque quanto na defesa, suas ações requerem coordenação e colaboração com os outros, o que importa não é apenas como, mas também *quando* você move suas peças. A escolha do momento apropriado para a ação é o foco do nosso próximo capítulo.

4

O Momento Certo da Ruptura do Ecossistema: Cedo Demais Pode Ser Pior do que Tarde Demais

"As pessoas não querem uma broca de ¼ de polegada. Elas querem um buraco de ¼ de polegada."
— TED LEVITT

"Sem uma broca, uma furadeira é apenas um peso de papel."
— COROLÁRIO DE ADNER

Se você for o primeiro na linha de largada e ficar esperando pela bandeira de chegada, você venceu a corrida errada. Com a enorme repercussão popular causada pela queda de titãs que demoraram demais para se dar conta da realidade da ruptura, o medo número um entre as empresas líderes é chegar tarde demais e perder a revolução. Não deixa de ser sensato. Porém, deveria haver ao menos o mesmo medo de chegar muito cedo e exaurir seus recursos antes que a revolução comece de fato.[1]

No mundo dos ecossistemas, chegar cedo pode significar, muitas vezes, esperar que outros elementos e parceiros cheguem antes que a verdadeira corrida comece. Para os que se defendem, a questão se resume a quando envolver ativamente a nova proposta, ou seja, quando transferir recursos para uma oferta ainda a ser comprovada e reduzir o investimento no núcleo histórico e lucrativo. A reação precoce implica em perda de margem; a reação tardia implica em perda de posição. Para os que atacam, a frustração de esperar é ampliada à medida que o antigo regime continua em sua própria trajetória de melhoria incremental. Quem deveria ser um disruptor fica preso na linha de largada, enquanto a linha de chegada se afasta cada vez mais.

Para atacantes e defensores, evitar a irrelevância requer entender não apenas *se* a ruptura ocorrerá, mas também *quando*. Inevitabilidade não deve ser confundida com imediatismo.

Em 1986, a Philips elaborou um plano ousado para liderar a revolução da televisão de alta definição (HDTV), um milagre da comunicação visual em um mundo pixelado. Jan Timmer, então presidente da companhia, descreveu a HDTV como "a segunda melhor coisa desde a TV em cores [...] tem o potencial de dominar o século XXI". As primeiras pesquisas de consumidor da Philips sustentaram essas expectativas, com 94% dos entrevistados entusiasmados com a oferta. Passados dois anos, a Philips cumpriu a promessa, desenvolvendo tecnologias inovadoras que permitiam televisores com melhor proporção de tela, maior resolução e imagem mais brilhante.

Entretanto, a HDTV não ganharia tração até que câmeras de alta definição (tecnologia), novos padrões de transmissão (regras e regulamentos) e processos atualizados de produção e pós-produção (procedimentos) também estivessem disponíveis comercialmente e fossem realmente utilizados para produzir e transmitir conteúdo. Até que todo o ecossistema estivesse pronto, a revolução tecnológica prometida pela HDTV estava destinada a ser adiada, por maior que fosse seu potencial para uma melhor experiência de visualização.

A percepção da Philips quanto às preferências do cliente estava correta. Mas estar no lugar certo (consoles de HDTV) na hora errada (20 anos antes de o resto do sistema finalmente surgir) resultou em uma perda de US$2,5 bilhões que quase levou a empresa à falência. Pior ainda, quando a HDTV por fim chegou, o mundo mudou para os padrões digitais, fazendo com que a maioria das inovações da Philips se tornasse obsoleta ou sem patente. A confiança em vencer a corrida frente a frente com a velha tecnologia de televisão havia convencido os executivos da Philips a apostar tudo. Mas, claramente, eles estavam em uma corrida diferente.

As mudanças no ecossistema necessárias para habilitar a HDTV não eram segredo. Se os executivos da Philips foram brilhantes o bastante para desenvolver sua tecnologia central, podemos estar certos de que eram inteligentes também para saber sobre os desafios emergenciais. No entanto, a julgar por suas ações, também podemos ter certeza de que não levaram esses desafios tão a sério quanto deveriam. Adotar uma abordagem explícita e estruturada de seu ecossistema teria sido útil para eliminar os pontos cegos que ocultavam tais *coisas conhecíveis* — os fatores que são passíveis de serem vistos, mas cujo impacto e relevância são negligenciados até depois da situação concreta.

Então, como se pode fazer melhor?

Neste capítulo, desenvolveremos uma estrutura que possibilita compreender o momento certo da ruptura do ecossistema e, em seguida, consideraremos os tipos de ações que fazem sentido em diferentes cenários identificados na estrutura. Isso nos ajudará a prever melhor o momento correto das transições e criar estratégias mais coerentes para priorizar ameaças e oportunidades, em resumo, tomar decisões mais sábias sobre quando e onde alocar recursos.

Qual Corrida Você Está Correndo?

Na maior parte das corridas de inovação, o foco inicial é, predominantemente, a tecnologia. Como veremos, entretanto, obter uma solução para restrições tecnológicas constitui-se apenas em uma das peças de um quebra-cabeça maior, que é a criação de valor. Por sucesso entende-se colocar as peças certas no lugar certo e na hora certa.

Há uma razão pela qual, no Capítulo 1, respaldamos nossa definição de ecossistemas na proposta de valor: evitar a armadilha de pensar apenas em termos de sua empresa ou sua tecnologia. Para entender o momento certo da ruptura, devem ser consideradas as forças impeditivas da capacidade de quem ataca de se adiantar e, rapidamente, entregar a nova proposta de valor; os fatores que estendem a liderança de quem está se defendendo e realçam a antiga proposta de valor; e as interações entre os dois.

A saga ora em andamento do desenvolvimento de veículos autônomos (VA) exemplifica o desafio da ruptura no momento certo. O carro autônomo tem sido o sonho moderno não apenas do fundador da Tesla, Elon Musk, mas também de todos os outros integrantes da indústria automotiva — empresas estabelecidas como General Motors, Ford e Volkswagen; startups como Cruise e

Argo AI (nas quais os participantes tradicionais investiram bilhões), bem como atores novos, como Google/Waymo, Apple, Intel, Uber, Tencent e Baidu.

Os VAs atraíram tanta atenção porque derrubaram não só as tecnologias de controle veicular, mas também a proposta de valor fundamental que impulsionou a indústria automotiva por um século. Eles mudam a meta final de "Aproveite a estrada enquanto dirige" para "Esqueça a estrada enquanto você é transportado". Isso claramente não é uma ruptura dentro da caixa.

Há previsões de que os VAs podem significar uma indústria de US$7 trilhões até 2050. Mas para as empresas de hoje, a questão está no que fazer nesse meio tempo. Com apostas tão altas, como se deve pensar sobre a ruptura no momento certo? Examinaremos diferentes facetas do caso VA em variados pontos do capítulo, enquanto consideramos como responder a esse tipo de pergunta crítica. Como sempre, embora a discussão tenha por base uma configuração específica, o valor estará na aplicação em seu próprio contexto.

Na primeira década de esforços em VAs, as questões tecnológicas foram dominantes: qual combinação de câmeras, sonar, radar e sensores a laser permitirá aos carros "ver" a estrada; qual a melhor proporção de computação e processamento de dados a bordo do veículo e na nuvem; e quais métodos de aprendizado de máquina são melhores para converter dados brutos em informações úteis. O foco na definição do design tecnológico dominante do carro autônomo faz sentido, pois o sucesso depende de uma nova solução de tecnologia melhor que a antiga. Na avaliação dessa probabilidade, investidores e executivos tendem a se aprofundar nos detalhes da nova tecnologia: quanto desenvolvimento adicional será necessário para atingir a superioridade de desempenho? Como é a economia da produção? O preço será competitivo?

A Figura 4.1 mostra a abordagem canônica, comparando as trajetórias de desempenho das alternativas de tecnologia ao longo do tempo e buscando identificar o cruzamento (ponto A), no qual a nova tecnologia supera o desempenho da antiga, então, abre uma liderança bem maior para dominar o mercado.

Mesmo nessa caracterização simples, há muito a ser considerado: o ponto de partida da nova tecnologia, que caracteriza o *deficit* de desempenho relativo que o entrante precisa superar (a interseção x/y para os que têm uma mente geométrica); as taxas relativas de melhoria entre as trajetórias da tecnologia antiga e nova (as vertentes); e os investimentos de esforço e recursos necessários para subir ao longo das trajetórias.

O foco na tecnologia ajuda a resolver os desafios da tecnologia, mas pode nos cegar para a dinâmica mais ampla da criação de valor (e destruição, como no caso da Kodak). Cada inovação se insere em um ecossistema que facilita sua criação de valor: uma nova TV precisa de eletricidade para funcionar; um novo fármaco necessita de equipamento de esterilização para sua produção; um novo livro precisa de distribuição. Podemos ignorar tais dependências quando uma inovação "se conecta" ao sistema existente sem a necessidade de ajustes — dá para usar a mesma infraestrutura elétrica, técnica de esterilização e canais de distribuição para o novo, então não há necessidade de se preocupar com coinovação, alinhamento de parceiros ou dinâmica do ecossistema. Em tais configurações, o foco nas tecnologias e em seus níveis de desempenho relativos é um bom guia. Isso é mérito da abordagem tradicional. Mas, como vimos ao longo deste livro, quando a inovação cria novas formas de valor e busca redefinir limites e arquiteturas, saímos do mundo do "ligar e usar", e um foco de tecnologia "dentro da caixa" é uma receita para a frustração e prejuízos. Assim como era necessária uma abordagem diferente para a construção de valor e arquitetura, agora precisamos de uma abordagem diferente para o momento certo.

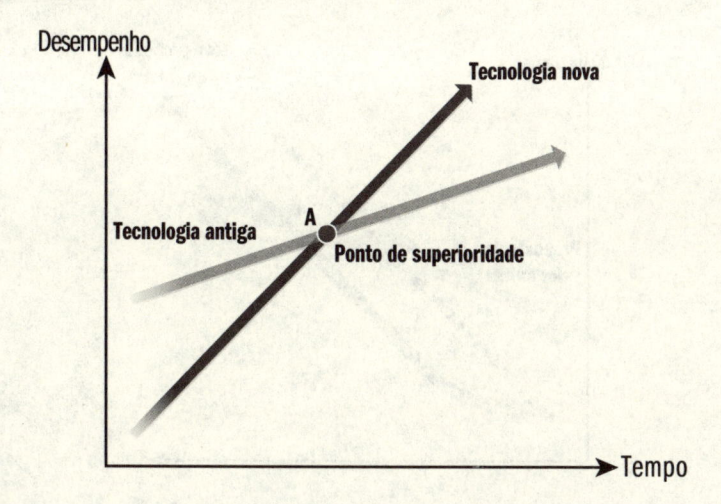

Figura 4.1
A tradicional corrida à inovação, caracterizada em termos de trajetórias de desempenho relativo das novas tecnologias contra as velhas. A ruptura do mercado ocorre no ponto A.

Ecossistema Pronto: O Desafio de Surgirem Novas Propostas de Valor

Pensar em termos de propostas de valor requer que haja um tempo para refletir sobre os problemas no nível do ecossistema em que atuamos, em vez de "somente" no nível do nosso produto, da empresa, da tecnologia ou do setor de atividade.

Dentro de um ecossistema, inovar significa reconhecer que existem *vários* elementos que precisam ser alinhados. O fato de uma dada tecnologia estar disponível não compensa os gargalos criados quando outras peças não estão prontas, ou seja, além de gerenciar sua própria execução, é necessário estar ciente dos desafios emergentes que residem em outras partes de seu ecossistema. A Figura 4.2 representa bem esse processo de pensamento. O eixo vertical deixa de ser "desempenho" para ser "criação de valor". As trajetórias relevantes, antes "tecnologias" estreitas, agora são "propostas de valor" globais. Diante dessa perspectiva, você pode ser explícito sobre a diferença entre sua capacidade de progredir ao longo de sua própria trajetória de tecnologia e o progresso da proposta de valor geral. Ainda que você esteja pronto com sua peça, os desafios emergentes em outros elementos podem ocasionar um atraso na criação de valor (a inclinação para a direita da trajetória da nova proposta de valor), resultando em um atraso no ponto de cruzamento de superioridade (ponto B).

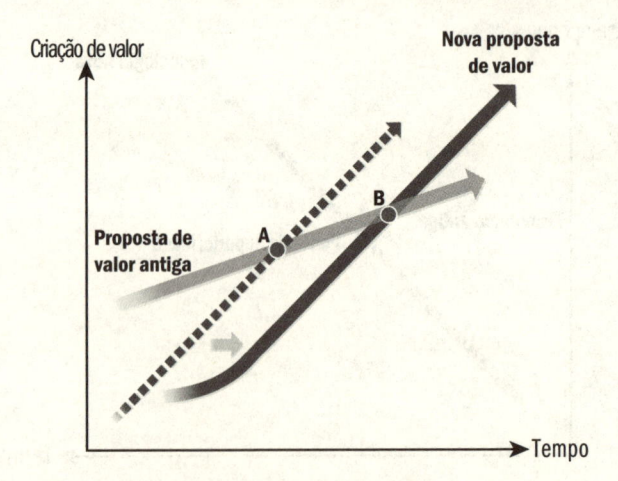

Figura 4.2
Competição entre uma nova proposta de valor sujeita aos desafios emergentes do ecossistema (linha preta sólida) e uma proposta de valor antiga (linha cinza sólida) caracterizada em termos de criação de valor relativo. O momento de ruptura do mercado em relação ao caso de tecnologia pura (linha preta pontilhada) é atrasado, passando do ponto A para o ponto B.

Pensar sobre os desafios emergentes exige considerar o conjunto mais amplo de elementos necessários para criar um ecossistema. No caso de veículos autônomos, foi dada ênfase ao desenvolvimento das tecnologias subjacentes — sensores de hardware, tecnologias de processamento e algoritmos de software. Mas espero que lembraremos e consideraremos esses milagres de engenharia como a parte fácil, e que os desafios não tecnológicos de coinovação que mantêm os VAs em primeira marcha serão menos sobre solucionar entraves tecnológicos e mais sobre a infraestrutura social e bloqueios regulatórios.

Considere as questões de seguro relacionadas a veículos autônomos. Tradicionalmente, a responsabilidade criminal por um acidente recai exclusivamente sobre os ombros do motorista que causou o acidente, e a responsabilidade civil recai sobre o proprietário, que é obrigado por lei a adquirir seguro automóvel [no Brasil, é o DPVAT — Danos Pessoais Causados por Veículos Automotores de Via Terrestre]. Porém, um carro autônomo, por definição, não tem motorista, seus algoritmos estão no controle de todas as decisões. Se você for simplesmente um passageiro em um VA envolvido em um acidente, ou o proprietário de um veículo que segue o seu próprio conjunto de instruções, de quem é a responsabilidade? Do fabricante do carro? Da empresa que criou o software interno? E como avaliar a magnitude da responsabilidade para precificar o seguro para o responsável, seja ele quem for?

Considere o dilema ético de como escolher a menos ruim das duas opções se houver uma colisão do VA. Isso tem sido discutido em termos abstratos há muito tempo, mas liberar a autonomia requer que o fabricante tome uma decisão concreta, incorpore a escolha na programação e o faça de forma a ser aceitável para a sociedade e apoiada por instituições sociais, como o sistema judiciário.

Por fim, considere a maneira consistente como os motoristas humanos infringem a lei. Dirigindo acima do limite de velocidade, estacionando em fila dupla, desviando para uma pista na contramão para contornar carros estacionados em fila dupla, bloqueando um hidrante ou uma entrada de automóveis para pegar ou deixar um passageiro — ocorrências comuns e todas uma violação clara das leis de trânsito. Os motoristas até podem definir o controle do piloto automático acima do limite de velocidade e correr o risco de uma multa, mas um fabricante de automóveis não pode programar um carro para violar explicitamente a lei. E, ainda, sem essa "flexibilidade", ser pego por um carro que circula sozinho em uma rua do centro — se a programação deve descartar estacionamento duplo — requer a criação de novas zonas de carga/descarga. Já lhe aconteceu um motorista do Uber tê-lo levado ao aeroporto dirigindo *no limite de velocidade*? Que nível de satisfação teria esse serviço? Mesmo que os defensores estejam corretos ao argumentar que em velocidades muito mais altas os VAs são muito mais seguros do que os motoristas humanos, permitir que tal valor se manifeste exigiria a criação de um limite de velocidade diferente para VAs e para todos os demais veículos na estrada.

Inovar as regras de trânsito é requisito para manifestar a proposta de valor dos VAs. É possível? Sim. É fácil de ser regulamentado? Certamente não. Resolver tais problemas é a chave para desbloquear a proposta de valor dos VAs. Se, nesse ínterim, os VAs precisam respeitar a lei hoje em vigo.,Aa massa de consumidores estará disposta a comprar um carro que não pode sair da pista lenta?

Conseguir que as partes relevantes envolvidas — fabricantes, reguladores, seguradoras, políticos, representantes da sociedade civil — apoiem uma resolução unificada para desafios não tecnológicos é uma tarefa mais aterrorizante do que resolver desafios de engenharia. Resolver tais questões é um obstáculo crítico emergente. Nada tem a ver com tecnologia, mas tudo com o sucesso.

Compreender os desafios emergentes para a nova proposta envolve a necessidade de considerar o alinhamento de forma global. Por um lado, é preciso pensar nas implicações dos requisitos de coinovação, tecnológicos ou não. O que mais precisa ser criado para apoiar a proposta de valor que almejamos? E quem o fará? Além da nova criação, temos também que considerar outra questão: quem mais precisa escolher adotar essas mudanças para que a proposta de valor realmente aconteça?[*]

Para VAs, ou qualquer nova proposta, ao procurar estabelecer uma nova arquitetura de valor, quanto mais tempo levar para que esses problemas da cadeia

---

[*] Apresentei pela primeira vez os conceitos de risco de coinovação e risco da cadeia de adoção no livro *The Wide Lens: What Successful Innovators See That Others Miss* (sem publicação no Brasil). Nele, o foco estava no fato de que compreender e gerenciar os riscos que estão além de seus próprios desafios de execução é algo fundamental para uma estratégia de sucesso para ingressar em um mercado. Aqui, o foco é em como esses fatores afetam a dinâmica competitiva.

de coinovação e adoção sejam resolvidos, mais tempo levará para substituir o participante tradicional. O tempo e o nível de desempenho necessários para a ruptura aumentam. A corrida de fundo na rua ficou mais longa.

Oportunidades de Extensão do Ecossistema para Antigas Propostas de Valor

Em contraste com a nova proposta de valor, que pode ser retida pela necessidade de alinhar seu ecossistema, a antiga proposta de valor (cujo êxito comercial demonstra que seu ecossistema já está instalado) tem condições de ser acelerada por aprimoramentos em sua arquitetura de valor que podem surgir independentemente do ator ou da tecnologia principal. Por exemplo, embora a tecnologia que embasa os códigos de barras não tenha se alterado em décadas, sua utilidade melhora a cada ano, pois a infraestrutura de TI por trás deles permite que cada vez mais informações sejam extraídas e utilizadas. A consequência disso é que, na década de 1980, os códigos de barras permitiram que os preços fossem escaneados automaticamente nas caixas registradoras; na década de 1990, a agregação de dados de código de barras de transações diárias ou semanais fornecia uma visão geral do estoque; nos anos 2000, os dados do código de barras podiam ser usados para uma gestão de estoque mais ativa e reabastecimento da cadeia de suprimentos. Com a introdução de códigos QR (códigos de barras de matriz bidimensional) em combinação com uma infraestrutura de TI aprimorada, a utilidade da tecnologia antiga central foi ampliada exponencialmente.

As melhorias na competitividade da antiga proposta de valor (a inclinação para cima na antiga trajetória da proposta de valor na Figura 4.3) empurram o ponto da superioridade da nova proposta de valor cada vez mais longe (ponto C). Essas mudanças podem estar enraizadas em aprimoramentos na própria tecnologia antiga, em melhorias no ecossistema mais amplo ou em melhorias que surgem graças a inovações desenvolvidas para viabilizar a própria proposta de valor nova e, também, beneficiar a proposta de valor antiga. No caso dos VAs, muitas das etapas da jornada tecnológica rumo a uma experiência totalmente automatizada criam "óbices" que elevam a competitividade dos veículos conduzidos por humanos. Os avanços em sensores e sistemas de controle disponibilizam recursos como monitoramento de ponto cego, avisos de saída de faixa, frenagem de emergência e piloto automático regulável. Cada uma dessas inovações aumenta o nível do que é necessário para superar a antiga proposta e, ao fazer isso, retarda o momento certo da ruptura. A corrida de fundo na rua ficou mais para uma meia maratona.

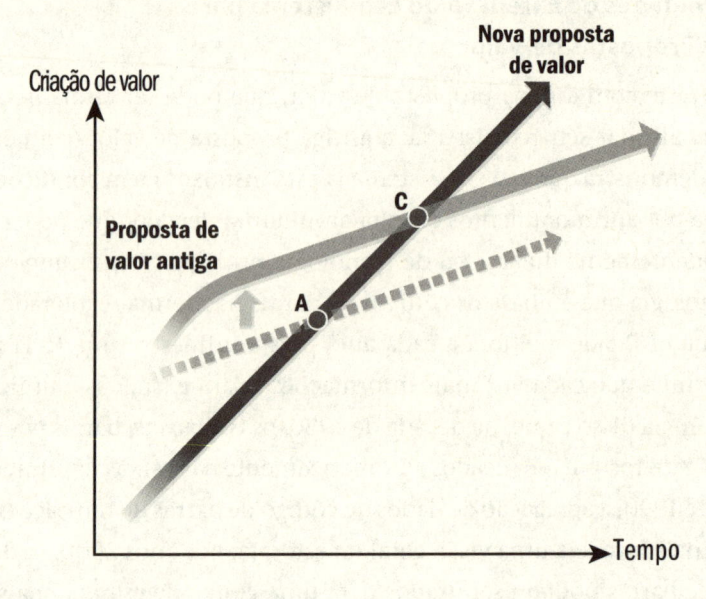

Figura 4.3
Competição entre a nova proposta de valor sem desafios emergentes (linha preta sólida) e a proposta de valor antiga se beneficiando das oportunidades de extensão (linha cinza sólida). O momento certo da ruptura do mercado em relação ao caso de oportunidade sem extensão (linha cinza pontilhada) é atrasado, passando do ponto A para o ponto C.

Início Atrasado x Alvo Móvel = Retrocesso dos Horizontes

Quando ambos os fatores estão em jogo — o aumento da nova proposição de valor obstruído por atrasos emergentes do ecossistema e a trajetória da antiga proposta de valor ampliada pelas extensões do ecossistema —, pensar em termos de criação de valor (em vez de desempenho) é ainda mais importante. Prever o momento certo da ruptura usando uma lente tecnologicamente focada levará a expectativas muitíssimo erradas. Quando nos concentramos na corrida entre tecnologias e perdemos a corrida entre os ecossistemas, nos encaixamos na observação de Bill Gates de que "as pessoas muitas vezes superestimam o que acontecerá nos próximos dois anos e subestimam o que acontecerá em dez".

Isso significa que, mesmo com 100% de confiança de que a nova proposta de valor vencerá, haverá risco: estar certo sobre o "se", mas errado sobre o "quando". Isso pode custar muito caro. E o ônus recairá naqueles que estão impulsionando a nova tecnologia e queimando recursos ao apostar muito cedo (a Philips com HDTV analógica), assim como sobre os que trabalham com a tecnologia antiga, reduzem o investimento prematuramente e desistem das posições existentes cedo demais. A atual transição da 4ª para a 5ª geração das redes sem fio (4G para 5G) criou exatamente esse tipo de tensão no setor de telecomunicações, com empresas fazendo investimentos agressivos na geração futura e correndo o risco de erodir sua posição na existente. De fato, vimos tal dinâmica acontecer na transição de 2G para 3G no início dos anos 2000.[2]

A interação entre atraso e um alvo móvel conduz o desempenho e o momento certo para novos patamares (ponto D na Figura 4.4). É assim que a meia-maratona vira uma maratona inteira em terreno acidentado; e ai dos despreparados.

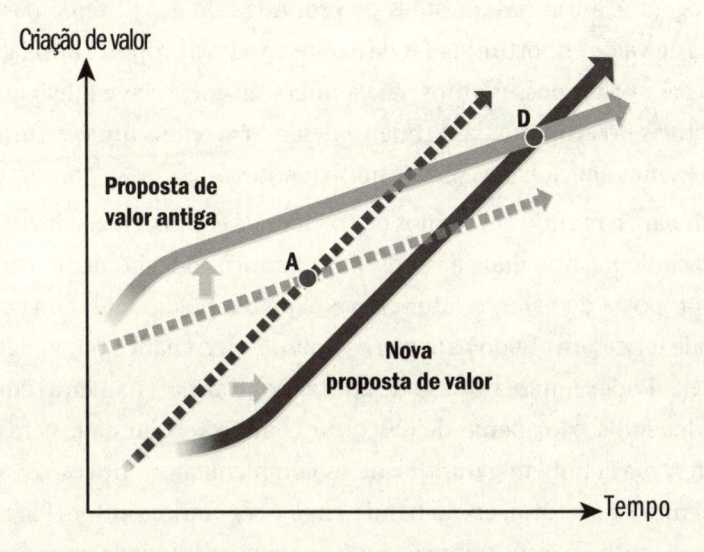

Figura 4.4
Desafios emergentes que impedem a nova proposta de valor interagem com oportunidades de extensão para a antiga proposta de valor para atrasar radicalmente o momento certo de ruptura e o nível de desempenho necessário para a ruptura, do ponto A ao ponto D.

As trajetórias de emergência e extensão de ecossistemas também podem mudar como reflexo de choques externos. Nos EUA, por exemplo, a pandemia da COVID-19 levou as seguradoras médicas a mudar o regime de reembolso para consultas online a pacientes, dando aos até então hesitantes convênios e profissionais de saúde um motivo para adotar a tecnologia e contribuir para a aceitação exponencialmente maior da nova proposta de valor. Pode-se esperar, igualmente, que o repatriamento [no caso dos EUA] da manufatura acelere a adoção da tecnologia de automação inteligente em novas fábricas. Da mesma forma, a oportunidade de extensão de antigas propostas de valor pode ser drasticamente reduzida ou expandida via mudanças na política regulatória ou nos requisitos de fabricação. Em todos os casos, a definição de estratégias para o momento certo da ruptura tem uma base sólida quando olhamos para a dinâmica mais ampla do ecossistema.

Uma Estrutura para Julgar Corridas Competitivas de Ecossistema

Tendo, agora, clareza nas questões de prontidão do ecossistema para a nova proposta de valor e oportunidades de extensão para a proposta antiga, estamos prontos para voltar nossos olhos para a interação entre elas e julgar as corridas competitivas do ecossistema. Primeiro desenvolveremos uma estrutura, e em seguida iremos aplicá-la nas seções subsequentes.

Olhar para o mundo em termos de corridas de ecossistema, em vez de corridas de tecnologia, nos ajuda a ver os fatores críticos do "momento certo". Para a nova proposta de valor, o fator-chave é quão rapidamente seu ecossistema geral pode ser desenvolvido para que os usuários percebam o potencial da nova tecnologia. Por exemplo, no caso de aplicativos e armazenamento em nuvem, o êxito dependia não apenas de descobrir como gerenciar dados em *farms* de servidores, mas também garantir que os complementos críticos tivessem um desempenho satisfatório, como banda larga e segurança online. Para a antiga proposta de valor, o importante é como sua competitividade pode ser aumentada pelo aprimoramento no ecossistema já estabelecido. No caso dos sistemas de computação de desktop (a proposta que os aplicativos em nuvem procuram substituir), as oportunidades de extensão historicamente incluíram interfaces mais rápidas e melhores componentes.

A interação entre essas forças origina os quatro cenários possíveis mostrados na Tabela 4.1: ruptura do mercado, coexistência robusta, ilusão de resiliência e status quo estendido.

Tabela 4.1
Estrutura para analisar o ritmo da ruptura do ecossistema

		Oportunidade de extensão da antiga proposta de valor	
		Baixa	Alta
Ecossistema pronto para a nova proposta de valor	Alta	**Quadrante 1: Ruptura de Mercado** *(substituição rápida)* • Drive USB 16GB vs. 8GB • Impressoras: a jato de tinta vs. matriciais • Smartphones vs. feature phones	**Quadrante 2: Coexistência Robusta** *(substituição gradual)* • SSD (ex: memória flash) vs. armazenamento magnético (ex: discos rígidos) vs. SSD • Computação: em nuvem vs. desktop (em 2020) • Chips RFID vs. código de barras em 2020
	Baixo	**Quadrante 3: Ilusão de Resiliência** *(estase seguida de rápida substituição)* • Navegadores GPS vs. mapas de papel • TV: alta definição vs. definição padrão • Arquivos MP3 vs. CDs	**Quadrante 4: Status Quo Estendido** *(substituição mais lenta)* • Headsets de realidade aumentada vs. telas planas em 2018 • Carros totalmente elétricos vs. carros a gasolina em 2012 • Chips RFID vs. código de barras em 2010

Ruptura de mercado (Quadrante 1). Quando a propensão do ecossistema para a nova proposta de valor é alta (estamos em um mundo "ligar e usar") e a oportunidade de extensão da proposta de valor antiga é baixa (temos um operador estático), a dinâmica do ecossistema não desempenha um papel, e o que importa são apenas as posições relativas da tecnologia. Pode-se esperar que a nova proposição domine o mercado em curto prazo (correspondendo ao ponto A na Figura 4.4). Não há gargalos em outras partes do ecossistema impedindo a capacidade de criar valor, e a antiga proposta de valor tem potencial limitado para melhorar em resposta à ameaça. A ausência de dinâmica do ecossistema em ambos os lados torna esse quadrante mais consistente com a competição frontal e a ruptura interna. É aqui que podemos ver a rápida disrupção que desperta a imagem popular de uma onda de "destruição criativa", ou seja, a ideia de que uma startup inovadora pode causar de uma hora para outra o fim de concorrentes estabelecidos. Embora a tecnologia antiga possa permanecer ativa em nichos por muito tempo, a maior parte do mercado a abandonará, embarcando na nova tecnologia de forma relativamente rápida.

Status quo estendido (Quadrante 4). Quando o equilíbrio for revertido, isto é, a nova proposta de valor confronta desafios emergentes substanciais que ocasionam uma baixa prontidão do ecossistema e a proposta antiga fica em um ecossistema que oferece boas oportunidades para melhorar, o ritmo da ruptura será muito lento. É de se esperar que a proposta antiga mantenha uma posição de liderança próspera por um longo período. Esse quadrante é mais consistente com tecnologias que, à primeira vista, quando anunciadas, parecem revolucionárias, mas em retrospecto são superestimadas.

A relação inicial entre códigos de barras e chips de identificação por radiofrequência (RFID) é um bom exemplo. Os chips RFID prometiam armazenar dados muito mais substanciais do que os códigos de barras jamais seriam capazes, mas sua adoção foi retardada, devido à implantação lenta de infraestrutura de TI adequada e aos padrões não uniformes da indústria. Enquanto isso, as melhorias de TI ampliaram a capacidade de utilização dos dados de código de barras, como já discutimos, relegando o RFID a aplicações de nicho, mantendo a revolução da RFID afastada por mais de uma década. Em meados da década de 2010, muitos dos desafios emergentes em torno do RFID foram superados. A dinâmica finalmente saiu do Quadrante 4, e o ritmo de substituição foi acelerado. Um pequeno consolo para aqueles que, desde o início, se comprometeram totalmente com RFID. O custo de oportunidade de esperar o resto do sistema se atualizar pode significar que estar no lugar certo com dez anos de antecedência pode custar mais caro do que perder completamente a revolução.

Além disso, quanto maior o atraso na substituição, maior o nível de desempenho necessário para a nova proposta atingir a superioridade (ponto D na Figura 4.4). A cada vez que as melhorias de TI tornam os códigos de barras mais úteis, por exemplo, o nível de qualidade para a tecnologia RFID aumenta. Assim, as expectativas de desempenho para a inovação continuam crescendo, mesmo que sua ampla adoção seja retida pelo subdesenvolvimento de seu ecossistema. Examinaremos como gerenciar essas transições nas discussões sobre a Zebra Technologies, mais adiante.

Coexistência robusta (Quadrante 2). Quando a propensão do ecossistema para a nova proposta de valor for alta e a oportunidade de extensão da proposta de valor antiga também for, a competição entre ambas será forte. A nova proposta fará incursões no mercado, mas melhorias no ecossistema existente lhe permitem defender sua participação no mercado. Haverá um período prolongado de coexistência, e embora seja improvável que as oportunidades de extensão revertam a ascensão da nova proposta, elas retardarão materialmente seu domínio.

Devemos esperar resultados disruptivos diferentes em variados segmentos de mercado. No caso dos VAs, por exemplo, comparar segmentos tão diferentes — como uma viagem em família, entregas no centro da cidade, transporte rodoviário interestadual e movimentação de material em um canteiro de obras fechado — revela uma grande variação nos requisitos de desempenho central, bem como na prontidão do ecossistema. Essa variação amplifica a importância de escolher quais clientes atingir com sua proposta de valor e quando fazer isso.

Considere o caso dos motores automotivos híbridos (gás/eletricidade) competindo com os motores tradicionais de combustão interna: ao contrário dos motores totalmente elétricos, que precisavam de novos elementos, como redes de suporte a estações de reabastecimento, os híbridos não se depararam com desafios emergentes do ecossistema. Ao mesmo tempo, os motores tradicionais a gasolina tornaram-se mais eficientes em termos de consumo e beneficiaram-se de uma melhor integração com outros elementos, como sistemas de aquecimento e resfriamento, resultando na criação de maior valor para a proposta antiga.

Um período de coexistência robusta pode ser bastante atraente do ponto de vista do consumidor. O desempenho de ambos os ecossistemas se aprimora, e quanto melhor se torna o ecossistema da antiga proposta, maior é o desempenho do ecossistema da nova tecnologia (ponto D na Figura 4.4). Observe que esse quadrante também conduz à coexistência de tecnologias concorrentes *dentro* de uma determinada empresa.

Ilusão de resiliência (Quadrante 3). Quando a propensão do ecossistema para a nova proposta de valor for baixa e a oportunidade de extensão da proposta de valor antiga também for, nada mudará muito até que os desafios emergenciais sejam superados, então a substituição será rápida. O início da ruptura aqui seguirá a descrição de Hemingway do início da falência: gradual no início e depois acontecendo de repente. Transmissões de televisão de alta definição em comparação com as tradicionais, e GPS em comparação com atlas de estradas em papel são bons exemplos: ambas as revoluções se atrasaram não em virtude de avanços no ecossistema com propostas antigas, mas por desafios emergenciais no novo.

Em cenários nesse quadrante, uma análise setorial provavelmente mostrará que a antiga proposta de valor mantém uma elevada participação de mercado, mas o crescimento estacionou. Uma vez que se espera uma rápida inversão de participação de mercado assim que a nova proposta cumpre seu potencial de criação de valor, o domínio da tecnologia antiga é frágil. Os participantes estabelecidos, por seu turno, precisam evitar a percepção equivocada de que mantêm sua posição no mercado graças aos próprios méritos. Como os editores de atlas rodoviários assinarão embaixo, essa é, provavelmente, a época da colheita e de fazer apenas melhorias incrementais, de olho no ocaso do produto.

Localizando Inovações na Estrutura

Para localizar uma inovação em determinado quadrante, comece avaliando os desafios associados à emergência do ecossistema. Em seguida, articule sua visão de como cada fator terá sua solução. Por último, faça ponderações do quanto essa resolução será desafiadora. Haja analogamente no que se refere à oportunidade de extensão. Escolher o local é claramente uma questão de julgamento, porém, procedendo assim, a lógica por trás de seu julgamento ficará clara não apenas para você, mas também para outras pessoas que talvez precisam ser envolvidas. Alguns olhariam para os veículos autônomos em 2021 e diriam que eles ainda estão presos no Quadrante 4, lembrando que as barreiras regulatórias impedem a adoção pelo mercado convencional enquanto os óbices tecnológicos continuam a melhorar o desempenho dos motoristas humanos. Outros posicionarão os VAs na cúspide do Quadrante 2, alegando que a direção autônoma em distritos geocercados está bem estabelecida e que o recurso de piloto automático da Tesla tornou a condução em rodovias uma realidade. Outros ainda podem apontar os pilotos de táxi autônomos de Waymo como prova de que estamos no Quadrante 1. Ao ser explícito sobre as diferenças na avaliação da localização de uma equipe, podemos identificar e desempacotar os diferentes pressupostos nos quais se baseiam crenças e intuições: como eles definem as propostas de valor, como imaginam ser os segmentos e as fronteiras de mercado, como escolhem medir o sucesso. Esse exercício oferece o duplo benefício de aumentar a compreensão sobre o ambiente externo (a chave para estar certo) e a compreensão sobre as perspectivas internas de sua equipe (a chave para ser eficaz).

A localização de uma proposta de valor em determinado quadrante não é algo estático. Conforme os gargalos do ecossistema forem superados e as oportunidades de extensão se esgotarem, o equilíbrio relativo de forças mudará. Portanto, embora a computação em nuvem tenha passado a década de 1990 e grande parte da década de 2000 no Quadrante 4, estava diretamente no Quadrante 2 na década de 2010 e caminhando para o Quadrante 1 na década de 2020.

Para Onde Irá o Sistema Agora?

A ruptura só acontece quando a nova proposta de valor é capaz de cumprir o que promete e superar a antiga. Isso pode acontecer em um mercado inteiro de uma só vez, mas com mais frequência se desdobra por segmento de mercado.

Ainda que a substituição completa só ocorra após o sistema chegar ao Quadrante 1, existem diferentes caminhos para chegar lá. Uma hipótese que prevê um caminho de transição do Quadrante 4 para os Quadrantes 3 e 1 é uma aposta no esgotamento da tecnologia antiga. Para um inovador, isso significaria colocar seu foco no alinhamento do ecossistema de novas tecnologias sem grandes preocupações envolvendo a mudança no nível de desempenho. Por outro lado, um caminho previsto do Quadrante 4 para os Quadrantes 2 e 1 significaria competir contra um ecossistema da tecnologia estabelecida em processo de aprimoramento. Nessa situação, o inovador precisa elevar continuamente seu desempenho enquanto, ao mesmo tempo, aperfeiçoa o ecossistema.

Sua visão sobre como uma proposta de valor fará a transição entre os quadrantes tem implicações para os investimentos que você deve fazer nesse meio tempo, bem como para os indicadores a serem monitorados para validar sua aposta. Ao ser explícito sobre suas expectativas para a dinâmica nos ecossistemas novos e antigos, você pode ser mais proativo no monitoramento das peças móveis e mais confiante em manter ou alterar seu rumo à medida que a validade de seus pressupostos for sendo revelada.

Coexistência dentro da Empresa

Ao considerar seu compromisso, é importante lembrar que uma rivalidade nova contra uma antiga não é necessariamente uma escolha entre uma ou outra. Propostas de valor concorrentes podem coexistir em um mercado e dentro de determinada empresa. Trata-se de uma oportunidade desafiadora enfrentada por empresas estabelecidas inovadoras que nutrem uma nova proposta de valor no padrão inercial que caracteriza o Quadrante 4 e precisam, em seguida, definir uma nova base de investimento conforme seu mundo transita para o Quadrante 2.

Wolters Kluwer, uma editora de quase 200 anos com uma longa história de inovação, destacou-se por sua agressividade na publicação eletrônica no alvorecer da internet comercial, investindo em serviços de informação online para sua base global de clientes composta de médicos, advogados e profissionais financeiros já em 1995. Visionário, é claro, muitas vezes se traduz como "muito cedo". É inevitável que isso coloque os líderes em uma posição difícil.

Nancy McKinstry, CEO da Wolters Kluwer desde 2003, teve que enfrentar os desafios emergentes no ecossistema externo, bem como dentro, em suas próprias organizações de clientes. "Acho que, às vezes, você pode passar por essas transformações e esperar que seus clientes estejam fazendo certas coisas, ou adotando coisas de uma forma diferente."

O que isso realmente significa é que os complementos necessários para a visão são resistência e paciência. Isso depende tanto da governança interna da empresa e da filosofia de financiamento quanto da dinâmica do ambiente externo. "A primeira onda da impressão para o digital não gerou maiores lucros e exigiu investimentos nos dois tipos de formatos", disse McKinstry. "Foi um trabalho realmente muito difícil." E em que pese a segunda onda ter sido mais bem-sucedida, uma escala que leve ao sucesso demanda tempo. A questão 'O que fazemos enquanto esperamos que o mundo chegue lá?' é composta pela pressão financeira de 'Como podemos nos dar ao luxo de continuar investindo?' Como vimos com a Philips na HDTV, o risco do pioneiro não é apenas o atraso nos retornos, mas também a diminuição da relevância dos investimentos em novas tecnologias à medida que a própria tecnologia avança.

Desde o início da transição, ficou evidente que a mudança para o digital poderia aumentar o valor oferecido pela Wolters Kluwer: acessibilidade mais fácil, maior produtividade, novos insights e, em última análise, melhores resultados. Mas McKinstry estima que levou quinze anos para sua base de clientes adotar o novo formato "de uma maneira importante". "É preciso manter esses produtos [impressos] saudáveis e, ao mesmo tempo, migrar", ela continuou. "Então você tem que ser muito claro ao pensar em sua alocação de capital, temos essas duas plataformas por um tempo [...] a segunda implicação é que você deve ter certeza de ajudar o cliente nessa jornada." O desafio não era apenas desenvolver as tecnologias e as soluções que ajudassem os advogados a pesquisar na literatura, mas também encontrar um modo de integrar essas soluções às rotinas e aos fluxos de trabalho de pessoas notoriamente conservadoras. De fato, não obstante a inconveniência de carregar volumes substanciais e exclusivos, a tradição e os hábitos da profissão jurídica exigiam muito trabalho manual. Isso leva tempo e investimento.

Visão, resistência e paciência são os ingredientes necessários para sair do Quadrante 4. Sem visão, você não deve entrar. Sem paciência e resistência, não conseguirá sair. A questão é o que fazer durante a espera. A vantagem que as empresas estabelecidas têm, e que lhes é própria, é que podem realizar o trabalho de base com os clientes. Para a Wolters Kluwer, isso significava ir fundo no entendimento dos processos de trabalho de seus clientes com a finalidade de descobrir as arquiteturas de valor que criariam o maior benefício. Esse foi um processo estratégico explicitamente definido, com iniciativas claras tomadas ao longo de quinze anos, desde a obtenção de insights do cliente, passando pelo desenvolvimento de produtos digitais aprimorados, e daí para a expansão do ecossistema, a redefinição do relacionamento com os anunciantes e a oferta de soluções especializadas. Uma estratégia de expansão em estágios paralela à transição do Quadrante 4 para o 2 produziu resultados impressionantes: o segmento digital da Wolters Kluwer cresceu de 35% da receita em 2004 para 89% em serviços digitais e relacionados em 2019, totalizando €4,1 bilhões, com as margens mais altas que o negócio de impressão já houvera alcançado.

Criação de Oportunidades de Expansão através da Coexistência A participação simultânea da antiga e da nova proposta de valor cria uma oportunidade adicional: valer-se dos desenvolvimentos na nova proposição para criar oportunidades de extensão proprietária para a antiga. A Zebra Technologies revelou pela primeira vez sua impressora de código de barras em uma feira em 1982, e passou as três décadas seguintes atendendo a uma ampla variedade de setores: bens de consumo, saúde, automotivo e muitos outros. Em 1991, a Zebra abriu o capital e, quando o final do ano chegou, havia obtido cerca de 25% do mercado de códigos de barras de US$380 milhões. A Zebra permaneceu centrada na inovação em impressoras e etiquetas térmicas de código de barras, uma vez que suas vendas cresceram enormemente, passando de US$87,4 milhões em 1993 para US$481,5 milhões em 2000.

O andar cadenciado, mas constante, da inovação e da adoção de RFID na última década ameaçou deixar para trás o código de barras convencional em inúmeras aplicações. A oferta da RFID de captura de dados mais substanciais e analisados em tempo real revolucionou a gestão de estoque, o rastreamento de ativos e o monitoramento das vendas no varejo. A Zebra optou por investir agressivamente nessa tecnologia concorrente, adquirindo a Enterprise, da Motorola, por US$3,45 bilhões em 2014. Ao fazer isso, adicionou ao seu portfólio tecnologias de comunicação de captura de dados avançadas baseadas em RFID e computação móvel. "Podemos fornecer os blocos de construção das soluções de Internet das Coisas, à medida que os clientes em todo o mundo aproveitam cada vez mais a análise de dados e a mobilidade para melhorar o desempenho dos negócios", disse o CEO da Zebra, Anders Gustafsson. Internamente, a RFID foi um acréscimo da linha de negócios, não uma substituição.

Embora permanecendo distintas, as tecnologias se somam dentro da empresa por meio dos dados que geram. O sistema de gerenciamento de dados da Zebra processa dados independentemente da fonte de tecnologia e os transforma em insights acionáveis. Mais do que uma ação protetiva em relação ao momento certo da ruptura, essa abordagem também significava que a Zebra poderia capacitar seus clientes e permitir que as tecnologias coexistissem dentro de seus *próprios* empreendimentos, possibilitando um caminhar gradual na transição do código de barras para RFID pelas partes relevantes de seus negócios. Essa abordagem abrange o meio-termo entre os Quadrantes 1 e 2; a RFID dominará alguns segmentos e coexistirá com códigos de barras e códigos QR em outros. Ao criar uma alternativa para o cenário de alto risco de uma mudança completa na infraestrutura de missão crítica, a Zebra permitiu que os clientes experimentassem e, por fim, adotassem a nova abordagem, ao mesmo tempo em que aprimorava sua posição em ambas as gerações de tecnologias.

Equipada com a tecnologia de ontem, a Zebra alavancou sua força de participante estabelecido para adquirir as inovações de captura de dados de amanhã. Ao fazer isso, subiu de patamar na cadeia de valor da informação. Ela evoluiu de um fabricante de dispositivos simples, que dava a seus clientes a capacidade de detectar dados armazenados na forma de linhas verticais, para um corretor de informações capturadas em uma série de dispositivos e um parceiro de seus clientes na capacidade de analisar e agir nos dados que eles capturam.

A maior vantagem que os participantes estabelecidos têm para inovar é sua capacidade de alavancar sua posição junto aos clientes para obter conhecimento e construir tração para suas novas propostas de valor. Os participantes estabelecidos que mantêm novas iniciativas apartadas do negócio principal prejudicam sua capacidade de alavancar a força que têm. Como vimos com a ASSA ABLOY anteriormente, Wolters Kluwere e Zebra Technologies mostram como a capacidade de aproveitar *em escala* recursos e relacionamentos de negócios legados pode representar uma grande alavancagem no suporte à nova proposta de valor e, ao mesmo tempo, como a capacidade de alavancar a nova proposta pode criar vantagens para a proposta antiga.

Comprometer-se com uma Escolha: Apreender, Esperar, Mudar ou Moldar

Colocar na mesa todas as peças necessárias para o sucesso pode tornar assustador o investimento em inovação. Entretanto, é importante ter em mente que ver a complexidade não deixa as coisas mais complicadas, apenas o faz ficar mais bem informado. Se as empresas estão empenhadas em crescer, devem incorporar a ideia de investir recursos em iniciativas que são novas e incertas. Muitas vezes, porém, como a estratégia acerca desses investimentos é, por definição, obscura, a estrutura do investimento tende a ser fragmentada, de tal modo que pode chegar ao ponto da autodestruição — converse com qualquer gerente de produção após uma difícil reunião de orçamento com colegas da área financeira.

Em vez de forçar ações incrementais, a lógica apresentada aqui tem condições de dar a confiança para o comprometimento. A clareza sobre sua própria capacidade de execução importa mais quando aliada à clareza em relação à dinâmica de seu contexto: o ecossistema da nova proposta está maduro para funcionar ou a lista de desafios emergenciais é imensa? O ecossistema da antiga proposta ainda tem potencial para melhoria ou esgotou sua execução? Uma perspectiva fundamentada sobre essas questões fomentará a resolução quando você decidir agir ou quando escolher o caminho da paciência estratégica.

Opção A — Aproveite o dia. Se todas as condições estiverem no ponto, corra para aproveitar a oportunidade de disrupção do mercado. Uma boa execução é necessária e difícil, mas também é o que basta para vencer.

Opção B — Espere com confiança. É notório que aqueles que se propõem a fazer prognósticos sobre tecnologia se dão muito mal em prever quando as coisas acontecerão. A estrutura apresentada aqui pode ser usada como um guia poderoso para prever quando as coisas *não* acontecerão, estabelecendo os indicadores críticos que precisam dar um sinal verde antes que uma ação real possa começar. Quando o número e a magnitude dos desafios emergenciais estão além de sua capacidade pessoal de resolver, e especialmente quando eles dificultam a montagem de seu ecossistema mínimo viável planejado, a realidade determina que nada acontecerá por algum tempo. Ir mais devagar para permitir que os desafios emergenciais sejam resolvidos pode ser uma atitude mais sábia do que queimar recursos e, em seguida, iniciar uma longa espera. O fracasso da HDTV analógica da Philips é um poderoso lembrete de como pode ser desgastante e infrutífero começar muito cedo.

Se você escolher esperar, o fundamental é ser claro e articulado sobre o que está esperando. Saber o que monitorar e manter a determinação resolve as coisas, ao passo que ser tomado pela síndrome do FOMO (medo patológico de perder algo; no caso aqui, de não acompanhar o ritmo da tecnologia) instiga a assunção de compromissos mal avaliados e imprudentes. A confiança na espera lhe permite prevenir-se contra meias medidas e investimentos simbólicos que de início estimulam, depois confundem e, por fim, inevitavelmente frustram e decepcionam.

Opção C — Mude seu alvo. Uma alternativa para desacelerar seu próprio progresso é mudar o alvo de sua proposta de valor. A mesma inovação, implantada em diferentes mercados, enfrenta diferentes níveis de desempenho e diferentes requisitos de ecossistema. Por exemplo, comparando com as estradas públicas, os veículos autônomos que operam em um local privado podem criar valor sem precisar dominar as manobras de alta velocidade ou exigir um ambiente regulatório abrangente e amigável. O apelo de direcionar esforços para tais mercados, que funcionam como trampolins, consiste na oportunidade de desenvolver tecnologia, posicionar-se mais favoravelmente nas curvas de aprendizado e custo, obter retorno sobre o esforço e abrir novas possibilidades. O êxito em tal mudança requer flexibilidade organizacional e uma compreensão clara de seus desafios emergenciais.[3]

Em 2007, a bióloga Linda Avey e a empreendedora Anne Wojcicki lançaram a 23andMe, uma startup cuja promessa era usar a análise de DNA para decodificar a ancestralidade de seus clientes. Seu importante diferencial em relação às outras empresas de ancestralidade era analisar as mutações genéticas específicas do cliente para revelar a predisposição para certas doenças. O relatório incluiria um "cálculo de probabilidades" que mostraria como a composição genética específica afetaria seu risco de ter câncer, doenças cardíacas, obesidade e muito mais. Apesar da declaração da empresa isentando-se de qualquer responsabilidade — "o serviço da 23andMe não é um teste ou um kit projetado para diagnosticar doenças ou condições médicas, e não se destina a ser um aconselhamento médico" —, médicos, bioeticistas e defensores da privacidade demonstraram preocupação sobre a capacidade dos clientes de contextualizar informações médicas de uma forma construtiva, em especial as ramificações emocionais no caso de as "notícias" serem ruins. Em 2013, a 23andMe reduziu o preço de seus kits de US$999 para US$99 e atendeu meio milhão de clientes.

"Se você não cuidar de si mesmo, ninguém o fará", disse a cofundadora Wojcicki. "Uma das coisas que considero um insulto na área da saúde é quantas decisões são tomadas por você que o deixam de fora." Para ela, a 23andMe coloca o poder da saúde nas mãos do consumidor por intermédio do conhecimento genético individualizado. "A genética faz parte de todo um caminho para você ter uma vida mais saudável", disse ela. "O 'big data' nos tornará mais saudáveis." A Food and Drug Administration (FDA), dos EUA, contudo, via as coisas de forma diferente. Como o kit estava sendo usado para obter um diagnóstico médico, a agência determinou que o teste era de fato um "dispositivo médico" e, por consequência, precisava ser validado por meio de testes rigorosos (onerosos e demorados) para obter aprovação regulatória.

A exigência da FDA para aprovação revelou-se um desafio emergencial inesperado para a proposta de valor-alvo da 23andMe, que reagiu mudando seus esforços comerciais para colaborar com empresas farmacêuticas ao reconsiderar sua abordagem direta ao paciente. Os fabricantes de medicamentos versados em questões regulatórias são ávidos por dados genéticos que possam ser analisados em escala para identificar prováveis alvos de medicamentos, participantes de pesquisas e até mesmo pacientes em potencial. O banco de dados genético exclusivo da 23andMe transformou-os em um parceiro excepcionalmente atraente. Em 2015, a empresa anunciou uma parceria com a Pfizer para estudar lúpus em 5 mil indivíduos. Em 2018, a gigante farmacêutica GlaxoSmithKline assumiu uma participação de US$300 milhões na 23andMe com o objetivo de desenvolver medicamentos, a princípio visando a doença de Parkinson. No ano seguinte, a 23andMe lançou o +MyFamily Program, em colaboração com a Alnylam Farmaceuticals. Esse serviço ofereceria kits gratuitos para familiares de primeiro grau de indivíduos que carregam variantes genéticas ligadas a doenças hereditárias. No início de 2020, a 23andMe licenciou um anticorpo desenvolvido para doenças inflamatórias para a empresa farmacêutica espanhola Almirall, que tem planos de submetê-lo a testes clínicos e, com sorte, chegar ao mercado.

O risco de mudar para um mercado alternativo a título de etapa provisória é que a volta para o mercado principal pode não ser fácil. Atender a um mercado diferente significa construir organizações e processos que podem não se encaixar bem no objetivo original. No entanto, o gerenciamento ativo e a seleção inteligente de alvos provisórios reduzirão esse risco. Enquanto buscava obter a parceria farmacêutica, a 23andMe permaneceu atuante em seus próprios esforços regulatórios, reentrando no mercado de testes genéticos pessoais em 2017. Forçada a alterar o rumo, a 23andMe mostra como uma mudança para um mercado-alvo diferente pode ajudá-lo não apenas a sobreviver, mas também a prosperar.

Opção D — Moldar o contexto. As empresas, é claro, não são apenas caminhantes em uma jornada ecossistêmica governada por forças externas. A modelagem estratégica e o posicionamento prévio para obter vantagens fazem sentido quando se entende os desafios emergenciais enfrentados e há uma abordagem convincente para lidar com eles. A abordagem da Tesla quanto à direção autônoma é um exemplo instrutivo. A partir de 2016, a Tesla passou a equipar todos os carros com sensores, software e subsistema de telemática para habilitar o "piloto automático" — seu pacote de opções avançadas de assistência ao motorista. Ela incluiu esses componentes e arcou com os custos envolvidos, *não importando* se o comprador optava ou não pelo pacote do piloto automático. Assim, os usuários poderiam pagar US$8 mil pelo piloto automático no momento da compra, gastar US$10 mil para desbloqueá-lo posteriormente quando o quisessem ou optar por nunca pagar e nunca acessar o recurso. Porém, independentemente de os usuários acessarem o piloto automático, a Tesla acessava o pacote do piloto automático para reunir dados de direção em todos os carros, todos os motoristas, o tempo todo. Ao conectar seus veículos sem fio, a Tesla foi capaz de coletar dados de uma frota em constante crescimento. Em 2018, ela tinha cerca de meio milhão de carros nas estradas equipados com seu hardware de piloto automático: os motoristas dos carros Tesla somaram (e forneceram dados sobre) 10 bilhões de milhas de condução, colocando a Tesla muito à frente de qualquer rival na corrida. Qualquer empresa tentando alcançar o grande número de veículos de coleta de dados que a Tesla tinha em campo enfrenta um desafio assustador. É uma aposta vencedora? Não está claro. É uma aposta sensata para uma empresa interessada em conduzir o futuro VA? Com certeza.

Fazendo Apostas Ousadas: Deseconomias de Compressão de Tempo e Meia-vida da Relevância

A estratégia ganha mais importância quando as opções levam tempo para serem criadas e as escolhas são onerosas. Ao escolher o ritmo de investimento em uma corrida do ecossistema, é útil considerar duas ideias complementares.

A primeira, *deseconomias de compressão de tempo*, avalia até que ponto um curso de ação se torna mais caro (menos eficiente) conforme se torna mais apressado.[4] Fomentar reputação é um exemplo clássico: quanto menos tempo você tiver para fomentar reputação, mais difícil será dar a parceiros e clientes o mesmo nível de confiança em suas ações. Quanto maior a extensão em que um recurso está sujeito a deseconomias de compressão de tempo, maior a razão para antecipar o investimento. As deseconomias de compressão de tempo são especialmente prevalentes no contexto de atividades e parcerias não tecnológicas, nas quais construir relacionamentos e confiança mútua é a pedra angular para permitir o alinhamento.

O inverso disso é a *meia-vida da relevância* — o ritmo em que o valor de um recurso diminui após sua implantação. Por exemplo, no mercado de fábricas e casas conectadas, a mudança para a conectividade sem fio fez cair o valor da infraestrutura com fio. A paciência e o entusiasmo do parceiro também estão sujeitos a declinar se não há novos investimentos. Quando os elementos que você precisa reunir perdem sua vitalidade com o tempo, juntá-los muito cedo é uma boa maneira de destruir o valor de seu investimento.

Por essa lógica, a justificativa convincente para a Tesla arcar com o custo de incluir o piloto automático em todos os veículos é a de que a conquista tecnológica da direção autônoma não dependerá de algoritmos de direção autônoma (meia-vida curta, pois metodologias aprimoradas surgem regularmente), mas do acúmulo de dados de dirigir usados para treinar e ajustar esses algoritmos (meia-vida longa e sujeitos a deseconomias de compressão de tempo).

Quando as propostas de valor dependem de elementos sujeitos a deseconomias de compressão do tempo, semear precocemente pode ser muito vantajoso. Refletindo sobre nossa discussão no Capítulo 3, podemos considerar esses investimentos como uma preparação do terreno para o lançamento de MVEs em novos ecossistemas. O anúncio em 2019 da Tesla de um seguro de automóveis, o Tesla Insurance, anos antes que pudesse lançar o serviço idealizado, é instrutivo: "uma oferta de seguro com preços competitivos projetada para fornecer aos proprietários da Tesla taxas até 20% mais baixas, em alguns casos, até 30%. A Tesla, dadas as características exclusivas em termos de tecnologia, segurança e custos de manutenção, elimina as taxas cobradas por seguradoras tradicionais. Pelas políticas de preços que refletem a segurança ativa e os recursos avançados de assistência ao motorista da Tesla, que são padrão em todos os novos veículos da empresa, o Tesla Insurance é capaz de oferecer prêmios de seguro reduzidos para muitos proprietários elegíveis." Elon Musk, que nunca vendeu abaixo do valor, proclamou: "Será muito mais atraente que qualquer outra coisa lá fora."

Warren Buffet, o lendário investidor (e proprietário da gigantesca seguradora de automóveis Geico), em resposta ao movimento da Tesla, observou com desdém: "O sucesso das empresas automotivas entrando no negócio de seguros parece tão provável quanto o sucesso das seguradoras entrando no negócio automotivo." Tal declaração é uma crítica sensata em um mundo de ruptura dentro da caixa e diversificadores internos que simplesmente adicionam concorrência aos setores existentes. Todavia, não vislumbra as possibilidades que surgem quando podemos ver — ou provocar — mudanças nos elementos da arquitetura de valor.

Relembrando nossa discussão sobre a Kodak no Capítulo 1, seria correto dizer que os fabricantes de papel e fabricantes de LCD nunca teriam sucesso na diversificação de setores uns dos outros. Não deixa de ser verdade, mas assim como no caso da Kodak, quando a separação entre as caixas setoriais desaparece, o jogo muda profundamente. Se os dados da Tesla, coletados para melhorar os algoritmos de direção, podem ser utilizados para julgar a segurança do motorista, os elementos de *Transporte* e *Seguro* começam a convergir, assim como *Consumir* e *Produzir*, no caso da impressão digital. Visto por esse ângulo, o repúdio de Buffet parece muito arrogante: a Tesla não faz apenas um carro seguro. Valendo-se de sua capacidade de fornecer atualizações pelo ar para *toda* a sua frota, ela pode fazer com que um carro já vendido seja mais seguro. Com algoritmos e software de controle sendo objetos de aprimoramentos contínuos, é como se você comprasse um carro com cinto de segurança, acordasse dois anos depois e descobrisse que ele tinha mais airbags. Além disso, não obstante as tentativas, por anos a fio, das seguradoras de convencer seus clientes a instalar dispositivos de caixa preta em seus veículos para monitorar hábitos de direção (por exemplo, contar o número de paradas bruscas, um indicador de direção agressiva) e "recompensar" motoristas mais seguros, a Tesla tem visibilidade perfeita em todos os aspectos do comportamento de direção. Se fosse permitido — e esse é um grande se —, poderia oferecer ofertas de seguro perfeitamente adaptadas a cada um de seus motoristas de uma maneira que nenhuma seguradora de automóveis terceirizada poderia fazer. Finalmente, muito antes de seu pacote de piloto automático oferecer autonomia total, a Tesla consegue oferecer uma intervenção defensiva quase perfeita, transformando a segurança da operação de conduzir um carro em uma garantia de produto vinculada ao veículo, em vez de uma aposta atuarial distribuída por uma população. De fato, podemos ver a dinâmica da inversão de valor se desdobrando diante de nossos olhos: historicamente, a melhoria em termos da segurança proporcionada pelas montadoras em seus veículos tem sido uma boa notícia para o negócio das seguradoras; mas uma melhoria vinte vezes maior, que se aproxima da eliminação da segurança como uma preocupação, pode erodir completamente a base de criação de valor das seguradoras tradicionais.

Essa visão, entretanto, requer uma inovação substancial na questão de procedimentos e regulação no ecossistema, e é nessa frente que podemos esperar que as deseconomias de compressão do tempo se agigantem. Estar pronto com a tecnologia e o modelo de negócios não irá, por si só, acelerar a resolução de desafios emergenciais não tecnológicos. E é por isso que o movimento da Tesla em 2019 parece bem planejado, em vez de prematuro: estabelecer um pé de apoio mediante uma parceria com a tradicional seguradora State National Insurance Company Inc. dá à Tesla uma percepção do jogo de seguros e, talvez mais importante, uma base para influenciar as inovações regulatórias e de políticas que precisarão ser gerenciadas para ter passe livre para jogar o jogo. De um modo geral, há pouco espaço para os participantes tradicionais defensivos conterem o desenvolvimento tecnológico em si. Porém, quando as partes interessadas no antigo ecossistema têm algo a perder com a ascensão do novo ecossistema (seguradoras protegendo margens ou sindicatos de caminhões protegendo seus membros), elas podem agir ativamente para aumentar a carga dos desafios emergenciais não tecnológicos, postergando substancialmente o momento propício da ruptura. Esperar uma progressão natural por meio de interesses compartilhados é ingenuidade; assim, um disruptor inteligente se dá conta de que moldar o sistema e resistir às forças da inércia institucional exige os esforços de um ator na arena do mercado, não apenas a prova de conceitos rabiscada em uma lousa.

Ao implantar recursos para lançar uma oferta pré-MVE, a Tesla cria a possibilidade de moldar ativamente seus desafios emergenciais, em vez de ficar passivamente à margem, esperando que as coisas se resolvam por si mesmas. Há garantia de sucesso? Não. É provável que a Tesla venha a aumentar suas próprias chances, bem como abrirá portas para outras empresas, com um custo de exploração relativamente baixo? Com certeza. Os participantes estabelecidos devem se sentir confortáveis com suas rejeições extemporâneas? Com certeza, não.

Lutando contra as Forças do Conservadorismo

Este capítulo não deve ser lido como um apelo à timidez ou uma desculpa para a inação frente a uma mudança. Desenvolver uma compreensão mais ampla do risco do "momento certo" não aumenta a incerteza, torna-a mais bem focalizada. Na verdade, ocorre o oposto: ela aumenta nossa capacidade de tomar decisões em ambientes incertos. Use as ideias aqui expostas para moldar as conversas sobre como seguir adiante; não permita que elas fomentem a inércia e a paralisia.

Elon Musk, um CEO fundador visionário com seu próprio "campo de distorção da realidade", tem, sem dúvida, mais espaço de manobra do que a maioria dos campeões de inovação dentro das organizações padrão. Mas lembre-se de que você só precisa impor a própria vontade quando não consegue persuadir os outros a segui-lo espontaneamente. A questão aqui é que uma lógica clara e a comunicação dessa lógica podem ir longe no sentido de aumentar a convergência entre os tomadores de decisão. Retornaremos a esse tema no Capítulo 7.

Diferentes empresas enfrentam diferentes opções e restrições. No que se refere ao "momento certo", isso novamente significa que a ideia de uma resposta universalmente "correta" não é aplicável aqui. Em vez disso, o segredo é oferecer uma resposta racional e coerente. Mesmo dentro de determinada empresa, os indivíduos e as equipes têm variados pontos de vista. É precisamente se submetendo, de uma forma estruturada, a um processo de articulação de visões diferentes que as equipes podem aproveitar ao máximo seus insights coletivos. Isso é semelhante à conversa sobre sua arquitetura de valor como teoria de criação de valor: participantes diferentes terão intuições diferentes. O desafio da gestão é chegar não apenas a um acordo sobre o que fazer, mas também a um entendimento mútuo sobre a *razão* pela qual determinado curso de ação foi escolhido.

Em todas as organizações, não é nada difícil que uma inovação de sucesso seja um desejo unânime. A tensão aparece quando chega a hora de alocar os recursos necessários para perseguir o sonho. Nos debates que se seguem, muitas vezes a questão do *se* está subordinada à questão do *quando*. Mas são duas coisas distintas. Já se disse que estratégia é escolher o que não fazer. Em um mundo dinâmico, isso inclui saber quando não fazer — e quando se comprometer com confiança.

A tomada de decisão que é guiada pelo que necessita ser alinhado e quando o alinhamento pode acontecer aumentará a eficiência e a eficácia do esforço de inovação. Uma questão-chave, contudo, é sobre quem conduzirá o alinhamento necessário, ou seja, quem está mais bem posicionado para liderar o ecossistema e quem é mais bem atendido por confiar nessa liderança. É esse o foco do nosso próximo capítulo.

5
A Armadilha do *Ego* Sistema

> "Quem pensa que lidera, mas não tem seguidores, está apenas caminhando."
> — JOHN MAXWELL

Como se chama o ecossistema quando a organização sempre está na posição de ator central?

Ego sistema.

Crianças interpretam o que ocorre ao redor em função de seu próprio senso de identidade e desejo: seu mundo gira em torno de si mesmas. Um indicador de maturidade se dá quando a criança é capaz de ampliar sua visão de mundo para ver a situação da perspectiva dos outros. Há uma mudança profunda quando reconhecemos que podemos estar presentes e, ao mesmo tempo, não *necessariamente* ser centrais.

Acontece a mesma coisa no caso dos ecossistemas. Quando os líderes corporativos começam a reconhecer a importância da interdependência para sua capacidade de criar valor, a interpretação padrão é ver as interações à sua volta em termos de "seu" ecossistema, ou seja, de ver o mundo com eles próprios no centro. Nada mais natural. É assim que terminamos colocando rótulos como "ecossistema Apple", "ecossistema Google", ecossistema "insira seu nome aqui". E quanto maior e mais bem-sucedida a empresa, mais forte se torna essa tendência.

Porém, ao optar por definir o ecossistema em torno de sua própria empresa, os líderes corporativos caem na armadilha do ego sistema. Eles se prendem a uma perspectiva cujo pressuposto é o de que eles estão no comando, cegos para a possibilidade de que os parceiros de quem dependem possam ter os mesmos pensamentos (Figura 5.1).

Dentro de um ecossistema, tal como dentro de uma organização, é útil ter alguém encarregado de definir a estrutura de alinhamento, o "momento certo" dos movimentos, a orquestração dos envolvidos, as regras de engajamento. Mas se todos acreditam ser os líderes, então ninguém é o líder, e a coordenação e a eficácia são prejudicadas.

Como se deve abordar a questão da liderança em ecossistemas? Igualmente importante, como se deve pensar de forma produtiva sobre o papel crítico — muito mais comum, mas muito menos visto de um ponto de vista estratégico — dos seguidores?

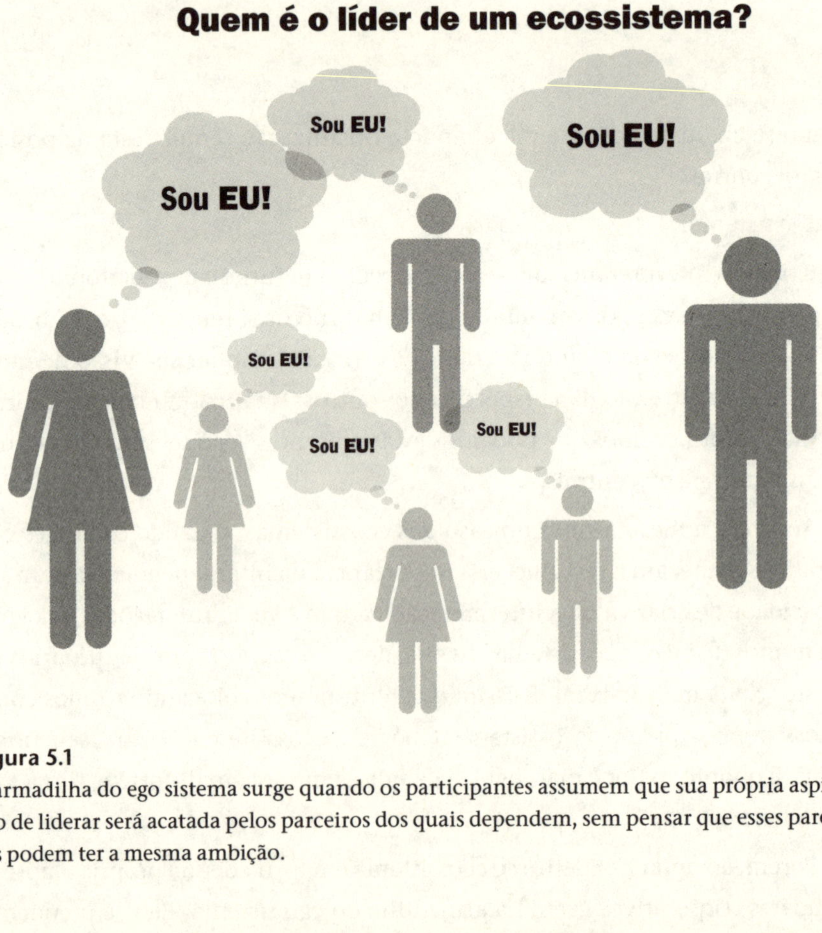

Quem é o líder de um ecossistema?

Figura 5.1
A armadilha do ego sistema surge quando os participantes assumem que sua própria aspiração de liderar será acatada pelos parceiros dos quais dependem, sem pensar que esses parceiros podem ter a mesma ambição.

"Seguidor" é uma palavra com carga pejorativa muito grande no vocabulário empresarial. É um termo associado à demora em participar de um mercado, com margem e participação de mercado mais baixas, inovação inferior, falta de ambição e uma série de outros aspectos negativos. Mas em um ecossistema, pensar dessa maneira é um erro.

Liderar em ecossistemas é diferente de liderar em setores de atividade. Nestes, a liderança é medida em relação ao seu próprio resultado competitivo — participação de mercado relativa, lucros, força da marca etc. Nos ecossistemas, a liderança não é um resultado, mas uma função. É medida em termos de sua capacidade de alinhar outras pessoas ao redor de uma arquitetura de valor que entrega a proposta de valor. Isso significa que é preciso distinguir entre *liderar um ecossistema* (função) e *participar de um ecossistema líder* (resultado). Em um ecossistema alinhado corretamente, todos os participantes — líderes e seguidores — ganham quando é cumprida a promessa da proposta de valor. Em contraste, as empresas que tentam a liderança, mas não têm sucesso na coordenação de alinhamento, perdem pura e simplesmente.

Como veremos neste capítulo no nível das empresas, e no Capítulo 6 no nível dos indivíduos, maturidade estratégica significa saber liderar os outros produtivamente e prosperar sendo parte de um ecossistema quando alguém está no comando.

O Choque de Ego Sistemas: Pagamentos por meio de Dispositivos Móveis nos Estados Unidos

Supunha-se que os aplicativos para pagamentos via celular deveriam revolucionar as transações econômicas no mundo físico. O CEO da Apple, Tim Cook, colocou essa expectativa com o lançamento do Apple Pay, em 2014: "O Apple Pay mudará para sempre a maneira como todos nós compramos." Outros concordaram: "O Apple Pay pode ser a solução que finalmente mata o cartão de crédito físico (e as carteiras, por extensão), porque é melhor em todos os sentidos."

Mas, nos EUA, o impacto geral dessa forma de pagamento nas transações econômicas é marginal. Isso *não* se dá porque sua proposta de valor é vista como pouco atraente, conforme evidencia a popularidade do aplicativo de pagamento móvel próprio da Starbucks. Nem é por falta de esforço: desde 2011, gigantes da tecnologia como Google e Cisco, varejistas dominantes, líderes em telecomunicações e numerosos outros apostaram fortemente em liderar os esforços para substituir os cartões de crédito físicos por pagamentos por aproximação de celulares.

A visão do pagamento móvel foi concretizada em alguns mercados, principalmente na China, onde WeChat Pay e Alipay de fato transformaram as transações com fechamento de câmbio. Exploraremos isso mais tarde neste capítulo. Porém, nos EUA, a revolução foi uma decepção. Só em 2019, o Apple Pay superou o aplicativo da Starbucks e ganhou o primeiro lugar em transações de pagamento móvel nos EUA. Isso é um fracasso: mal e mal bater um café, não é mesmo grande coisa.

Iremos mais fundo no caso do Apple Pay, mas uma história semelhante, de falha semelhante, poderia ser contada sobre o Google Wallet e outros concorrentes. Por que nenhum dos grandes jogadores foi capaz de liderar um ecossistema de pagamento móvel bem-sucedido? A resposta: todos estavam tão decididos a liderar eles mesmos que acabaram caindo na armadilha do ego sistema.

A utilização do método de pagamento via dispositivos móveis nos Estados Unidos aumentou durante a crise da COVID-19. Mas foi a pandemia global, não a Apple ou o Google, a responsável pela adoção. No entanto, mesmo com esse impulso inusual, o valor monetário das transações permaneceu muito abaixo dos cartões de crédito e bem longe de cumprir a promessa de "mudar para sempre a maneira como compramos coisas". Os pagamentos móveis podem, em algum momento no futuro, vir a dominar as transações nos Estados Unidos. Quando isso acontecer, duas coisas serão necessariamente verdadeiras: primeiro, o alinhamento entre os atores finalmente terá sido alcançado; e segundo, o êxito terá sido obtido com incrível ineficiência, muito mais tarde do que o necessário, e tendo por muito tempo ficado aquém das expectativas originais.

A questão essencial aqui é que, se isso aconteceu com a Apple, a empresa mais lucrativa da história, a fabricante dominante de smartphones, um gigante do ecossistema no auge de seu poder, nenhuma empresa deve se iludir supondo que sua liderança em um ecossistema se traduzirá automaticamente em liderança em outro.

Liderança Verdadeira Requer a Anuência dos Seguidores

O sucesso no ecossistema de pagamento móvel dos EUA depende da colaboração entre quatro tipos críticos de participantes: empresas de smartphones, bancos, varejistas e operadoras de telefonia móvel (trata-se de uma simplificação drástica, mas nos permitirá explorar esse rico contexto sem ficarmos enredados nos detalhes técnicos, legais e regulatórios).

A Apple, com sua liderança indiscutível no ecossistema do iPhone, bilhões de usuários e controle direto de sua App Store, enxergava os pagamentos móveis como uma extensão importante do ecossistema dela. Do ponto de vista da Apple, os outros três atores já eram seguidores felizes: bancos e varejistas estavam voluntariamente submetendo seus aplicativos à inspeção e à aprovação requeridas para distribuição através da App Store; e as operadoras de telefonia móvel estavam ainda mais alinhadas no papel de varejistas e provedores de serviços para o iPhone. Assim, uma vez que todas as partes perceberam o valor de mudar para os pagamentos móveis, era fácil pressupor que a adesão seria algo certo. Afinal de contas, a palavra-chave em pagamentos móveis era *móvel*, que só poderia existir por causa dos aparelhos celulares. E caso você ainda estivesse indeciso sobre quem deveria liderar o ecossistema, a marca era um lembrete útil: *Apple* Pay.

As operadoras de telefonia móvel, no entanto, viram as coisas de outra maneira. Para elas, a palavra-chave também era móvel, e esse campo era seu domínio. Afinal, vinham lutando pela interação móvel há mais tempo do que qualquer um. Já em 2010, AT&T, Verizon e T-Mobile anunciaram seus próprios esforços para facilitar pagamentos usando telefones celulares, quem sabe até conseguir a inclusão de Visa, MasterCard e American Express no consórcio com a esperança de ganhar musculatura no mercado. "O lançamento nacional da Isis Mobile Wallet é um marco para consumidores, comerciantes e bancos", disse o CEO da Isis, Michael Abbott, na época: "É o início de uma forma mais inteligente de pagar." Coletivamente, as operadoras de telefonia móvel investiram centenas de milhões de dólares em sua iniciativa Isis (rebatizada como Softcard em 2014, porque o nome original foi associado a uma organização terrorista).

Os varejistas, por sua vez, tinham suas próprias ideias. Para eles, os pagamentos móveis representavam uma oportunidade de redefinir os termos da transação, os quais exigiam o pagamento de taxas que reputavam injustamente altas em todas as transações com cartão de crédito. Além disso, vincular pagamentos a smartphones apresentava oportunidades tentadoras de coletar dados sobre preferências e hábitos do consumidor, utilizáveis para aprimorar promoções, elaborar programas de fidelidade mais avançados e melhorar a gestão de estoques. Com tais objetivos em mente, os maiores varejistas dos EUA (Walmart, Target, CVS, Rite Aid, Best Buy e uma infinidade de outros) se uniram em 2011 para formar a Merchant Customer Exchange (MCX). Os membros da MCX somavam mais de 110 mil lojas varejistas e processavam mais de US$1 trilhão em pagamentos anualmente. Seu sistema de pagamento móvel proposto, apelidado de CurrentC, vinculado diretamente às contas bancárias dos usuários, eliminava cartões de crédito e suas taxas de processamento cobradas dos comerciantes.

Em 2014, quando o Apple Pay foi lançado, a MCX estava há três anos em ativa preparação, e o CurrentC ainda estava preso no beta pré-comercial. Esse desempenho decepcionante bastaria para transformar os varejistas em seguidores felizes no ecossistema Apple Pay? Pouco provável. Os varejistas se contentavam em seguir as regras da Apple na App Store, mas gerenciar pagamentos era algo completamente distinto. Quais seriam os traços fisionômicos de não seguidores? O Walmart mostrou sua faceta diplomática após o lançamento do Apple Pay:

> Há certamente muitas tecnologias atraentes sendo desenvolvidas, o que é ótimo para o setor móvel comercial como um todo. Em última análise, o que importa é que os consumidores têm uma opção de pagamento que é amplamente aceita, segura e desenvolvida tendo seus melhores interesses em mente [...] *Os membros da MCX acreditam que os comerciantes estão na melhor posição para fornecer uma solução móvel devido à profundidade de insights sobre as compras e as experiências de compra de seus clientes.* [ênfase adicionada]

Menos diplomático: a MCX aprovou uma regra que vetava aos membros o uso de outros sistemas de pagamento por celular até que seu próprio aplicativo estivesse pronto. A rede de drogarias Rite Aid, uma gigante do ramo, até enviou um memorando aos gerentes das lojas com orientações claras sobre como explicar a não participação:

> Se os clientes tentarem utilizar o Apple Pay para pagar por uma transação, uma mensagem [no registro de pagamento] solicitará ao cliente e ao caixa uma forma de pagamento diferente. Instrua os caixas a se desculparem com o cliente e explique que não aceitamos Apple Pay no momento, mas teremos nossa própria carteira móvel no próximo ano.

O que importava não era se CurrentC ou Isis/Softcard eram tecnologias melhores ou propostas melhores para os consumidores. Elas não eram, e ambas seriam descontinuadas dentro de alguns anos. O que importa é que muitos dos parceiros essenciais dos quais a Apple Pay dependia se viam como tudo, menos seguidores nesse novo ecossistema.

A presunção de liderança cria a ilusão de seguidores. E com seguidores como esses, quem precisa de inimigos?

Os bancos foram a única parte para a qual a Apple implantou uma estratégia magistral para impulsionar o alinhamento. Parte do design do Apple Pay era uma exigência de que os consumidores tinham que escolher um cartão padrão — o "top card" — para todas as transações do Apple Pay. O lance era óbvio: um banco que não se dispusesse imediatamente a dar suporte ao Apple Pay perderia a oportunidade de ser o cartão do cliente e, como consequência, abriria mão das taxas associadas a esses pagamentos. Os bancos entraram em ação, e, em fevereiro de 2015, mais de 2 mil bancos estavam participando. Infelizmente, como já sabemos, alinhar com sucesso apenas um ator não protege um ecossistema.

A anuência a uma liderança não pode ser presumida, e o abandono de uma tentativa de liderança por um participante não se confunde, necessariamente, com uma aceitação dos pretendidos seguidores. Essa falta de seguidores foi exatamente o fator que minou a capacidade da Apple de liderar um ecossistema de pagamento móvel de sucesso nos Estados Unidos. No entanto, de um ponto de vista mais amplo, foi a incapacidade dos atores de encontrar uma estrutura de alinhamento viável que impediu qualquer um de colher os verdadeiros benefícios dos pagamentos móveis. Um ecossistema desalinhado não pode entregar sua proposta de valor. *Todos perdem.*

O que podemos fazer melhor?

Manter o Alinhamento *versus* Restabelecer o Alinhamento na Busca por Crescimento

O importante em um ecossistema não é apenas o que você quer fazer com os outros, mas o que os outros estão dispostos a fazer com você.

Particularmente entre os atores críticos que formam o seu MVE, os parceiros podem apoiar a proposta que você está apresentando, porém, eles podem ter uma visão muito diferente sobre como ela deve acontecer e quem deve estar no comando, especialmente ao longo do tempo. Lembre-se de nossa definição de ecossistema do Capítulo 1:

> *Ecossistema é definido pela estrutura por meio da qual os parceiros interagem para entregar uma proposta de valor ao consumidor final.*

Há uma boa razão para definir o ecossistema em torno da estrutura — as funções, as posições e os fluxos entre os parceiros que criam a proposta de valor —, e não em torno de certa empresa. Observando dessa perspectiva, não existe um ecossistema da Apple. O que há é uma multiplicidade de ecossistemas dos quais a Apple participa, e eles são distinguíveis segundo a estrutura na qual os parceiros estão alinhados (ou não) para entregar a proposta de valor.

Quando em uma iniciativa de crescimento preserva-se a estrutura, ou seja, quando os parceiros continuam satisfeitos com seus papéis e posições relativas, a expansão é uma ampliação do ecossistema atual. Porém, se uma nova proposta de valor provoca uma nova tensão e conflito, questionando se a estrutura atual deve ser mantida em busca da nova oportunidade, a ampliação desafia a estrutura existente. Isso aponta para a necessidade de reavaliar os papéis do líder/seguidor e, potencialmente, a necessidade de desenvolver um novo ecossistema.

A caminhada da Apple, passando do iPhone ao iPad e daí ao Apple Watch, é uma ilustração perfeita da expansão *dentro* de um ecossistema. Os relacionamentos com desenvolvedores de aplicativos, distribuidores e operadoras de telefonia móvel existentes dentro do ecossistema de smartphones foram sustentados, pois os parceiros estavam dispostos a continuar a aceitar a liderança da Apple conforme a proposta de valor se ampliava quanto a forma e casos de uso.[1]

Cabe aqui uma comparação com a expansão *entre* ecossistemas, observada no caso dos pagamentos móveis, e que da mesma forma caracteriza outras iniciativas da Apple até agora em saúde, educação, casa inteligente, televisão, vídeo e mobilidade automotiva. Pode-se vê-los como ecossistemas distintos porque exigem um alinhamento diferente de parceiros para viabilizar a entrega das propostas de valor prometidas. Embora a Apple possa participar de cada um, e ainda que tal participação esteja apoiada nos mesmos elementos compartilhados (iPhone, iOS, App Store), seu papel e sua posição na coalizão de parceiros essenciais são diferentes em cada um desses ecossistemas. E, de fato, os esforços monolíticos da Apple para liderar em todos esses espaços foram ações voltadas ao estabelecimento de metas ambiciosas — a saúde seria a "maior contribuição da Apple para a humanidade"; o HomePod "reinventaria o áudio doméstico"; e sua plataforma de educação em sala de aula "amplificaria o aprendizado e a criatividade de uma forma que somente a Apple pode"—, ações essas seguidas por resultados decepcionantes.

Na ocasião em que este livro foi escrito, a Apple era uma empresa incrivelmente bem-sucedida. Todavia, conforme repetidamente se esforça e falha em suas iniciativas ecossistêmicas, surge a pergunta: quanto *mais* sucesso a empresa poderia obter se ajustasse a maneira como joga o jogo?

Tivesse ela se dado conta da importância de arregimentar seguidores desde o início de seu interesse no pagamento móvel, poderia ter determinado um conjunto diferente de etapas. Houve um alinhamento brilhante de bancos com sua estratégia de "top card". No entanto, não houve proposta semelhante criada para os comerciantes. O Apple Pay foi lançado junto com o iPhone 6 — o primeiro iPhone a incorporar a tecnologia NFC (que permitia ao telefone "falar" com os terminais de pagamento dos comerciantes, algo essencial para o Apple Pay). Mas isso significava que, no lançamento, a base instalada da Apple era irrelevante para os comerciantes, pois não eram os 72 milhões de usuários do iPhone nos Estados Unidos que viriam a utilizar o novo recurso, apenas aqueles que comprariam um novo iPhone, um modelo de ponta nessa questão. Será que a incorporação da tecnologia NFC em modelos anteriores (e a absorção do custo da maneira como vimos a Tesla fazer nos VAs no Capítulo 4) não ajudaria a alinhar melhor os comerciantes? Haveria uma maneira de priorizar o desejo desesperado dos comerciantes por dados ou reduzir as taxas cobradas nas transações?

Uma apreciação mais clara de que a liderança do ecossistema precisaria ser estabelecida mais uma vez para apoiar a proposta de pagamentos móveis pode ter levado a Apple por um caminho diferente, tal como aquele que vimos a Amazon tomar com a Alexa no Capítulo 3. Esse foi, de fato, o caminho que levou a Apple da música para os telefones. À luz da discussão atual, podemos ver que a pergunta "Qual é o seu MVE?" é a resposta para "Qual é a sua base para a liderança?"

Não há nada aqui que possa sugerir que a adoção generalizada de pagamentos móveis não acontecerá nos EUA ou que a Apple não vá, por fim, liderar tal ecossistema. O que se percebe com nitidez é que a liderança não é automática e a presunção de liderança pode minar a capacidade de obter seguidores.

A liderança não tem que ser uma função individual. Não deixa de ser curioso que às vezes faz sentido, mesmo para concorrentes agressivos, deixar de lado a rivalidade para coordenar a estrutura de alinhamento. A Apple poderia ter tentado encontrar um denominador comum com a Google para legitimar os fabricantes de plataformas operacionais para smartphones — no plural — como os líderes do ecossistema. Causa espécie, tendo em vista que teles e varejistas encontraram uma causa comum e se uniram em seus respectivos consórcios, a opção da Apple e do Google (que se mantém até hoje) de seguir sozinhas. É irônico pensar que, no contexto da proposta de pagamentos móveis e da estrutura de alinhamento necessária para impulsioná-la, os interesses desses rivais estão mais alinhados entre si do que com quaisquer outras partes no jogo.[2]

O Teste Decisivo da Liderança do Ecossistema

Quando as propostas de valor se expandem, estruturas e funções de alinhamento devem ser reavaliadas. É importante que haja um processo explícito para determinar: 1) se a expansão está se dando dentro dos limites do ecossistema existente, e nesse caso a expectativa é a de que sua função atual continue; ou 2) se a expansão está cruzando fronteiras para um novo ecossistema, e nesse caso a expectativa é a de que as funções sejam novamente contestadas e negociadas. O êxito é viável em qualquer cenário, mas será preciso implantar estratégias diferentes em cada uma.

Seja como for, e independentemente de você ser o líder ou um seguidor no ecossistema atual, a questão que se coloca em primeiro lugar é a clareza sobre a base para a liderança atual. Cada ator em um ecossistema tem alguma reivindicação de legitimidade para sua participação, a qual reside em sua contribuição para a criação de valor. Um líder de ecossistema, entretanto, precisa fazer mais do que apenas contribuir: precisa dar aos outros parceiros uma razão para escolherem seguir, em vez de lutar pela liderança.

As respostas a duas perguntas-teste decisivas orientam quanto a saber se a expansão ocorrerá dentro ou entre ecossistemas:

1. *À medida que você expande a proposta de valor, seus novos parceiros acharão que sua reivindicação de liderança é ao menos tão convincente quanto seus atuais parceiros acham que é?*

    Uma reivindicação de legitimidade não é universal, deve ser testada em diferentes tipos de parceiros e em cada novo contexto. Se o tipo de parceiro ou o contexto muda, há uma chance de que a reivindicação seja posta em dúvida.

2. *À medida que você expande sua proposta de valor, seus atuais parceiros continuarão a aceitar a função que estão exercendo?*

    Quando o contexto muda, também mudam as razões que justificam a participação dos parceiros. A adesão em um domínio pode ser mais fácil de aceitar do que em outro.

Um "sim" em alto e bom som para as perguntas 1 e 2 é um indicador importante de que você está expandindo de uma forma que sustenta sua estrutura de alinhamento atual. A continuidade da liderança pode ser esperada. Por exemplo, a liderança da Apple alegava que aquilo que a empresa havia estabelecido com o iPhone — seu controle do sistema operacional e hardware — dava-lhe a legitimidade necessária para ditar os termos aos desenvolvedores de aplicativos e outros participantes, não apenas para a proposta de valor baseada no telefone, mas também para tablets e wearables. Ambas as perguntas foram respondidas com um "sim" definitivo, permitindo a expansão suave que testemunhamos.

Um "não" a qualquer uma das perguntas é sinal de que as funções serão contestadas e a liderança precisará ser reivindicada, em vez de assumida. Observe que, uma vez que "sim" e "não" variam de parceiro para parceiro, essas perguntas podem indicar, simultaneamente, sua escolha de função *e* seus parceiros de escolha.

As perguntas 1 e 2 testam a anuência dos seguidores. No caso de novos parceiros (Pergunta 1), a necessidade é se precaver contra o excesso de confiança baseado em um entusiasmo compartilhado em torno da proposta de valor. Nesse ponto, o principal obstáculo raramente é o mérito da iniciativa, mas a discussão fundamental sobre quem se ajustará a quem. Quem determinará o ritmo, a direção, as regras? Quando todos os envolvidos respondem com um "sou eu", o resultado é a ausência de progresso que caracterizou as disputas sobre pagamentos móveis nos Estados Unidos.

No caso de parceiros existentes (Pergunta 2), a confiança excessiva vinculada ao entusiasmo é agravada ainda mais pelas expectativas oriundas do hábito. É esse o elemento crucial do desafio do ego sistema em pagamentos móveis. Embora fossem seguidores voluntários no contexto de aplicativos que lhes permitiam melhor conexão com seus clientes, varejistas e bancos não estavam dispostos a ceder voluntariamente a liderança quando a proposta de valor mudou de conveniência conectada para operações financeiras.

Não há líder que não aprecie pensar que seus seguidores estão contentes. E, no entanto, até seguidores felizes podem imaginar, sem nenhuma dificuldade, um mundo alternativo no qual são eles que estão investidos das responsabilidades da liderança. Sucumbir à ilusão de um direito "natural" de liderar é ainda mais provável com os parceiros existentes do que com os novos, portanto, é ainda mais importante se proteger contra essa tendência.

O que isso significa para você?

Um Caminho Diferente para o Sucesso: Pagamentos Móveis na China

Em contraste com o ocorrido nos EUA, os pagamentos móveis foram transformadores na China. A comparação é instrutiva porque a diferença não está apenas no contexto, mas também na estratégia de liderança. Nos EUA, o contexto do antigo ecossistema de tecnologia, estabelecido via pagamentos com cartão de crédito, já estava difundido. Ele proporcionava altos níveis de conveniência, tanto para consumidores quanto para comerciantes, e apresentava um conjunto robusto de novas oportunidades de extensão (no espírito das análises em nosso Capítulo 4). Uma diferença relevante é que os cartões de crédito ainda não tinham se enraizado fortemente na China, cujo ecossistema de transações com base em dinheiro vivo operava com deficiência (pouca conveniência e segurança) e não oferecia nenhuma oportunidade de extensão para aprimorar as inovações. Dado que o cenário chinês era essencialmente um espaço em branco, não havia o problema de parceiros contestando a continuidade em seu papel anterior (ou seja, a resposta à pergunta-teste 2 foi um "sim", por padrão); estabelecer a liderança dependia inteiramente de criar uma nova estrutura de alinhamento (gerando o "sim" para a pergunta-teste 1).

Em decorrência dessa situação, a abordagem para alinhar parceiros que nunca haviam participado antes do ecossistema foi crucial. Podemos ver que a resposta à pergunta-teste 1 depende de quem está perguntando. Na China, a proposta de pagamento móvel não foi liderada por fabricantes de celulares nem por varejistas tradicionais. Lá, foi o Alibaba (líder estabelecido em comércio eletrônico) e a Tencent (líder estabelecido em mensagens) que lideraram o caminho em suas próprias jornadas paralelas de construção de ecossistemas. O sucesso que tiveram em pagamentos móveis foi impulsionado pela transposição do ecossistema e pela expansão em estágios. Para o Alibaba, os clientes que buscavam alternativas para pagamento das entregas em dinheiro levaram ao Alipay, uma carteira digital financiada com dinheiro depositado em uma conta separada que possibilitou uma forma confiável de pagar as compras. Para a Tencent, era um método ponto a ponto para transferir dinheiro entre usuários de seu sistema de mensagens WeChat Pay. A expansão em estágios significava viabilizar o acesso a um número crescente de comerciantes e serviços online de terceiros e, em última instância, a entrada no mundo do comércio físico usando códigos QR gerados por aplicativos que podiam ser lidos com a câmera do smartphone da contraparte, sem exigir um investimento substancial do comerciante.

Seguindo rigorosamente as linhas que discutimos no Capítulo 3, vemos que esses dois gigantes chineses estabeleceram sua liderança em pagamentos móveis alavancando suas respectivas posições iniciais no ecossistema de modo a criar uma base a partir da qual foram construindo em estágios. Essa é uma maneira muito mais produtiva de alcançar a liderança com uma resposta "sim" à pergunta-teste 1 do que pedir a todos para se juntarem de uma vez só como seguidores em um ecossistema ainda não estabelecido. Na realidade, para Alibaba e Tencent, o comércio móvel não era um ponto final, mas um passo em uma jornada ainda maior para um conjunto mais amplo de serviços.

Para estar confiante em sua liderança contínua à medida que você muda para um novo espaço, é preciso estar confiante de que as respostas às perguntas-teste sejam "sim".

Mas, e se não for?

A Hierarquia dos Vencedores do Ecossistema

Escolhas são moldadas pelas alternativas presentes. Se assumimos ter a função de liderança do ecossistema — a armadilha do ego sistema —, empobrecemos nosso leque de alternativas ao excluir a consideração de seguidor. Para aqueles que cresceram no contexto de setores de atividade tradicionais, sempre faz sentido tentar ser o líder: o orgulho e o lucro são grandes quando se é o líder de um setor econômico. Na hierarquia social, líder e seguidor são vistos, respectivamente, como o vencedor e aquele ao qual, embora não seja exatamente um perdedor, resta a menor fatia do bolo. Em determinado segmento, a liderança é uma meta sensata, pois mesmo se não alcançada, a organização terá se tornado melhor e mais competitiva pelo esforço. Os rivais podem variar nos detalhes de suas métricas-alvo (participação no mercado, participação nos lucros ou margem de lucro operacional), mas eles buscam o mesmo objetivo geral, e, portanto, faz sentido que todos se esforcem para liderar.

Em ecossistemas, o jogo é diferente. Líderes e seguidores do ecossistema são peças diferentes de um quebra-cabeça de criação de valor. Em um ecossistema de sucesso, não há vencedores e perdedores, apenas parceiros que vencem de maneiras distintas. Já em um ecossistema malsucedido existem apenas perdedores. Fracassar na liderança em um ecossistema é uma falha no alinhamento de parceiros — uma falha na criação de valor. Isso significa que o fracasso não vem acompanhado de um prêmio de consolação. *Não há* melhoria apenas por fazer um esforço. Há simplesmente o fracasso.

A ausência de alinhamento não impede uma colaboração, e inúmeros pilotos que tiveram sucesso e foram lançados sem clareza de função são prova disso. O que acontece é que a ausência de alinhamento impede uma colaboração *em escala*. Os pilotos podem prosperar sob a ambiguidade, mas até que as funções sejam resolvidas, é impossível alocar os recursos requeridos para o êxito em escala comercial. O pesadelo do desenvolvimento de negócios em ecossistemas não é a incapacidade de fechar negócios e começar; começa e depois não vai a lugar nenhum. São iniciativas de zumbis presas no inferno do piloto.

Por esses motivos, há nos ecossistemas uma hierarquia de vencedores diferente da que estamos acostumados a ver em ambientes mais tradicionais (Figura 5.2).

Primeiro lugar: No topo estão os líderes de ecossistemas bem-sucedidos. Sem surpresa nenhuma. Essas empresas conseguiram alinhar seus parceiros em um conjunto de posições coerentes e mutuamente satisfatórias. Seus parceiros acatam a orientação e as proteções que definem a colaboração, tanto em termos de atividades quanto de estruturas de transação, porque percebem que a adesão os deixará, como seguidores, em melhor situação. O líder faz o investimento inicial com tempo e recursos para obter esse alinhamento e, comumente, é recompensado com uma parcela desproporcional dos ganhos gerais (pense na Apple com iPhones).

A Hierarquia dos Vencedores

1. Líder do ecossistema de sucesso — +$$$$
2. Seguidor do ecossistema de sucesso — +$$
3. Seguidor do ecossistema malsucedido — –$
4. Líder do ecossistema malsucedido — –$$

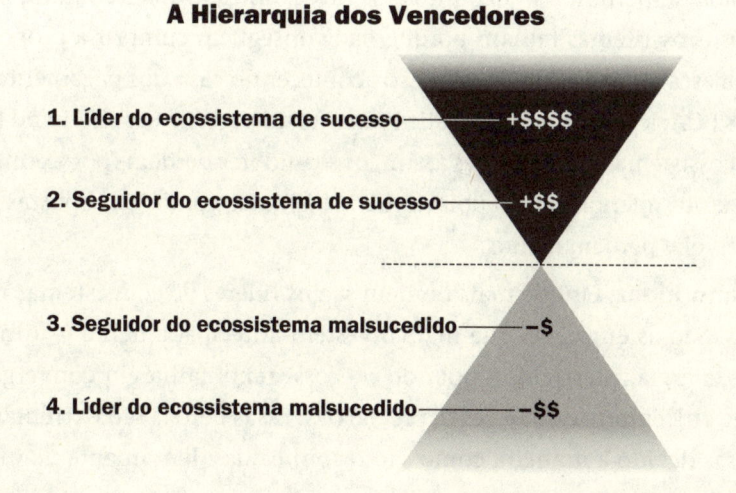

Figura 5.2
A hierarquia de vencedores e perdedores do ecossistema não se divide em líderes e seguidores.

Segundo lugar: Em segundo lugar estão os seguidores de ecossistemas de sucesso. Eles contribuem e são beneficiários da capacidade de manifestar a proposta de valor. A colaboração deles dentro do ecossistema lhes permite criar e capturar valor que, de outro modo, não seria possível. Seguir em um ecossistema não implica, necessariamente, ter um porte pequeno e impacto ou ambição restritos: simplesmente indica aquiescência quanto ao projeto de outra empresa. Pense nas gravadoras, que lucram com os esforços do Spotify.

Para empresas em que exercer um papel dominante em seus próprios setores e colaborações é algo costumeiro, aceitar ser um seguidor pode se constituir em um desafio de gestão e cultural. Entretanto, quando as parcerias ultrapassam as fronteiras do setor e, especialmente, quando vários parceiros são dominantes em seus próprios setores, ter clareza sobre a questão das funções é fundamental. Em termos absolutos, o montante dos ganhos dos seguidores é, com frequência (embora nem sempre), menor do que o do líder do ecossistema. Mas os investimentos que os seguidores precisam fazer também são menores. Isso significa que os retornos relativos obtidos pelos seguidores em ecossistemas bem-sucedidos podem, de fato, ser atraentes.

Terceiro lugar: O terceiro lugar na hierarquia é ocupado pelos seguidores em ecossistemas malsucedidos. Em um ecossistema, o fracasso pode decorrer de uma proposta de valor inconvincente, uma oferta que, apesar da boa execução, acaba despertando pouco interesse nos clientes. O mais comum, porém, é que os ecossistemas falham porque não conseguem cumprir a proposta de valor na escala prometida. Vimos isso acontecer no caso dos pagamentos móveis nos EUA: a falha em obter o alinhamento do parceiro se refletiu no fracasso do ecossistema. Em situações assim, os seguidores perdem (por exemplo, os comerciantes menores que apoiavam a MCX), mas como suas apostas foram menores, eles perdem menos.

Último lugar: Os que mais perdem são os líderes de ecossistemas malsucedidos. São as empresas que mais investem antecipadamente — dinheiro, tempo, energia, prestígio. E quando o ecossistema falha em convergir, são elas que enfrentam as maiores depreciações. Essas perdas são extremamente dolorosas devido à maneira como são reconhecidas: lentamente de início, e depois, de repente.

Líderes Malsucedidos: GE Predix

O Predix, uma iniciativa da GE na Internet das Coisas [IoT, na sigla em inglês], começou com as mais altas expectativas. "A GE se tornará uma das 10 maiores companhias de software", declarou o então presidente e CEO Jeffrey Immelt, prevendo vendas do Predix de US$15 bilhões até 2020. A gigante industrial investiu mais de US$4 bilhões em sua visão de "permitir que as empresas do setor operem de forma mais rápida, inteligente e eficiente, onde quer que suas operações exijam". A motivação de tal entusiasmo vinha dos próprios esforços *internos* bem-sucedidos da GE em diagnósticos remotos para seus motores a jato. De fato, antes do Predix, os dados úteis do motor a jato para cada voo eram de cerca de 3,2 kilobytes — basicamente, uma folha de registro para detalhes rudimentares do voo. Com o Predix, cerca de um terabyte de dados pode se tornar significativo, rastreando dados de engenharia detalhados em tempo real para orientar operações, manutenção e reparos preditivos. A nova visão era estender essa capacidade e criar um ecossistema *externo*. "As ferramentas estão disponíveis para concretizar o potencial da internet industrial e aumentar a produtividade de nossos clientes e da GE", disse Immelt, anunciando o lançamento. "Quanto mais pudermos conectar, monitorar e gerenciar as máquinas do mundo, mais insight e visibilidade poderemos dar aos nossos clientes para reduzir o tempo de inatividade não planejado e aumentar a previsibilidade."

Como reforço da importância dessa oportunidade, Immelt acrescentou: "A internet industrial é vantajosa tanto para a GE quanto para nossos clientes. Nossas ofertas aumentarão as margens de serviços da GE e impulsionarão o crescimento industrial orgânico, com potencial para gerar anualmente até US$20 bilhões em economias em nossas indústrias." Uma palavra ficou faltando nessas declarações, uma que marca a diferença entre uma ótima proposta de valor e um ecossistema de sucesso: *parceiros*. É essa ausência o que separa uma empresa de serviços que conta com revendedores de valor agregado para movimentar a mercadoria e um ecossistema que alinha parceiros para criar um novo valor de forma estruturada. Sem dúvidas, quando uma empresa de primeira linha como a GE faz um grande anúncio, todos ficam sabendo, e os relacionamentos com nomes importantes como Intel e Cisco foram destaque nos comunicados à imprensa. Contudo, já sabemos que a colaboração em pilotos não deve ser confundida com parceria em escala. O diretor da arquitetura digital da GE articulou o plano em 2016: "Nós lidaremos com o lado da plataforma e como reunir os dados; vocês entram com seu brilhantismo e constroem esse ecossistema geral."

Um convite do tipo "você entra com seu brilhantismo" e constrói nosso ecossistema para nós é um aviso convincente de uma armadilha do ego sistema. Plataformas de sucesso são construídas, não simplesmente lançadas. A ausência de um MVE claro e uma abordagem em estágios para adicionar parceiros é um sinal de que o alinhamento está sendo presumido, em vez de planejado.

Em empresas estabelecidas, a oportunidade de ancorar uma nova iniciativa com um cliente interno pode ampliar a ilusão de liderança. Trata-se de uma faca de dois gumes a ser manuseada com bastante cuidado. No lado positivo, um cliente interno cria uma oportunidade para aumentar a escala e mostrar atividade. Os riscos, no entanto, são (a) o de que o cliente interno seja considerado um sinal não enviesado da demanda do mercado; (b) que o negócio gerado pelo cliente interno seja visto como uma fonte de receita para o empreendimento, em vez de ser utilizado como alavanca de atração e alinhamento de parceiros em estágio inicial; e (c) que as barreiras artificialmente baixas para atender e apoiar o cliente interno mascarem a necessidade de realinhar o próprio ecossistema interno da empresa, de maneira a servir e apoiar parceiros e clientes externos. Trataremos dessas tensões ao explorarmos as iniciativas de computação em nuvem da Microsoft no Capítulo 6.

O Predix mostra como é fácil para as empresas serem vítimas da ilusão de liderança. Essa ambição equivocada tem consequências: mudança de liderança, rodadas de demissões, anúncios e retração de vendas e desdobramento de negócios e expectativas totalmente frustradas. Hoje, o Predix está mais para um negócio de serviço digital tradicional do que um ecossistema que transforma um setor de atividade. Considerando as lutas posteriores da GE, com certeza sua liderança teria encontrado um uso alternativo para os US$4 bilhões perdidos para o sonho do ecossistema fracassado.

O Paradoxo da Desistência

Ecossistemas não têm sucesso até que o tenham. Mas somente fracassam quando os possíveis líderes finalmente desistem. Essa é a dolorosa manifestação da armadilha do ego sistema: você pode voltar a ser candidato à liderança enquanto estiver disposto a financiar a campanha, não importa o quanto seus parceiros considerem sua candidatura improvável ou irracional. Os limites para essa disposição em jogar dinheiro bom em cima de dinheiro ruim são a extensão de sua conta bancária ou a paciência de seus investidores. Essas duas restrições são menos severas para empresas cujas contas são reabastecidas por torrentes de dinheiro geradas em seus negócios principais, o que nos leva ao mesmo conjunto de "suspeitos de sempre" envolvendo-se em tantos ecossistemas e, ao mesmo tempo, fazendo tão pouco progresso.

Anúncios ousados de liderar um novo ecossistema normalmente geram luz inicial, mas nenhum calor duradouro. Ambições não apoiadas pela estratégia consomem combustível, distraem a atenção e semeiam uma mistura de entusiasmo e ansiedade que resulta em mais confusão do que progresso.

É praxe, entre os inovadores sábios, observar o conjunto completo de opções na hierarquia de vencedores antes de se comprometer com determinado papel. Eles sabem que, em ecossistemas, ter uma grande ideia e recursos certos para executá-la é um começo, não um fim. Caso você não possa alinhar outras pessoas em torno de sua liderança, sempre pode buscar outra oportunidade. Porém, melhor do que simplesmente ir embora quando não pode liderar é encontrar uma maneira de enquadrar sua oferta na visão de outra pessoa — pensar em seguidores como uma função que pode ser moldada e uma vitória a ser conquistada — e desenvolver uma estratégia para ter êxito na empreitada.

Estratégias de Seguidores Inteligentes

Evitar a armadilha do ego sistema significa assumir o fato de que a liderança depende de seguidores. Para os pretendentes a líder, a mensagem é para se prevenir contra pressupostos de autoridade automática e garantir ativamente o conjunto de seguidores. Mas o que isso significa para seguidores em potencial??

Ser seguidor não requer menos estratégica do que ser líder, mas as regras diferem. Em um ecossistema nascente, os seguidores têm o poder de determinar o líder. No entanto, com o líder já estabelecido e o sistema em segurança, o poder dos seguidores pode diminuir. Seguidores inteligentes não deixarão despercebida essa janela de influência, atentos a como ela se abre e se fecha. Eles também saberão que os papéis não são permanentes, detêm o poder de mudar os líderes e, potencialmente, vestir eles mesmos o manto da liderança. Ter ciência dessas implicações é a diferença entre seguidores inteligentes e ingênuos.

Escolha o Líder Certo para Você: E-books

Seguidores inteligentes em um ecossistema emergente são detentores de um poder único: eles escolhem, de forma proativa, apoiar o plano de um futuro líder para estabelecer o ecossistema como um projeto em escala comercial. Eles se distinguem, portanto, das empresas que ficam inertes, esperando que a incerteza se desfaça antes de ingressar, e dos primeiros parceiros que participam de pilotos na esperança de que eles próprios sejam os líderes. Os seguidores dão o suporte para aumentar o ímpeto por trás de determinado líder. Eles agem pragmaticamente, trocando poder por influência, o que significa que seguidores inteligentes escolhem seu candidato à liderança com cuidado e, também com cuidado, pensam sobre o que desejam em troca.

Insista, em primeiro lugar, em entender a arquitetura de valor que o líder busca construir. Como esse valor está sendo definido por ele? Como ele enxerga a contribuição que você faz para a proposta? Há consistência com sua própria visão e estratégia? Embora o ecossistema seja uma colaboração, cada empresa define sua própria estratégia de ecossistema, a qual abrange uma visão sobre estrutura, funções e riscos. Entre os participantes, essas estratégias podem variar de consistentes a contraditórias. Quanto maior a consistência da estratégia entre os atores relevantes, maior a probabilidade de que as ações de todos convergirão e serão bem-sucedidas.

Em segundo lugar, aplique as perguntas-teste decisivas ao candidato. A liderança dele faz sentido para você, mas e quanto aos outros participantes necessários? Lembre-se dos bancos no caso do Apple Pay: não basta que um ator esteja disposto a segui-lo, se outros parceiros importantes não o fazem. Quem mais faz parte da coalizão inicial, e como você lidará com isso?

Terceiro, antes de comprometer recursos valiosos e credibilidade com um líder, os seguidores inteligentes investem para obter clareza sobre os objetivos que o motivam. Ele vence quando você vence? Você vence quando ele vence? As respostas devem ser "sim" e "sim".

O ecossistema do e-book [livro eletrônico] é um bom exemplo. Ao buscar atrair os editores de livros para suas respectivas plataformas, a Amazon e a Apple ofereceram opções e restrições muito diferentes. Enquanto a Amazon insistia em definir os preços dos e-books (inicialmente em US$9,99 por e-book, o que as editoras consideravam muito baixo), a Apple estava muito disposta a permitir que as próprias editoras definissem os preços (se você acha que um romance de Stephen King vale US$1 mil, fique à vontade). Os editores adoraram o poder de precificação cedido pela Apple. Mas as respostas da Apple às nossas perguntas foram, quando muito, obscuras. O que os editores perderam, claro, é que a fonte geradora dos lucros da Apple era a venda de hardware — zero venda de livros dificilmente importaria, desde que as pessoas comprassem iPads. Os lucros da Amazon, por outro lado, eram baseados nas vendas de conteúdo; para ela, o hardware era um líder de perdas. Não obstante as editoras e a Amazon discordassem sobre os preços, havia um alinhamento perfeito em querer impulsionar o volume de compra de livros. E, de fato, as vendas de livros na livraria digital da Apple são um erro de arredondamento em relação às da Amazon.[3]

Configure o Jogo Maior: Prontuários Eletrônicos

Seguidores inteligentes levarão em conta como desejam interagir não apenas com o líder, mas também com outros seguidores. É aqui que os seguidores mais inteligentes fazem seus melhores movimentos, não ao negociar contra o líder, mas ao moldar as regras para os *outros* seguidores. Em nenhum lugar há um contraste mais forte do que no caso dos prontuários eletrônicos [EHRs, na sigla em inglês] no sistema de saúde dos EUA. Por vinte anos, o setor de TI atuou fortemente para manter o governo dos EUA fora da discussão sobre EHR, supondo que a regulamentação seria ruim para os negócios. Contudo, após vinte anos sem conseguir convencer os sistemas hospitalares a comprar a tecnologia, as grandes empresas de TI chegaram, coletivamente, à conclusão de que não estavam em posição de liderar. Os gigantes Cerner e Epic lideraram o ataque para se tornarem seguidores, atuando com sucesso junto ao governo dos EUA para assumir a liderança no alinhamento desse ecossistema complexo.[4] Para os sistemas de saúde, a principal barreira para a adoção era o custo (eram sistemas de TI caros cuja implementação exigiria grandes pagamentos iniciais e taxas anuais de serviço) e a oposição por parte dos médicos (que estavam cautelosos, e corretamente, em relação à carga de entrada de dados que esses sistemas lhes imporiam). Claro, foram esses dados e sistemas que alimentaram a promessa de prevenção de erros, eficiência de processos, eliminação de testes redundantes, ou seja, os tipos de benefícios que acompanham as transformações digitais produtivas.

Com a promulgação da Lei de Tecnologia de Informação para Saúde Econômica e Clínica (HITECH... pois é, esse realmente era o nome) em 2009, o governo assumiu oficialmente o comando: foi ao encontro das metas dos fornecedores de TI penalizando os que não adotassem EHRs. Ao todo, US$27 bilhões foram alocados na forma de reforço de verbas para o Medicare e Medicaid [são programas federais norte-americanos de seguro-saúde e assistencial, respectivamente] para "uso significativo de sistemas EHR certificados". Em 2015, foi instituída a política de "cenouras e tacapes" — recompensas na forma de subsídios e punições retirando-os. De acordo com ela, os provedores que não adotassem EHRs "significativamente" (atualização consistente de registros digitais com diagnósticos, monitoramento de interações medicamentosas e prescrições de pedidos) teriam seus pagamentos cortados. Não há seguidor que fique entusiasmado quando seu comportamento é restringido ou microgerenciado; ainda que o uso significativo fosse desagradável para os hospitais, não era tão oneroso a ponto de inviabilizar o negócio; afinal, havia 27 bilhões de razões para eles encontrarem um denominador comum.

E aí está o ponto crucial: os hospitais concordaram em seguir e, em troca, exigiram uma compensação financeira, ou seja, negociaram os termos com o líder. Trata-se de uma abordagem ingênua de seguidores. As empresas de TI, por outro lado, foram mais inteligentes. Elas não apenas negociaram com o líder a ajuda financeira que as ajudaria em suas vendas, como também negociaram a inclusão de uso significativo: uma imposição não ao líder, mas ao comportamento de outros seguidores. Elas moldaram a governança de longo prazo do ecossistema quando as regras ainda eram maleáveis. Inteligente.

No período em que a janela de negociações para alinhamentos e acordos ainda estava aberta, os hospitais poderiam ter feito um conjunto recíproco de demandas, insistindo, por exemplo, em padrões de interoperabilidade entre os sistemas EHR. As empresas de TI eram contra essa ideia pelo motivo, óbvio, do aumento dos custos de desenvolvimento e da competição entre elas. No entanto, isso provavelmente não seria um obstáculo, afinal, também para essas empresas havia 27 bilhões de motivos para concordar. Mas os hospitais não insistiram, pelo menos não até *depois* que o negócio foi fechado, e a lei, aprovada. E quando o fizeram, era tarde demais. As regras estavam postas, a estrutura de alinhamento no lugar... e uma década se passaria antes que um movimento sério na interoperabilidade tivesse outra chance de ganhar força.

Essa é a versão dos seguidores da armadilha do ego sistema: agir como se o jogo fosse jogado apenas entre eles e o líder, em vez de se posicionar amplamente em relação aos outros jogadores no ecossistema. Da mesma forma que ninguém impede ninguém de jogar dinheiro bom em dinheiro ruim na busca de uma liderança fútil, ninguém forçará ninguém a exercer o papel de seguidor inteligente enquanto a janela para obter vantagens ainda estiver escancarada.

Papéis Não São Imutáveis: Computação Pessoal

O poder de qualquer seguidor pode enfraquecer conforme o ecossistema amadurece, novos seguidores se juntam, padrões de interação tornam-se rotineiros e a saída de um não ameaça a viabilidade do coletivo. Mas o papel de seguidor *continua* sendo uma escolha. E quando vários seguidores questionam a escolha, o poder deles se robustece novamente. Isso pode surgir ao moderar o poder de um líder, permitindo a competição no nível de liderança ou por meio de uma inversão de papel arquitetada: o seguidor veste ele próprio o manto de liderança.

Já vimos, no Capítulo 2, um exemplo de desafio pela liderança por meio da introdução de líderes rivais quando examinamos a competição do Spotify com a Apple no contexto do streaming de música. Os facilitadores da ascensão do Spotify foram as grandes gravadoras, que sentiram como abusiva a liderança intransigente da Apple na distribuição legal de música digital por meio de sua iTunes Store. É impressionante o salto que os grandes músicos deram ao concordar em romper com uma sistemática secular para proteger sua propriedade intelectual e redefinir seu produto vendável por stream. Caso tivessem se sentido mais apoiados pela liderança da Apple, seria muito menos provável que tivessem abraçado a ideia radical do Spotify.

Seguidores também podem depor líderes. Quando a IBM lançou seu computador pessoal [PC, na sigla em inglês] em 1981, marcou o início comercial da era digital, transferindo o poder da computação das mãos de profissionais de TI corporativos e técnicos em computação diretamente para os desktops da população. Para acelerar o desenvolvimento do PC, a IBM convidou a Microsoft e a Intel — na época, pequenas, não ameaçadoras e ávidas seguidoras — para fornecerem o sistema operacional (MS-DOS) e o microprocessador que ajudaria a alimentar o computador. Embora a IBM pudesse ter desenvolvido esses elementos por conta própria, os líderes da IBM optaram por contar com parceiros externos para acelerar o progresso. Com isso, a IBM controlaria o BIOS (sistema básico de entrada e saída) que governava a circulação das informações dentro do computador e, portanto, controlaria a criação de valor. A IBM estava segura em sua liderança, e a Microsoft e a Intel, confortáveis em ser seus seguidores.

O controle da IBM sobre o BIOS seria tênue. Valendo-se da engenharia reversa, em poucos anos os rivais obtiveram acesso aos protocolos, lançando computadores "100% compatíveis" com um BIOS clonado, executando o sistema operacional MS-DOS da Microsoft e processadores Intel. O facilitador crítico, além da engenharia reversa, foi a decisão original da Microsoft de vender por US$80 mil os direitos perpétuos cedidos pela IBM para o uso do MS-DOS, em vez de dar exclusividade em troca de royalties perpétuos em cada computador IBM vendido com MS-DOS. Uma escolha ousada na época, foi essa flexibilidade que permitiu à Microsoft se beneficiar da clonagem do BIOS da IBM.

No entanto, foi só com o surgimento do Windows que a Microsoft se tornou uma clara líder em parceria com a Intel. A partir desse momento, quando o *locus* relevante de compatibilidade mudou de "compatível com IBM" para "Windows com Intel Inside", a liderança evidente do ecossistema de computador pessoal mudou, com desenvolvedores de software, montadores de computador e fabricantes de periféricos seguindo, em uníssono, a direção e o ritmo estabelecidos pela dupla Microsoft e Intel.

Bill Gates, o fundador da Microsoft, esclarecendo seus motivos para insistir em manter o direito de vender seu software para outras empresas, explicou: "A lição da indústria de computadores, em mainframes, foi que com o tempo as pessoas construíram máquinas compatíveis." Essa ambição foi espelhada pela

Intel, cujo CEO, Andy Grove, observou: "As leis da termodinâmica, aplicadas à indústria de computadores, [significam] que tudo acaba sendo comoditizado. A lei de Grove diz que o último a obter vitórias comoditizadas vence." Eis aí seguidores com ambição maior do que serem meros seguidores.

Liderança do Ecossistema *versus* Liderança do Ego Sistema

O êxito em ecossistemas requer superar a armadilha do ego sistema. Os casos de pagamentos móveis, Predix, prontuário médico e sistemas operacionais de computador mostram, cada um, a importância de compreender e definir funções e estruturas estratégicas, não apenas para você, mas também para aqueles parceiros dos quais seu sucesso depende.

Liderança inteligente significa nunca pressupor ter um direito natural à liderança. O teste decisivo da liderança é a capacidade de estabelecer e manter seguidores. Para isso, é necessária uma clareza absoluta sobre quando se está operando dentro de uma estrutura de alinhamento existente e quando o alinhamento deve ser estabelecido — entendendo a diferença entre ampliar um ecossistema existente e construir um novo. Também significa não ser tão estreito que a liderança passe a ser a única função imaginável.

Ser um seguidor inteligente significa pensar de forma ampla. Os seguidores obtêm sua posição alinhando-se à arquitetura de outro. O poder deles é proveniente da flexibilidade dessa escolha. Ter poder, entretanto, não é o mesmo que exercê-lo com sabedoria. A estratégia do seguidor deve alavancar o poder do papel do seguidor, permitindo que o líder obtenha alinhamento. Seguidores inteligentes reconhecem que esse poder se desvanecerá à medida que o ecossistema amadurece e que a criação de novas opções neutraliza o risco de que tudo permaneça como está.

A mensagem para os aspirantes a líder é que os seguidores devem ser conquistados e, então, *re*conquistados. O preço da liderança duradoura é a eterna vigilância, ser grato, não considerar nada como definitivo e permanecer humilde. Fácil de dizer, difícil de fazer. E como veremos no próximo capítulo, ainda mais difícil de manter em face do sucesso.

6
Mentalidades Importam: Estabelecer Liderança É Diferente de Exercer Liderança

> "Cada um é, necessariamente, o herói de sua própria história de vida."
> — JOHN BARTH

Uma ótima estratégia é um ótimo começo, mas fazer com que algo aconteça no final depende dos indivíduos: são eles que optam por assumir o desafio e a oportunidade de liderança, e são eles que escolhem — ou não — seguir em frente.

Na vida real, estratégia e liderança estão interligadas. Porém, em reuniões de planejamento corporativo, como em salas de aula de MBA, as discussões de estratégia tendem a evitar a questão da liderança individual. Isso ocorre não porque os estrategistas não achem que os indivíduos importam, mas porque o conselho que eles dão é terrivelmente genérico: "Obtenha líderes melhores."

A necessidade de uma estratégia ecossistêmica que considere os princípios de liderança no nível do indivíduo é fundamental exatamente porque "obter líderes *melhores*" nem sempre é o conselho certo. Em vez disso, veremos que diferentes contextos de ecossistema exigem *diferentes* tipos de liderança: um corredor mais rápido não ajuda sua equipe de natação; um nadador mais rápido não ajuda sua equipe de atletismo.

Neste capítulo, examinaremos as tensões entre a *mentalidade de execução* necessária para exercer a liderança em um ecossistema maduro e a *mentalidade de alinhamento* necessária para estabelecer a liderança em um ecossistema emergente. Entender como gerenciar o ajuste entre essas mentalidades e sua posição no ciclo do ecossistema é importante, independentemente de seu propósito ser selecionar líderes, trabalhar sob uma liderança ou desenvolver-se como um líder.

Transitar entre essas eventualidades exige a eficácia de optar pelos benefícios de seguir determinado rumo em detrimento dos benefícios que viriam de outro caminho, tanto no nível do líder individual quanto no da organização e do conselho de governança. A evolução da jornada da Microsoft sob os CEOs Steve Ballmer e seu sucessor Satya Nadella representa uma ilustração clara de por que tais transições são facilmente mal entendidas e o que podemos fazer para gerenciá-las de maneira eficaz. No final do capítulo, exploraremos as implicações para navegar pelos ecossistemas internos e os desafios que os não CEOs enfrentam na organização. Encerraremos considerando o que isso significa para as transições de liderança e transformações organizacionais.

Antes, porém, é preciso estabelecer a diferença nos desafios de liderança.

Alinhamento sem Autoridade

Os modelos de liderança formal envolvem uma hierarquia: uma estrutura de relatórios, um organograma, um sistema com algum líder no topo. Até a startup em fase mais embrionária tem clareza sobre quem é ou não é o CEO.

Todo gerente reconhece o desafio de operar fora dessa estrutura formal, em todas as linhas de subordinação e em todos os silos nos quais lhe foge o controle direto. E todos foram aconselhados a encontrar maneiras de exercer influência sem autoridade dentro da organização. Mas, à espreita, oculto atrás das cortinas, está o conhecimento de que em algum lugar há um chefe *investido* de autoridade ao qual, em última análise, você e sua contraparte devem responder e se responsabilizar. Você tem acesso ao botão de emergência para levar os problemas para cima na cadeia de comando; você não gostará, o chefe não gostará, mas esse caminho estará lá se houver necessidade — apenas quebre o vidro e aperte o botão.

O alinhamento nos ecossistemas é diferente do alinhamento dentro das organizações porque *ninguém* tem autoridade predominante:[1]

- Em uma organização, se a administração aprova sua iniciativa, sua contraparte não pode simplesmente rejeitá-la. Em um ecossistema emergente, os parceiros podem fazê-lo, mesmo no meio do caminho, e por abaixo todos os esforços.
- Em uma organização, se a iniciativa não for entregue devido à falta de cooperação, todos ficam igualmente mal na fita. Em um ecossistema emergente, o custo do fracasso, tanto em dinheiro quanto em reputação, é muito diferente e depende de quem você é.
- Em uma organização, as pessoas assumem papéis formais e aceitam sua posição no organograma. Em um ecossistema emergente, potenciais parceiros podem contestar sua liderança e redirecionar a coalizão em direções com as quais você não concorda.

E ali não há um poder maior a quem recorrer.

Primeiro a Empresa *versus* Primeiro a Coalizão

No Capítulo 5, vimos as consequências de empresas macho alfa lutando pelo trono da liderança enquanto a estrutura e os papéis estavam sendo contestados no emergente ecossistema de pagamentos móveis. Vimos como, em seus próprios setores de atividade, a Apple e o Walmart estavam no topo da cadeia alimentar. Seus líderes estavam acostumados a exercer autoridade em seus respectivos domínios. Contudo, quando houve a necessidade de união para impulsionar a nova proposta de valor, nenhum dos dois se dispôs a aceitar o papel de seguidor. O resultado foi uma década de atividade desalinhada, investimento improdutivo e promessas não cumpridas que minaram o potencial de criação de valor de todos os envolvidos.

Um CEO é realeza personificada quando está em casa, desfrutando de deferência hierárquica dentro do ecossistema interno de sua organização. Mas um CEO que corteja outros CEOs para se juntar a uma coalizão é um monarca que visita um reino diferente. Dentro de sua própria organização, um CEO que adota uma abordagem líder/servo motiva os subordinados ao demonstrar cuidado e humildade. Essa liderança servil, entretanto, só conta quando você tem autoridade para queimar no altar sacrificial. Um estranho não tem esse poder em uma terra estrangeira. Portanto, não deve ser surpresa que líderes corporativos de sucesso se esforcem para alinhar ecossistemas nascentes, nos quais sua autoridade não existe. O livro de regras de conduta, aqui, deve mudar de autoridade para diplomacia.

Normalmente — e por mérito —, consideramos como exemplos os líderes que colocam o bem-estar de suas organizações acima de seus próprios interesses e são capazes de motivar suas equipes a novos patamares de realização. Mas em contextos de ecossistemas emergentes, uma abordagem "minha organização primeiro" pode afastar potenciais parceiros, receosos de que seus próprios interesses sejam negligenciados.

No que se refere ao alinhamento de um ecossistema emergente, a citação de abertura deste capítulo, "Cada um é, necessariamente, o herói de sua própria história de vida", assume um significado distinto. Estabelecer liderança significa guiar parceiros *independentes* rumo ao objetivo escolhido, e ao mesmo tempo permitindo-lhes manter a sensação de que permanecem os heróis de *sua própria* história. A criação de tal contexto requer empatia, a capacidade de compreender e compartilhar os sentimentos dos outros. No nível pessoal, empatia significa compartilhar emoções. No nível estratégico, significa compartilhar perspectivas. Empatia é a chave para compreender em que consiste a vitória para seus vários parceiros de coalizão e, com isso, criar possibilidades que derivam do fato de que outras partes podem estar jogando jogos diferentes em direção a objetivos finais diferentes. Este é o pré-requisito para encontrar as soluções de ganho mútuo que fazem com que as partes se acomodem nas estruturas de alinhamento estáveis que definem os ecossistemas maduros.

Estabelecer a liderança em ecossistemas emergentes deve, necessariamente, priorizar salvaguardas para a criação de valor de terceiros. Ações nesse sentido formam um contexto desafiador para líderes cuja capacidade e identidade estão ligadas à maximização da captura de valor para suas próprias organizações. Contextos ainda a serem alinhados dependem da elaboração e da consolidação de coalizões.

Há necessidade de reflexão sobre essas duas formas distintas de pensar: foco na execução *versus* foco no alinhamento. Não como melhores ou piores, mas como mais ou menos adequados a diferentes contextos. Líderes que são excelentes em um desses ou cuja experiência e sucesso estão enraizados em um podem achar complicado mudar para o outro. Na verdade, há uma grande contradição entre esses modos. O mesmo foco e compromisso organizacional que é um ativo onde a estrutura é clara pode se tornar um passivo quando a estrutura precisa ser criada e é preciso abrir mão dos benefícios de curto prazo para apoiar a coalizão mais ampla.

Mentalidades de Liderança Devem Corresponder aos Ciclos do Ecossistema

Até que o alinhamento seja alcançado dentro de um ecossistema emergente, o foco estratégico para as empresas é estabelecer a estrutura de interações que entregará sua proposta de valor. O desafio da liderança é conseguir um acordo sobre regras e funções entre os parceiros de que você necessita para criar seu valor.

Uma vez alcançado o alinhamento, o foco estratégico agora é outro, e se volta para as negociações em torno dos termos de troca e vantagens dentro da estrutura. O desafio da liderança muda em direção à execução e ao gerenciamento dentro dos limites do ecossistema agora estabelecido. Trata-se de um requisito para o sucesso: buscar o alinhamento e não executar equivale a um frustrante desperdício de potencial.

Note que pode haver um grande crescimento dentro dos limites de um ecossistema estabelecido. Quando os líderes discutem "acionar o volante" do crescimento, costumam se referir a aumentar a escala por meio de um ciclo de feedback positivo dentro da estrutura madura (por exemplo, o ciclo muito imitado do Walmart de *vender por menos* → *aumentar as vendas* → *operar com menos* → *comprar por menos* → *vender por menos* → ...). Também pode haver grande inovação de novas propostas de valor que reforçam a estrutura de alinhamento do ecossistema estabelecido (por exemplo, iPhone para iPad para Apple Watch).

As empresas podem crescer e prosperar no âmbito de determinado ecossistema por muito tempo. Entretanto, no caso de sua ambição mudar para buscar um crescimento que requer uma nova estrutura de colaboração (por exemplo, pagamentos móveis), elas se veem diante do desafio de fazer a transição entre as fronteiras do ecossistema, e com isso ressurge a necessidade de uma mentalidade de alinhamento.

A Figura 6.1 ilustra esse ciclo do ecossistema e os desafios associados às suas diferentes fases. O obstáculo inicial envolve a transição de participantes descoordenados em um ecossistema emergente rumo a padrões de troca estáveis e estruturalmente incorporados que reconhecemos como setores de atividade e plataformas. Isso exige uma mentalidade de alinhamento. Depois, com a estrutura já estabelecida, o desafio muda para gerenciar o crescimento dentro do cenário agora maduro, seja escalando, seja expandindo a proposta de valor. Para tal, é necessário mudar para uma mentalidade de execução.

Passar do Ecossistema 1 para o Ecossistema 2 pode ser motivado pelo próprio esforço de expansão da empresa. Nessa situação, o primeiro ecossistema pode continuar a prosperar (por exemplo, os computadores pessoais continuam sendo um grande mercado, mesmo que os smartphones surjam como uma oportunidade extra). Alternativamente, a transição pode ser forçada sobre a empresa conforme fatores externos perturbem o ecossistema existente (por exemplo, o Google derrubando a posição da TomTom no mercado de dispositivos de navegação pessoal). Nesse caso, a viabilidade do Ecossistema 1 fica em aberto. A grande diferença é que, no primeiro cenário, se você tentar impulsionar a mudança e fracassar, apenas perderá a oportunidade de crescimento; no segundo cenário, no qual a mudança é imposta de fora, se você não consegue fazer a transição, então está enfrentando um declínio permanente.[2]

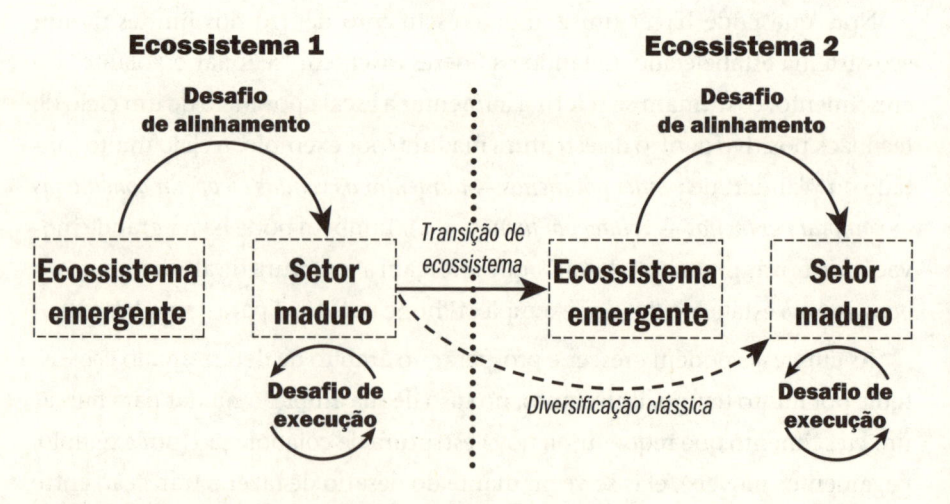

Figura 6.1
O ciclo de emergência e maturidade do ecossistema e os desafios de liderança associados a cada fase do ciclo.

Observe que a diversificação tradicional (ilustrada pela linha tracejada na figura) envolve mudar diretamente para um setor de atividade já estabelecido e já alinhado (por exemplo, Microsoft entrando em consoles de vídeo; discussão a seguir). Nesse caso, o sucesso no novo mercado depende de uma mentalidade de execução, como em qualquer ambiente maduro.

Pode-se ver a diferença nesses estágios e a tensão criada pela mentalidade de liderança, ilustrada na coevolução dos negócios da Microsoft e nas jornadas de liderança sob os CEOs Steve Ballmer e Satya Nadella.

Jornada da Liderança da Microsoft: Steve Ballmer e Satya Nadella

Steve Ballmer tornou-se CEO da Microsoft em 13 de janeiro de 2000. Em seus 14 anos no comando, ele triplicou a receita anual, que chegou a US$78 bilhões, mais do que dobrou os lucros, que somaram US$22 bilhões, e colocou a Microsoft na posição de maior fabricante de software do mundo. Ballmer foi o trigésimo funcionário e primeiro gerente de negócios da empresa, e sua dedicação à Microsoft, a seus funcionários, aos desenvolvedores e ao ecossistema mais amplo era lendária — uma série de fotos do CEO encharcado de suor da empresa de tecnologia mais poderosa do mundo incentivariam as tropas. Refletindo sobre sua gestão, Ballmer resumiu: "Minha vida inteira foi voltada à minha família e à Microsoft." Isso é dedicação.

A despeito desse indiscutível sucesso, o valor de mercado da Microsoft caiu de US$604 bilhões, quando ele assumiu, para US$269 bilhões antes de seu anúncio de aposentadoria em agosto de 2013 (a saída formal foi em fevereiro de 2014). Com essa notícia, a cotação das ações da Microsoft deu um salto de 7,5%. A mídia alardeava que Ballmer havia "fracassado". O contraste entre as figuras 6.2 e 6.3 é impressionante: enquanto a genialidade de Ballmer para a execução gerou um expressivo crescimento da receita do negócio principal (Figura 6.2), a estagnação da cotação das ações demonstra a incredulidade de Wall Street em que, sob a liderança de Ballmer, a Microsoft pudesse apresentar um crescimento transformador (Figura 6.3).

Na gestão de Ballmer, a Microsoft era dominante no espaço do computador pessoal e servidor, mas deixou passar o bonde das revoluções do smartphone, tablet e nuvem. Como uma empresa líder de tecnologia foi capaz de não ver tantas transições críticas? Como sua visão poderia ser tão estreita a ponto de ficar ociosa enquanto outros inventavam futuros tão poderosos?

Respostas: não deixou de ver. E não foi por estreiteza de visão.

Tendo assumido o cargo de CEO em 2000, Ballmer declarou corajosamente: "Temos uma oportunidade incrível [...] de revolucionar a experiência do usuário da internet." A visão de Ballmer: um futuro no qual o software da Microsoft seria o elemento central para a casa inteligente, o sistema operacional para dispositivos móveis, o centro nervoso do atendimento médico digital. E isso era apenas para início da conversa. Ele supervisionaria o lançamento de vários dispositivos de consumo, partiria para grandes aquisições e faria apostas ousadas. Em 2010, após mais de três anos em desenvolvimento, a Microsoft lançou o Windows Azure, a aposta da empresa na computação em nuvem. "Para a nuvem, estamos todos dentro", disse Ballmer. "A nuvem alimenta a Microsoft e a Microsoft alimenta a nuvem. Temos 40 mil pessoas empregadas na elaboração de software em todo o mundo, cerca de 70% das pessoas que trabalham para nós estão fazendo algo projetado exclusivamente para a nuvem." Ele investiria dezenas de bilhões de dólares para tracionar essas emocionantes — e exatas — visões do futuro.

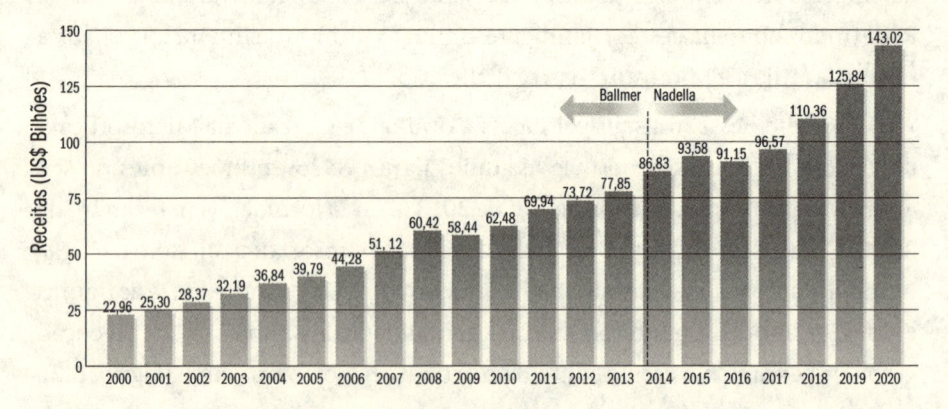

Figura 6.2
Receita mundial anual da Microsoft nos anos fiscais de 2000 a 2020.

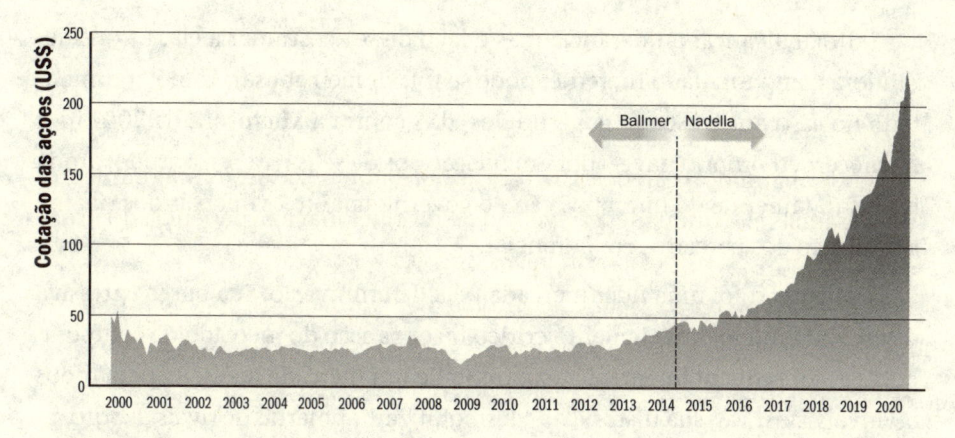

Figura 6.3
Cotação das ações da Microsoft.

No entanto, a maioria dessas iniciativas fracassaria sob sua supervisão. Mas NÃO por falta de visão, compromisso, entusiasmo ou recursos. O que houve foi uma falha em alinhar os ecossistemas necessários para concretizar essas visões. Tal equívoco pode surpreendente parecer se dever ao sucesso esmagador da Microsoft no ecossistema do PC, mas foi exatamente esse sucesso que deu origem à crença de que o Windows deveria ser a base natural, e a Microsoft, o líder natural, em todos os outros ecossistemas que a empresa viesse a perseguir: a armadilha do ego sistema se manifestando.

O Sucesso do Ecossistema Gera Desafios ao Ego sistema

No final do Capítulo 5, vimos a transformação da Microsoft de seguidora a líder no ecossistema do computador pessoal: Bill Gates usou a alavanca do sistema operacional Windows para retirar a IBM da cadeira da liderança. A partir daí, o poder da Microsoft só aumentaria, com a empresa se tornando o eixo crítico de um vasto ecossistema de desenvolvedores e revendedores de valor agregado que impulsionaram a visão de Gates de "um computador em cada mesa".

Ballmer ampliou essa liderança, levando a Microsoft para a era da internet e para o mercado corporativo com o Windows Server, SQL Server e Share Point. Há, nesse espaço, uma expansão espetacularmente bem-sucedida dentro da estrutura de alinhamento que definiu o ecossistema do computador. A cada etapa percorrida, a liderança da Microsoft era ainda mais reconhecida e reforçada.

É difícil alcançar a liderança, mas é fácil de se acostumar a ela. E considerando-a como um dado inerente, pode se tornar fácil abusar, como argumentado no caso antitruste do governo dos EUA contra a Microsoft, de 2001, por favorecer seu próprio navegador em relação aos de seus rivais. Contudo, ainda mais fundamental do que a posição do governo quanto às queixas dos rivais é a hesitação dos parceiros em potencial.

A Microsoft foi uma líder marcada pela determinação. Sua busca agressiva de crescimento foi um elemento crítico na expansão do mercado de computadores e, consequentemente, na expansão de um mercado acessível para todos os envolvidos. Mas sua história de "desmobilizar" as ofertas de rivais de software agregando novas funcionalidades em suas plataformas dominantes e, ao se tornar o árbitro da compatibilidade, comoditizar as posições dos fornecedores de hardware foi um balde de água fria nos potenciais colaboradores em outros espaços de mercado. Na verdade, sob Ballmer, em quase todas as etapas fora de seu bastião do ecossistema de computador, a Microsoft era recepcionada com hesitação ou hostilidade, e seus esforços para liderar a revolução do software em novos contextos eram um encontro marcado com o fracasso.

Xbox — Diversificação *versus* Transformação

Durante a gestão de Ballmer, o único caso de sucesso fora do ecossistema do computador — o console de jogos Xbox — ajuda a entender o fracasso em outras situações. Enfrentando um mercado dominado pela Sony e pela Nintendo, o lançamento do Xbox em 2001 fez com que a Microsoft desenvolvesse seu próprio hardware, adquirindo estúdios de jogos para franquias exclusivas (principalmente a série Halo de jogos de tiro em primeira pessoa [quando o jogador "encarna" o protagonista]) e cortejando desenvolvedores de jogos independentes. Há rumores de que a Microsoft investiu (em outras palavras, perdeu) mais de US$3,7 bilhões nos primeiros quatro anos do lançamento do Xbox em seu esforço para tornar a linha de consoles Xbox um concorrente de primeira. Nisso, teve êxito: em 2006, a Microsoft havia vendido mais de 24 milhões de unidades do Xbox original. A inovação nesse meio continuou com gerações de consoles (Xbox 360, Xbox One e Xbox Series X), bem como com inovações em hardware (por exemplo, o sensor de movimento Kinect) e serviços online (por exemplo, Xbox Live).

No entanto, sem diminuir o esforço heroico por trás do sucesso do Xbox, é evidente que o principal desafio da Microsoft aqui *não* era alinhar um novo ecossistema, mas sim replicar um modelo existente e gerenciar dentro dele. O lançamento do Xbox não foi uma inovação do ecossistema, mas um movimento de diversificação, bem como sua entrada posterior em hardware de computador com sua linha Surface de tablets. Ela fez um ótimo trabalho, aumentou a competição no setor, mas não mudou o jogo.

A diferença entre entrar em um segmento econômico estabelecido e alinhar um ecossistema emergente torna-se evidente no contraste com a atuação da Microsoft em telefones. A Microsoft desejava conquistar o futuro da computação móvel desde o lançamento do Windows CE em 1996. Esse sistema operacional, otimizado para dispositivos com pouca memória (pouca quando comparado aos computadores), encontraria seu campo de utilização em assistentes digitais pessoais (PDAs), decodificadores de televisão, tablets e em sua reencarnação como plataformas de software Windows Mobile e Windows Phone, onde se posicionou para competir com o iOS, da Apple, e o Android, do Google.

Em um ângulo de análise tradicional, as condições enfrentadas pela Microsoft em smartphones não eram diferentes daquelas em consoles de jogos. Já havia líderes estabelecidos no mercado, uma necessidade de impulsionar o ciclo de feedback positivo de atrair desenvolvedores de software para atrair usuários para atrair desenvolvedores *ad infinitum*, e o formato do produto era, em linhas gerais, claro e já estabelecido. E havia a capacidade e a disposição da Microsoft de gastar grandes somas de dinheiro para estabelecer uma posição.

A principal diferença, é claro, era que a estrutura, as funções e a liderança no mercado de console eram bem definidas e bem aceitas. Os fabricantes de console eram os líderes em seus respectivos ecossistemas, os varejistas vendiam boxes, e os fabricantes de software seguiam essa liderança, felizes em desenvolver jogos para qualquer empresa que parecesse promissora *ou* disposta a lhes garantir o retorno financeiro pelo investimento que faziam. Esse é um problema de coordenação que pode ser solucionado com dinheiro.

Mas nos smartphones, em contraste, o desafio de alinhamento de parceiros era muito mais complexo. Entre os parceiros — fabricantes de celulares, operadores móveis e um conjunto muito maior de desenvolvedores de software (aplicativos) —, numerosos desempenhavam funções variadas, tendo realizações a fazer ou sonhos de liderança. Frustrado por atrair apenas dispositivos de segunda categoria para o Windows Phone, Ballmer convenceu o Conselho de Administração da Microsoft a permitir que ele adquirisse a divisão de telefonia móvel da Nokia por US$7,2 bilhões em 2013. Exceto por alguns esforços para impulsionar o Windows Phone, como a linha de aparelhos Lumia, que foram saudados com críticas elogiosas, a ausência de aplicativos-chave de software os condenou ao fracasso em termos de adoção pelo consumidor. O Google, por exemplo, se recusou a desenvolver um aplicativo do YouTube para a plataforma Windows Phone. O vice-presidente corporativo do Grupo de Sistemas Operacionais da Microsoft, Joe Belfiore, tuitou com um emoji de rosto carrancudo: "Tentamos COM MUITO AFINCO incentivar os desenvolvedores de aplicativos. Com dinheiro. Escrevemos aplicativos para eles [...], mas o número de usuários é muito baixo para fazer a maioria das empresas investir." Para um gigante como o Google, a recusa era ainda mais compreensível dada a recusa da própria Microsoft na época em criar versões de seus principais aplicativos — especialmente o pacote Office — para funcionar no Android (ou no iOS).

Mesma Missão, Mentalidade Diferente

Ballmer enxergava longe, identificando com exatidão as possibilidades certas em múltiplos ecossistemas. Mas sua mentalidade sintonizava-se mais com o gerenciamento desses ecossistemas do que com dar os primeiros e necessários passos para alinhá-los.

Em 2013, Ballmer anunciou uma nova estratégia, apelidada de One Microsoft, formalizando a rearticulação da empresa em direção a uma meta maior e mais ampla de criação de valor:

> Mais à frente, nossa estratégia se concentrará na criação de uma família de dispositivos e serviços para indivíduos e empresas que capacitem pessoas ao redor do mundo em casa, no trabalho e em trânsito, para as atividades que mais valorizam.

A atuação de Satya Nadella, que sucedeu Ballmer, é contrastante, não porque ele seja um líder "melhor", mas porque a abordagem e a mentalidade com que tratou os projetos são mais adequadas para a tarefa de alinhamento do ecossistema. Vejamos a tão celebrada declaração de missão de Nadella em 2015, e faça suas comparações:

> Nossa missão é capacitar cada pessoa e cada organização no planeta para alcançar mais.

Em termos do objetivo explicitado, a missão da Microsoft de capacitar as pessoas, as declarações são *quase idênticas*. No entanto, há uma diferença do dia para a noite no modo como esse objetivo será alcançado. Para Ballmer, era por meio da família de dispositivos e serviços da Microsoft. Para Nadella, bem... não havia especificação nenhuma. Estava em aberto. E é precisamente essa abertura a chave para a transformação da Microsoft sob sua liderança.

No lugar de uma abordagem "primeiro a Microsoft", Nadella priorizou a criação de valor, e ficou muito claro que isso significava que a Microsoft não poderia (e, portanto, não deveria) tentar liderar em todos os lugares, o tempo todo. "Temos que encarar a realidade. Quando temos ótimos produtos como Bing, Office ou Cortana, mas alguém já criou uma forte posição no mercado com seu serviço ou dispositivo, não podemos ficar de fora." Nadella rompeu com os antigos tabus da Microsoft, aceitando o movimento do software de código aberto, abriu interfaces e a integração com plataformas rivais.

Entre as primeiras ações de Nadella estava o lançamento do Office Suite para iOS da Apple, que ele anunciou na conferência de desenvolvedores Dreamforce 2015 da Salesforce. É difícil exagerar a relevância dessa mudança de postura: o CEO da Microsoft, no palco de um arquirrival anterior (o Dynamics CRM da Microsoft foi lançado para competir diretamente com o Salesforce, que na época de Ballmer era considerado internamente como um "inimigo") segurando um celular "não Windows" e discutindo a integração entre as plataformas. Essa era uma prova inconteste de que suas reivindicações de uma nova era de parceria seriam acompanhadas de atitudes concretas. Comentando sobre a mudança, o fundador e CEO da Salesforce, Marc Benioff, observou: "Antes, simplesmente não éramos capazes de fazer uma parceria com a Microsoft. Satya abriu uma porta que estava fechada. E trancada. E com barricadas."

Em 2017, com menos de três anos de mandato como CEO, Nadella publicou um livro que buscava redefinir a cultura e os valores da Microsoft. Esses exercícios são geralmente comunicados internamente por meio de memorandos e reuniões abertas. O objetivo do livro, e sua apresentação cuidadosamente orquestrada, era comunicar-se *externamente* com clientes e parceiros da Microsoft. Em parte biografia, filosofia de gestão e roteiro de tecnologia, o livro estabelece a reputação de Nadella como um homem de família, realista, atencioso, humilde, aberto e, acima de tudo, empático. Nadella observa: "Me ajudou o simples fato de que sou um rosto novo, um sangue novo. Não ter uma bagagem torna mais leve para mim o fardo da desconfiança." Na verdade, era como se o título do livro, *Hit Refresh*, dissesse tudo: "Eu sou diferente do cara anterior, e a Microsoft, que liderarei, também é." Isso é o que faz do livro uma demonstração perfeita do paradoxo da liderança do ecossistema: um líder humilde em uma ação publicitária que proclama uma mentalidade de empatia e humildade. *Não* era algo cínico. Era algo necessário para ajudar a defender a nova postura junto a parceiros tensos e com um pé atrás: "Nos dê uma nova chance, nos julgue por nossas novas atitudes."

Não cometa o erro de confundir abertura com brandura. A Microsoft continua sendo um competidor feroz para seus rivais diretos. A Slack, por exemplo, apresentou queixas antitruste contra a atribuição de muitos recursos da Microsoft em seu aplicativo Teams, que lembra a guerra dos navegadores da década de 1990. Na verdade, os complementadores deveriam sempre considerar nossa discussão sobre a inversão de valor nos ecossistemas do Capítulo 1. Mas é indubitável que a nova abordagem de Nadella para alinhar parceiros e, digamos, "amigos" transformou a posição e o sucesso da Microsoft.

Do Potencial à Realidade: A Mentalidade Certa no Papel Certo

Em 2020, a Microsoft havia adicionado mais de US$1 trilhão ao seu valor de mercado desde que Nadella assumiu o comando. US$1.000.000.000.000 — é um bocado de zeros. Silenciosamente, ela se tornou uma das empresas mais valiosas do mundo. Isso é uma surpresa para muitas pessoas, e é exatamente esse o ponto. A Microsoft elevou sua estatura silenciosamente, com humildade.

O valor de mercado reflete as expectativas para o crescimento futuro da empresa, que são em grande parte impulsionadas pelo que espera de sua plataforma de computação em nuvem. Convém lembrar que foi sob a liderança de Ballmer que a Microsoft investiu, desenvolveu e lançou a plataforma de serviço em nuvem Azure. E se deu no mandato dele também o desenvolvimento e o lançamento do Office 365, a versão hospedada na nuvem que Nadella usaria para iniciar o MVE do Azure com clientes corporativos. Contudo, foi apenas sob a presidência de Nadella que esses produtos floresceram no mercado.

Não havia entre eles diferenças em termos de ambição, paixão, poder ou compromisso: lembre-se de que Ballmer investiu dezenas de bilhões na busca por tais objetivos. A diferença era uma mentalidade de alinhamento.

O sucesso com o Azure exigiu encontrar um novo alinhamento entre os atores críticos. Nadella aproveitou a vantagem proporcionada pelo Office 365 para fazer a transposição do ecossistema que levou os departamentos de TI corporativos conservadores a mergulhar na nuvem e, com isso, comprar o serviço diretamente da Microsoft pela primeira vez. A criação da oportunidade de compra direta também serviu para colher os frutos mais à mão dos revendedores da Microsoft, criando o ímpeto para um canal de vendas que até então relutava em investir em um novo conjunto de recursos baseado no Azure e encontrar maneiras de vender recursos de maior valor de forma mais ativa e eficaz. O resultado foi uma transformação na posição para a Microsoft, que deixou de ser vendedora de software para se tornar o mecanismo computacional, parceiro analítico e intensificador de decisões de IA de seus clientes.

Para a nossa discussão, ganha especial relevância o fato de que próprio Nadella era presidente da divisão de negócios em nuvem da Microsoft desde 2011, reportando-se diretamente a Ballmer. Mesma pessoa, mesmos produtos. Papéis diferentes, resultados diferentes. A mentalidade é importante, mas a posição na organização também.

Como CEO, Nadella foi capaz, com suas escolhas, de gerar benefícios que não podiam ser produzidos em uma mentalidade do tipo "primeiro a Microsoft" e "primeiro o Windows". Em negociações com machos alfa como Apple, Google e Salesforce; na condução de investimentos em novas capacidades por um grande contingente de desenvolvedores independentes; em forçar mudanças nos poderosos canais de vendas da Microsoft; ao impulsionar as operações baseadas na nuvem para clientes corporativos conservadores de TI — em todas essas ocasiões, um líder cujo foco estava no alinhamento no topo foi essencial para transformar de promessa em realidade a visão de um futuro em primeiro lugar no móvel e na nuvem para a Microsoft.

Nadella conseguiu atingir um equilíbrio poderoso, alinhando o ecossistema do Azure, no qual a Microsoft é claramente a líder, enquanto permite que os parceiros no ecossistema alavanquem sua participação em direção ao progresso em outros espaços econômicos. Seu objetivo não é criar o sistema operacional para o carro inteligente, por exemplo, mas ser a infraestrutura de processamento das informações (ao menos por ora). Como Rod Hochman, CEO do Providence St. Joseph Health, explicou ao anunciar sua escolha de transferir os dados e os aplicativos de seu sistema de 51 hospitais para a nuvem Azure, ele escolheu a Microsoft, em vez da Amazon, da Apple e do Google, porque "[a Microsoft não está] tentando entrar no ramo de saúde, mas [está] tentando torná-lo melhor."

Nadella mostra que a ambição do ecossistema de base ampla pode ser sustentada desde que seu figurino se ajuste à coalizão, ou seja, liderar onde os outros estão dispostos a seguir e apoiar a liderança de outros onde a liderança deles é mais produtiva. A resolução esclarecida, que previne cair na armadilha do ego sistema, é criar uma estrutura de alinhamento na qual todos podem ser os heróis de sua própria jornada.

Liderando Transições e Líderes em Transição

As discussões usuais sobre estagnação corporativa põem em destaque a visão de liderança, a incompetência tecnológica, a não disposição em aceitar riscos ou a incapacidade de administrar a tensão existente entre exploração de ativos já em mãos e exploração de oportunidades em novos mercados. Isso importa, é lógico, e essas foram as explicações populares para o fracasso da Kodak. Nós as vemos novamente aqui com a Microsoft. Porém, em ambos os casos, essas explicações não são somente erradas, como também contraproducentes. A atribuição incorreta do motivo do fracasso leva à busca da solução errada, e tomar o remédio errado pode deixar alguém mais doente do que já estava.

A história da Microsoft é convincente justamente porque nenhuma das teorias usuais explica de maneira confiável a estagnação sob Ballmer. Vimos que Ballmer tinha visão, desenvolveu tecnologia, dispunha-se a arriscar (e perder) bilhões em suas apostas e não tinha problemas em onerar o negócio principal enquanto explorava e buscava novas oportunidades.

Mas faltou em sua liderança (e nas explicações populares de seu regime de liderança) uma mudança fundamental para uma mentalidade de alinhamento quando suas ambições o levaram além das fronteiras do ecossistema.

Vimos, ao longo deste livro, que sucesso e fracasso dependeram do estabelecimento de estratégias adequadas à fase do ciclo do ecossistema, ora reconhecendo quando as empresas operavam dentro dos limites de um ecossistema existente (priorizando a execução), ora quando elas estavam cruzando os limites (priorizando o alinhamento do ecossistema).

Mas e quanto aos líderes individuais? Claro está que as mentalidades, tal como as estratégias, devem mudar ao longo do ciclo do ecossistema. Agora, será que a mesma pessoa pode fazer tudo? O desafio não se restringe ao indivíduo, mas se estende também à abordagem do quadro de pessoal, à requalificação da organização e, ainda, a quais capacidades estão sendo priorizadas. Conforme o ciclo do ecossistema avança, são *esperadas* quebras e descontinuidades.

É necessária uma mentalidade de alinhamento para estabelecer um ecossistema. Todavia, uma vez alinhado, e de uma perspectiva objetiva, o conjunto de habilidades e a mentalidade de alinhamento perde importância. O que importa a essa altura é a execução dentro dos limites do ecossistema — o desafio de gestão de fazer os trens partirem da estação no momento certo e trilhar o máximo possível de ramais de oportunidade figurativas — com novos serviços, instalando-se em negócios adjacentes e fazendo tudo isso em escala crescente, com eficiência crescente, enquanto gerencia as relações estabelecidas dentro do ecossistema.

Caso você esteja liderando um empreendimento em crescimento ou uma empresa estabelecida, se a questão do alinhamento não lhe passa pela cabeça, então é porque está trabalhando dentro de uma estrutura de ecossistema estabelecida na qual considerar o alinhamento é algo natural. Quando o objetivo estratégico é replicar ou otimizar uma proposta de valor existente dentro de um setor de atividade existente — franquear um restaurante, operar clínicas de radiologia, fabricar móveis — o foco da execução pode fazer sentido. Porém, mesmo aqui, vale a pena ficar de olho no horizonte. Às vezes, uma nova estrutura de alinhamento é imposta de fora — relacionamentos digitais com novos participantes e plataformas sociais; mudanças regulatórias que abrem as portas para novos atores como CVS Health; um novo cenário moldado por empresas como a Wayfair — nesse caso, mudar para uma mentalidade de alinhamento pode ser a diferença entre transformação e irrelevância.

Assumir uma mentalidade de execução é uma necessidade na jornada do ecossistema. Sem ela, o alinhamento passa a ser um potencial não alcançável. Mais do que isso, como exploramos no Capítulo 3, a transição eficiente e efetiva entre os ecossistemas depende da transposição do ecossistema para o novo espaço. E a transposição do ecossistema depende de uma grande execução no espaço original: se Nadella não tivesse ótimos ingredientes para trabalhar (desenvolvidos sob Ballmer), seus esforços não seriam tão bem-sucedidos.

Para a liderança individual, não há nada de automático nessa transição: não há sinalização explícita indicando a necessidade de mudança de mentalidade, nem garantia de que alguém com talento para o alinhamento de ecossistemas também terá talento para a execução e a gestão. No interior de uma nova empresa, esse pode ser uma ocasião bastante difícil. Há exceções, claro, mas essa mudança no desafio da liderança muitas vezes corresponde a uma mudança no líder com a saída do fundador, por conta própria ou do Conselho de Administração, para ser substituído por um CEO "profissional". Os fundadores que permanecem a postos necessariamente encontram uma maneira de adotar uma mentalidade de execução, muitas vezes apoiada por uma nova equipe sênior.

Líderes com mentalidade de execução podem se destacar no crescimento do negócio principal e também na promoção da inovação. Como ficou evidente com os sucessos de Steve Ballmer, uma mentalidade de execução pode ser totalmente consistente para impulsionar o crescimento. A ressalva a ser feita é que tende a ter sucesso apenas dentro dos limites do ecossistema existente.

Mas quando as pressões e as ambições de crescimento se ampliam, esses líderes bem-sucedidos de empresas bem-sucedidas não raro voltam seus olhos para novas propostas de valor que estão *fora* de seu ecossistema. E, como sabemos, esse é um jogo diferente. À medida que cresce o entusiasmo sobre novos mercados, modelos de negócios e novas oportunidades de receita, fica muito fácil não perceber que toda essa nova atividade depende de cruzar as fronteiras do ecossistema, criar novas estruturas de colaboração e estabelecer lá fora a liderança exercida no espaço atual. As perguntas-teste decisivas do Capítulo 5 podem ser úteis para identificar quando a mentalidade de alinhamento ganha novamente importância como requisito de liderança.

A oscilação do pêndulo, ora longe da execução, ora de volta para o alinhamento, pode ser mais difícil de aceitar do que a oscilação inicial, do alinhamento para a execução. Na primeira, depois que o ecossistema amadurece, o alinhamento se transforma em uma não questão, fácil de ser destituído de priorização. Na segunda oscilação, se o negócio principal precisa continuar a ter sucesso, a execução permanece importante, ainda que o alinhamento se torne prioridade no novo domínio de oportunidade. Quando há a necessidade de escolhas que podem trazer benefícios maiores, optar por mudar de uma execução ideal para uma nem tanto, com a finalidade de habilitar o alinhamento, exige disciplina e sacrifício. Do ponto de vista da governança, significa definir metas que vão além do curto prazo, no entendimento de que o alinhamento requer investimento: comprometer recursos no presente para potencial retorno no futuro. A queda na receita no início do mandato de Nadella (veja a Figura 6.2) é uma prova da disposição de se sacrificar em prol de um novo modelo de negócios para o ecossistema do Azure.

Da perspectiva do líder, da mesma forma que não há nada de natural ou automático sobre a mudança do alinhamento para a execução, não há nada de natural sobre a mudança de mentalidade da execução de volta para o alinhamento. Na realidade, essa pode ser a mudança mais difícil para os indivíduos envolvidos, porque começa de uma posição de força, sucesso e poder.

Em empreendimentos em estágio inicial, em que os líderes trabalham desesperadamente para estabelecer suas empresas e têm clareza sobre a necessidade de fazer com que outros apoiem sua proposta de valor, a humildade é uma sandália relativamente fácil de encontrar e calçar. Uma vez que a empresa se saiba bem-sucedida, uma vez que um líder (que pode, de fato, ser o fundador, mas agora é o cabeça de uma empresa de sucesso) esteja acostumado à admiração e ao consenso, reviver uma mentalidade de alinhamento e humildade é muito mais desafiador, do CEO para baixo.

Do Sucesso à Transformação

Um CEO com mentalidade de execução bem-sucedido leva sua empresa a grandes alturas dentro de um ecossistema inicial. Um CEO *transformacional* conduz sua empresa pelos ecossistemas para redesenhar a criação de valor e a competição por intermédio de novas arquiteturas e configurações. Ambos os tipos — os Ballmers e os Nadellas — desenvolveram, necessariamente, uma mentalidade de execução para ter êxito no primeiro ecossistema. O segundo tipo é aquele que se torna uma lenda. A diferença está no dom de redescobrir a mentalidade de alinhamento requerida para ter sucesso no próximo ecossistema.

Quando analisamos a fundo a mecânica subjacente à transformação corporativa, essencialmente um realinhamento do ecossistema interno, vemos em ação os mesmos princípios explorados do Capítulo 3 no contexto dos ecossistemas externos: ecossistema mínimo viável (MVE), expansão em estágios e transposição do ecossistema. Impulsionar o alinhamento requer, sempre, não apenas uma maneira diferente de pensar, mas também uma abordagem diferente para optar por caminhos que trarão benefícios compensatórios, para isso priorizando alinhamento, construção de coalizões e criação de valor conjunto em detrimento de retornos de curto prazo, confiante na esperança de que a recompensa em um prazo mais longo mais do que compensará o sacrifício.

Valer-se dessas ferramentas analíticas e implantá-las de modo a impactar a mudança real depende da atuação dos líderes. E é aqui, no nível do indivíduo, que inevitavelmente fica evidente que os ingredientes essenciais para transformar a abertura a novas concessões em um alinhamento eficaz são a humildade e a empatia. Uma mentalidade de alinhamento depende da humildade para aceitar o fato de que não haverá adesão incondicional de ninguém; e depende da empatia para entender o que permitirá e inspirará uma adesão produtiva de seguidores, na qual se baseia uma estrutura de ecossistema sustentável. É esse o guia crítico para construir confiança e determinar quais compensações fazem sentido para qual parceiro e quando.

Nada impede que empresas poderosas busquem a liderança com ousadia em todas as direções. Mas, como vimos ao longo deste livro, proclamar liderança e inspirar seguidores — a diferença entre ambição vazia e criação de valor significativa — resume-se a alinhamento e a uma mentalidade de alinhamento.

Os CEOs lendários se caracterizam por ter a capacidade de fazer percorrer, eles mesmos e suas empresas, todo o ciclo do ecossistema ilustrado na Figura 6.4, transpondo o ecossistema para além de suas fronteiras e, com isso, criar novo espaço de mercado, muitas e muitas vezes.

A lista de exemplos transformadores é longa: Steve Jobs, da Apple, combinando as propostas de valor de um tocador de música iPod, um telefone e um dispositivo de acesso à internet para criar o iPhone e transformar a noção de conectividade pessoal. Jeff Bezos, da Amazon, combinando alto-falante inteligente, assistente de voz e controle residencial inteligente no alto-falante Echo para mudar de vez a forma de atuação de cada um desses setores antes distintos, originando o ainda mais amplo ecossistema Alexa. Oprah Winfrey, expandindo o impacto de sua personalidade, da televisão para produtora e locutora, e daí para impressão e bem-estar. Elon Musk, combinando carros elétricos, infraestrutura de carregamento e tecnologia de direção autônoma para abrir novos horizontes no ecossistema de mobilidade e além. Escolha o seu favorito.

Ecossistema 1 — Fundador
Transposição de Ecossistema
Ecossistema 2 — CEO Transformacional

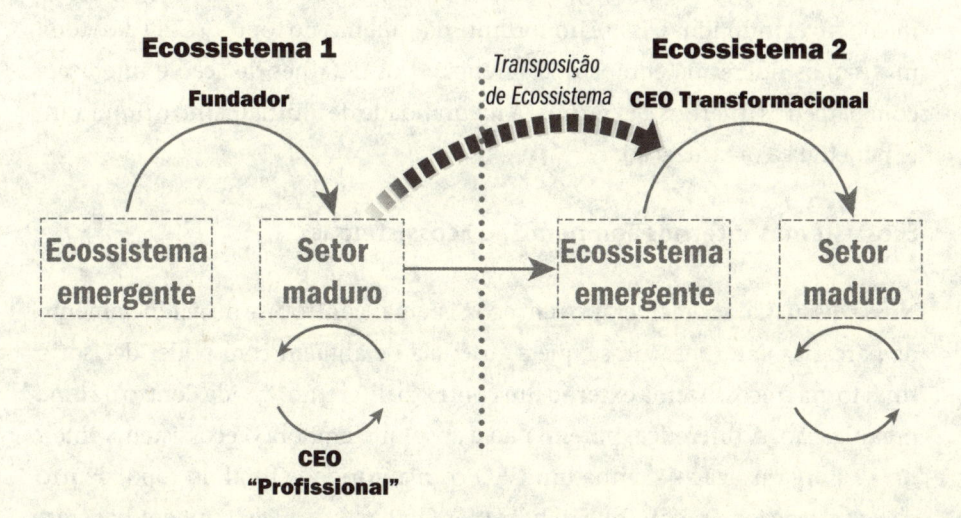

Ecossistema emergente → Setor maduro → Ecossistema emergente → Setor maduro

CEO "Profissional"

Figura 6.4
O ciclo do ecossistema destacando a transição das funções de liderança e o emprego da transposição do ecossistema para facilitar a transição entre as fronteiras do ecossistema.

Embora todos esses fundadores sejam bem conhecidos, o status de fundador não é necessário nem suficiente para fazer a transição das empresas entre os ecossistemas. Dei ênfase ao papel de Satya Nadella como líder transformador precisamente porque ele *não* é um fundador. Pertencente aos quadros internos durante 22 anos antes de se tornar CEO, Nadella praticou um jogo de alinhamento brilhante. E ele está longe de ser o único. Larry Merlo transformou a CVS de farmácia varejista em gigante da área de saúde. Johan Molin transformou a ASSA ABLOY de fabricante de fechaduras mecânicas a líder no ecossistema de controle de acesso. Harold Goddijn singrou os mares turbulentos do mercado de dispositivos de navegação pessoal para recriar a posição da TomTom no ecossistema de geodados. Nancy McKinstry levou a Wolters Kluwer de livros de referência impressos para soluções digitais; Anders Gustafsson fez com que a Zebra Technologies passasse do rastreamento de ativos para a transformação de fluxos de trabalho. Cada um demonstra que mudar o jogo é possível em grandes organizações, muito depois de os fundadores as terem deixado e sob o olhar atento dos mercados e da pressão dos acionistas.

É indispensável, para fundadores e não fundadores, preservar uma mentalidade de alinhamento mesmo no sucesso, para evitar a armadilha do ego sistema no nível individual. Isso é importante não apenas no topo. O CEO dá o tom, mas são os líderes de equipe que gerenciam os detalhes de ação e interação, com parceiros internos e externos. A mentalidade de alinhamento é importante para toda a organização.

Ecossistemas Internos Também São Ecossistemas

Nossa discussão sobre liderança em ecossistemas centrou-se no gerenciamento de parcerias externas. Viu-se que a ausência de alguém com poder decisório final torna o ecossistema externo um contexto diferente da vida dentro de uma organização. A diferença, porém, não é absoluta: embora o ecossistema interno — a organização — tenha um CEO com autoridade final no topo, dentro da organização, a menos que se possa ter fácil acesso a ele, também haverá a necessidade de uma estratégia de alinhamento. Na verdade, todo CEO sábio faz o possível para evitar recorrer ao exercício solitário de autoridade.

O realinhamento do ecossistema externo quase sempre requer algumas mudanças paralelas no ecossistema interno. A distinção que importa, tanto no contexto interno quanto no externo, é se estamos trabalhando dentro dos limites estabelecidos ou ultrapassando-os. Dentro da organização, o CEO é um elemento único por ter toda a empresa sob sua autoridade. A partir dos outros membros da diretoria para baixo na hierarquia, no entanto, a autoridade de todos os outros é limitada a silos cada vez mais estreitos.

Sempre que uma nova iniciativa exige que os silos interajam, há a necessidade de gerenciar uma mudança interna do ecossistema. Isso dá origem às mesmas considerações de ecossistema emergente já feitas: mentalidade de alinhamento, empatia, coalizão primeiro. Engenharia colaborando com Aprovisionamento para inovar o design; Cadeia Logística colaborando com Vendas para inovar a resiliência; Recursos Humanos colaborando com todos para inovar a continuidade. Para que tais iniciativas tenham sucesso, você precisa de líderes que possam gerenciar o realinhamento entre departamentos e divisões.

"A inovação e a competição não respeitam nossos silos, nossos limites organizacionais, então é preciso aprender a transcender essas barreiras", diz Nadella. "Não se trata de fazer o que é confortável dentro de nossa própria organização, mas de sair dessa zona de conforto, estendendo a mão para fazer as coisas que são mais importantes para os clientes." Liberar o potencial de crescimento do Azure exigiu não só redescobrir a percepção do cliente e a colaboração do parceiro, mas também uma reconfiguração fundamental da própria organização, da cultura e da governança interna da Microsoft.

Consistente com décadas de sabedoria recebida, durante anos o Azure foi gerenciado como uma organização separada dentro da Microsoft. O objetivo era proteger novos empreendimentos revolucionários das demandas e da influência do negócio principal, possibilitando-lhes ser gerenciados e mensurados em condições mais favoráveis. A desvantagem dessa separação, contudo, é que ela foi um freio para a verdadeira transformação. Sob Ballmer, o isolamento do Azure dentro da organização maior da Microsoft significava que, seja qual fosse seu mérito técnico ou visão de negócios, a proposta de valor nunca poderia escalar seu potencial. Tornar-se um provedor líder de serviços baseados em nuvem exigiria uma mudança nas abordagens da Microsoft para vendas, finanças e operações, todas elas residindo em outros silos. O Azure só poderia prosperar se outras partes do ecossistema interno da Microsoft fossem reformuladas para dar suporte à sua proposta de valor.

O principal negócio da Microsoft era desenvolver e vender software. Com o Azure, a Microsoft assumia a responsabilidade de executar os processos baseados em nuvem de seus clientes, o que implicava mudar drasticamente sua própria base tecnológica. Para fazer isso, sob Nadella, o grupo de TI da Microsoft foi reconstituído e rebatizado como Microsoft Core Services Engineering and

Operations (CSEO), interagindo com o restante da organização mediante um novo conjunto de procedimentos, prioridades e questões de orçamento. Da mesma forma, uma alavanca importante para trazer clientes corporativos para o Azure foi mudar o modelo de vendas do Office Suite na nuvem. A família de produtos Office, porém, por ser controlada fora da unidade de negócios do Azure exigia um novo conjunto de colaborações de integração — coinovação interna. A abordagem da Microsoft para os serviços em nuvem com o Azure foi especial justamente porque se fundamentou na exclusividade da transposição do ecossistema dela. Foi essa diferenciação que permitiu à Microsoft ultrapassar outras empresas na corrida para alcançar o AWS da Amazon (a primeira e ainda mais bem-sucedida empresa no mercado). Embora a separação do negócio principal ofereça alguma proteção aos novos empreendimentos internos, o preço a pagar é, geralmente, a incapacidade de acessar e implantar os recursos do negócio principal para iniciar um MVE *em escala*.

Quase sempre, as iniciativas inovadoras começam como demonstrações-piloto do que é possível quando há colaboração entre os grupos internos. Gerentes de alto potencial são colocados em equipes multifuncionais para conduzir novos e ousados esforços de invenção do futuro. Os pilotos são celebrados quando têm sucesso, mas uma grande parcela não vai adiante, apesar de seu sucesso. Isso ocorre porque, com frequência, os gerentes responsáveis se concentram na execução do piloto, em vez de se organizar para o sucesso em escala. Eles se valem de suas redes pessoais, reputações e alocações temporárias de recursos para obter êxito, não se dando conta de que a própria singularidade de sua dedicação e de seus esforços torna improvável a replicação. Esses pilotos são bem-sucedidos na bolha protetora que, no curto prazo, é o centro das atenções executivas, mas não podem ter um impacto duradouro em escala, no espaço aberto da organização mais ampla. Isso ocorre porque o ecossistema foi "condensado" para fazê-los funcionar; não foi realinhado para torná-los rotineiros.

Quem já trabalhou em uma grande organização está familiarizado com o cemitério de projetos-piloto multifuncionais bem-sucedidos que desaparecem após a conclusão. Evitar esse destino deve ser tarefa prioritária para qualquer gerente disposto a fazer a diferença em longo prazo. A inovação bem-sucedida em um ecossistema interno segue a mesma abordagem que adotamos em um ecossistema externo: qual é o nosso MVE? Qual é a nossa abordagem para a expansão em estágios? Temos capacidade de realizar transposições para ajudar a encontrar nosso pé de apoio inicial para a iniciativa?

Qual o significado disso para você? Combinar mentalidades e iniciativas é importante em todos os níveis de gestão. O projeto requer execução dentro da estrutura organizacional existente ou requer orientação para novas interações dentro do ecossistema interno? Como no caso da seleção de CEOs, é importante ter clareza sobre a escolha mais benéfica entre a execução e as mentalidades de alinhamento à medida que você atribui (ou se voluntaria) para as funções. Ciente disso, torna-se crucial cultivar esse talento *antes* de precisar implantá-lo.

No entanto, permanece a questão de onde, quando e o que explorar.

Selecionando e Apoiando Líderes: Novas Escolhas Compensatórias nas Configurações de Ecossistemas

Muitas empresas buscam várias iniciativas simultaneamente, algumas exigindo o alinhamento de novos ecossistemas, outras solidamente posicionadas dentro dos ecossistemas existentes. Se não houver candidatos perfeitos que tenham um talento excepcional para execução e alinhamento, como pesar as opções? E de que maneira isso se reflete na seleção de líderes?

No Capítulo 5, vimos que nos ecossistemas há uma hierarquia particular de vencedores. Líderes de ecossistemas bem-sucedidos ganham muito; seus pares de ecossistemas malsucedidos não ganham nada. Diferentemente do que ocorre no setor de atividade, no qual há uma gradação nos níveis de sucesso, os resultados do ecossistema são binários: alinhados *versus* desalinhados se traduzem diretamente em sucesso *versus* fracasso, com muito pouco espaço para crédito parcial.

Para aqueles a quem cabe designar líderes dentro da organização, identificar as diferentes demandas de liderança de ecossistemas emergentes *versus* maduros requer enfrentar uma nova escolha: qual dimensão de liderança priorizar? Qual dimensão se está disposto a sacrificar?

A resposta exige refletir sobre o ponto em que se está no ciclo do ecossistema. A necessidade mais urgente, a maior oportunidade, a maior vulnerabilidade — tudo isso está relacionado a uma melhor execução dentro dos limites existentes ou à criação de alinhamento para gerar um novo espaço de mercado?

Dar-se conta da assimetria entre o continuum de sucesso setorial e o caráter "tudo ou nada" do sucesso do ecossistema abre uma perspectiva. O benefício marginal de passar de uma boa execução para uma ótima execução é suficiente para compensar o risco de fracasso total no alinhamento de seu ecossistema emergente? A resposta dependerá do tamanho e da trajetória de crescimento de sua atividade principal e do potencial de oportunidades de seu ecossistema. Assim, por exemplo, por mais de um século, a inovação automotiva e a competição se debateram dentro de um ecossistema maduro, a estrutura bem definida que confortavelmente chamamos de "indústria automobilística". Naquele século, CEOs que se destacavam em gestão e execução faziam todo o sentido do mundo. Hoje, em face de desafios e oportunidades que envolvem múltiplos espaços — autonomia, propulsão elétrica, conectividade e reconfiguração de infraestrutura —, líderes capazes de promover uma mentalidade de alinhamento para ajudar a definir o novo "ecossistema de mobilidade" pareceriam ser a maior prioridade.

Uma implicação das mais sérias é que, se você não vê valor suficiente na oportunidade do ecossistema que justifique renunciar a ganhos de execução de sua atividade primária, sua empresa provavelmente *não deveria mexer uma palha* na questão da liderança do ecossistema. No nível pessoal, se você acha que não obterá o apoio necessário para gerenciar durante a queda na execução, pode querer rever se a oportunidade é mesmo aquela que deseja perseguir.

Assumir o papel de seguidor inteligente no novo ecossistema é opção melhor do que se envolver em um esforço inútil, condenado desde o início, para liderar o ecossistema. Em outras palavras, você deve priorizar o talento de execução, em vez do talento de alinhamento, somente se está disposto a desistir de uma tentativa de liderança no ecossistema. Fazer algo diferente disso é entrar na areia movediça do fracasso do ecossistema. Se seus colegas precisam ser convencidos, você pode lembrá-los dos US$7,2 bilhões gastos e depois admitidos como perdidos na aquisição da Nokia pela Microsoft.

Mentalidades Importam

É difícil pensar em uma atividade ou uma empresa para a qual a dinâmica do ecossistema não esteja se tornando cada vez mais importante. Do ponto de vista de qualquer Conselho de Administração corporativo, é cada dia mais crucial considerar a mentalidade dos líderes que estão selecionando. Do ponto de vista dos CEOs, é cada dia mais crucial considerar as escolhas que envolvem benefícios compensatórios, bem como as culturas e as capacidades sob sua orientação. Do ponto de vista de todos na organização, é cada dia mais crucial repensar suas próprias iniciativas e posições à luz da necessidade de alinhamento.

Assim como não há uma estratégia universalmente "certa", mas sim uma estratégia certa para uma organização específica, não há uma mentalidade exclusivamente "certa". As mentalidades de liderança precisam se ajustar ao contexto, à organização e à pessoa. Gerenciar esse ajuste é vital porque, quase sempre, implementar novas estratégias para o ecossistema externo requer uma adequação do ecossistema interno. Também aqui, uma meta de mudança deve ser acompanhada por um plano eficaz de alinhamento. Isso significa que o sucesso depende não apenas da estratégia e da mentalidade do líder, mas também da capacidade da organização de compreender e interagir com essas ideias. Voltaremos a esses temas no Capítulo 7.

7
A Clareza Estratégica é Coletiva

> "Você não consegue compreender aquilo que não consegue descrever."
> — Malcom Gladwell

> "As pessoas não conseguem compreender sua estratégia se *elas* não conseguem descrevê-la."
> — Corolário de Adner

Se lhe for dada a oportunidade de escolher entre uma ótima estratégia e boa sorte, você deve sempre escolher a sorte. O problema, claro, é que a sorte nunca está entre as opções do cardápio. O papel da estratégia, então, é reduzir a quantidade de sorte de que você precisa para ter sucesso. Ou, inversamente, cabe a ela permitir que você aproveite ao máximo qualquer boa sorte que surja em seu caminho.

O sucesso na mudança de setores de atividade para ecossistemas requer uma nova abordagem para a estratégia de criação. No entanto, para ser eficaz, a estratégia deve ser completamente entendida. A ruptura clássica derruba a ordenação competitiva dentro de uma caixa setorial, enquanto a ruptura do ecossistema quebra a caixa à medida que as propostas de valor vão sendo, elas mesmas, derrubadas. Trata-se de um novo mundo, no qual o objetivo da estratégia não é simplesmente ajudá-lo a vencer, mas também garantir que você esteja competindo para vencer o jogo certo. Um requisito para o sucesso é uma linguagem compartilhada dentro da organização para que todos entendam como o jogo mudou e de que modo a vitória é definida.

Esteja você causando uma ruptura do ecossistema ou descobrindo como reagir a ela, a elaboração de uma estratégia robusta em um jogo em constante mudança começa por compreender em profundidade sua arquitetura de valor. Depende de seu papel na organização a maneira como trazer à tona e empregar esse entendimento.

Se seu papel é liderar um empreendimento de risco em crescimento: Pode ser fácil confiar no contato direto e na intuição compartilhada típica da dinâmica de pequenas equipes como substituto de uma articulação explícita de uma arquitetura de valor, a qual, provavelmente, está se desenvolvendo em sua mente. Tornar explícito o que está implícito, entretanto, renderá dividendos, tanto na coordenação interna quanto na externa, porque ajudará a gerar clareza sobre a construção do ecossistema: qual é o seu MVE? Em que pé está a expansão em estágios? Como você deve pensar sobre o momento certo de agir e sobre os desafios emergenciais ao longo do caminho? Qual é a maneira certa de criar uma posição produtiva dentro de seu ecossistema que sirva de ponto de apoio para uma expansão ainda maior?

Para empreendimentos de risco bem-sucedidos, um dos maiores obstáculos inerentes ao sucesso é aumentar o âmbito da compreensão: as equipes crescem, novas pessoas entram na empresa, e por aí vai. Se você não preparou uma linguagem apropriada para se comunicar com elas, não se surpreenda quando a coerência inicial se transformar em cacofonia. Ter uma linguagem estratégica clara *antes* do crescimento é a melhor maneira de avançar durante o crescimento.

Se sua função for liderar uma empresa estabelecida: Já estar atuando no setor confere vantagens poderosas em termos de posições de mercado estabelecidas, relacionamentos de ecossistema e fluxos de receita. Porém, à medida que as empresas e os setores amadurecem, o conjunto de razões para a arquitetura de valor central e a estrutura do ecossistema pode ficar em segundo plano, uma vez que se passa a considerar normal que a atenção fique centrada na eficiência e na execução. Isso pode criar pontos cegos para ameaças e oportunidades fora da caixa. Comece confrontando o núcleo da questão: "Qual é a nossa arquitetura de valor?" De que maneira determinada mudança repercute em *todos* os elementos? Quais elementos e relações em nosso ecossistema atual devemos priorizar para uma defesa? Para um ataque?

Tenha em mente que essa pode ser uma discussão reveladora e potencialmente desafiadora, com seu pessoal lutando para articular elementos e relacionamentos específicos que fundamentam seu senso de "por que fazemos o que fazemos da maneira como o fazemos". Ao ditado "você não pode gerenciar o que não pode mensurar", acrescentamos o reconhecimento de que "você não pode mensurar o que não pode identificar".

Articular sua arquitetura de valor o ajudará a identificar a ameaça potencial de ruptura na caixa antes que sua posição seja alterada. Simultaneamente, isso também o ajudará a encontrar oportunidades de alavancar a transposição para mudar limites e criar novas posições disruptivas para si mesmo. Isso será útil para evitar a armadilha do ego sistema e sinalizar onde e quando mudar da execução para a mentalidade de alinhamento, e vice-versa.

Se seu papel é influenciar líderes: A maioria de nós (ainda) não lidera organizações. E a maioria de nós (ainda) não está trabalhando em organizações cuja arquitetura de valor tenha sido claramente articulada. Se o trabalho no "topo" deve se concentrar na criação ou na redefinição da arquitetura de valor, o trabalho no "meio" é entender como trabalhar dentro dela.

Em cada organização há uma arquitetura de valor implícita, uma teoria subjacente de como ela cria seu valor. À medida que as organizações e os setores amadurecem, é fácil parar de pensar explicitamente sobre os elementos de valor e a estrutura do ecossistema. Seu trabalho é impedir que isso aconteça, mantendo-os vivos, ainda que apenas para sua própria equipe: quais elementos da arquitetura de valor de sua organização se refletem em sua iniciativa? Como sua iniciativa muda a maneira como esses elementos devem ser compreendidos? Você pode elaborar uma arquitetura para sua iniciativa que seja consistente com a da organização mais ampla, ou há uma contradição que deve ser tratada?

Se você puder posicionar seus projetos e propostas de acordo com elementos e categorias, as chances de que as pessoas "entendam" aumentarão drasticamente. Isso é importante para a alocação de recursos, mas também para a realização do trabalho enquanto você se coordena com outras pessoas dentro e fora de sua organização. E caso sua proposta entre em conflito com a arquitetura, ter conhecimento disso com antecedência lhe possibilitará preparar-se de maneira mais eficaz para exceções ou objeções.

Se seus objetivos se estendem ao impacto social: Um ponto de partida para a estratégia em ecossistemas é destravar o que existe de opções disponíveis na criação de valor. Sua arquitetura de valor não se circunscreve ao papel de guia de como competir quando a paisagem muda, mas vai além, servindo como uma ferramenta deliberativa para moldar o que é relevante no terreno à frente — e cumpre essa tarefa decidindo quais elementos você quer para competir e como abordar os relacionamentos nos quais confia. Com isso, a arquitetura de valor se converte em uma lente poderosa por meio da qual reinventa as interações não apenas dentro, mas também além dos limites usuais.

Pensar em termos de ecossistemas leva a uma maneira de expandir, de forma coerente, para além do foco estreito de valor para o acionista, concentrando-se na criação de valor de forma mais ampla. Como seus elementos de valor interagem com parceiros em suas comunidades locais e na sociedade em geral? Considerando elemento por elemento, onde existem oportunidades para aprimorar sua arquitetura e expandir as dimensões ao longo das quais soluções de ganho mútuo podem ser criadas? Articular essas ligações é o primeiro passo para mudar de forma produtiva as preocupações das partes interessadas da periferia da organização, dirigindo-as para o centro da estratégia.

Os conceitos e as estruturas apresentados neste livro, resumidos na Figura 7.1, devem ser vistos como acréscimos ao kit de ferramentas existente, e não como substituições. Uma compreensão clara da estratégia do ecossistema ajudará a esclarecer quando, e o quanto refinar, as ferramentas clássicas de estratégia podem e devem ser aplicadas.

Linguagem e Estratégia

Muitos líderes têm um senso intuitivo de estratégia, obtido mediante uma combinação de talento e experiência. Ao mesmo tempo, podem ter dificuldade na articulação dessa estratégia.

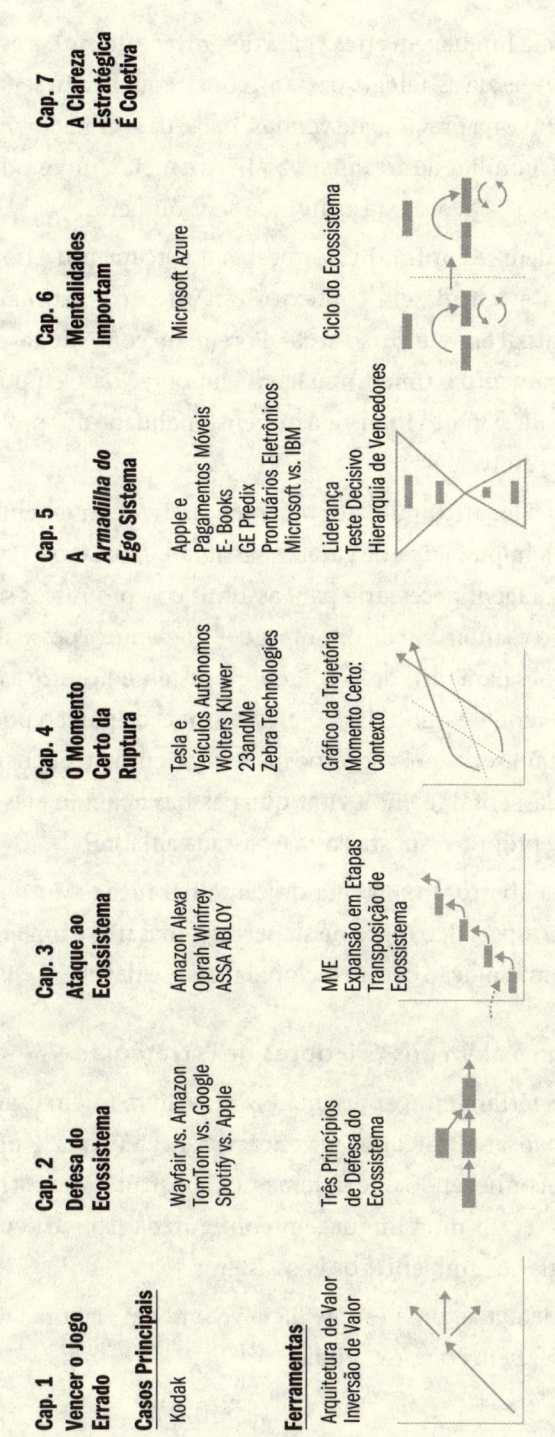

	Cap. 1 Vencer o Jogo Errado	Cap. 2 Defesa do Ecossistema	Cap. 3 Ataque ao Ecossistema	Cap. 4 O Momento Certo da Ruptura	Cap. 5 A *Armadilha do Ego Sistema*	Cap. 6 Mentalidades Importam	Cap. 7 A Clareza Estratégica É Coletiva
Casos Principais	Kodak	Wayfair vs. Amazon TomTom vs. Google Spotify vs. Apple	Amazon Alexa Oprah Winfrey ASSA ABLOY	Tesla e Veículos Autônomos Wolters Kluwer 23andMe Zebra Technologies	Apple e Pagamentos Móveis E-Books GE Predix Prontuários Eletrônicos Microsoft vs. IBM	Microsoft Azure	
Ferramentas	Arquitetura de Valor Inversão de Valor	Três Princípios de Defesa do Ecossistema	MVE Expansão em Etapas Transposição de Ecossistemas	Gráfico da Trajetória Momento Certo: Contexto	Liderança Teste Decisivo Hierarquia de Vencedores	Ciclo do Ecossistema	

Figura 7.1
Vencer o jogo certo.

A ausência de uma linguagem eficaz para descrever e discutir a estratégia é a razão pela qual revisões da estratégia passam, com frequência, a ser tratadas no âmbito orçamentário e na previsão de vendas. Isso é desanimador, mas confortável: uma maneira familiar de articular objetivos e metas, um modo de medir progresso e retrocesso — "Você está atingindo seus números?"

As empresas podem se confundir na questão do orçamento e tratá-lo como uma muleta para a estratégia em contextos estáveis, acompanhando o progresso do negócio atual em seu curso atual. Porém, no contexto de um mundo em mutação, o orçamento é uma linguagem empobrecida e empobrecedora. Sua dimensionalidade é muito inferior à dimensionalidade dos problemas que você está tentando resolver.

Para compensar o lugar-comum dos orçamentos, frequentemente vemos os líderes recorrerem a implorações de caráter passional. A paixão é revigorante e pode estimular a coragem necessária para assumir compromissos sob incertezas. Mas paixão não é sinônimo de orientação. É algo muito pessoal. Abre-se a muitas interpretações para uma ação coerente e sustentada entre as diferentes partes. Pessoas diferentes e imbuídas do mesmo nível de paixão podem divergir sobre o que acham ser a melhor resposta certa. Como preencher essa lacuna? Ou, mais fundamental: como evitar que pessoas apaixonadas se tornem cínicas quando sua própria resposta certa é passada adiante?

A paixão é uma abertura na forma de centelha, fugaz. Motiva, mas não orienta. Um molho especial, o ingrediente secreto, mas não é uma refeição em si. Precisamos de uma solução organizacional mais escalável.

Fluência Estratégica além dos Criadores de Estratégia

Se os conceitos e as ferramentas apresentados neste livro forem usados apenas para construir e analisar estratégias, sua eficácia será atenuada. É preciso multiplicar seu valor reconhecendo que os temas, os construtos e as estruturas que desenvolvemos oferecem uma linguagem configurada para articular e compreender a estratégia em ambientes de ecossistema.

Para que seja adequada, uma estratégia deve ser bem elaborada. E para ser impactante, deve ser bem compreendida.

Pergunte a si mesmo onde, em sua organização, deve terminar o entendimento da estratégia. Você talvez não queira que todos na organização sigam a estratégia. Mas quer, provavelmente, que eles a entendam. Obter adesão ("Concordo com a estratégia") só importará se ela estiver vinculada à compreensão ("Tenho clareza sobre a lógica por trás da estratégia de modo que, quando enfrentar uma decisão, eu saiba como fazer a escolha consistente").

Entretanto, é necessário reconhecer que, a menos que aqueles que devem seguir a estratégia sejam fluentes na linguagem utilizada para comunicá-la, a estratégia corre o risco de se tornar uma declaração engessada em um documento formal em uma gaveta empoeirada.

Isso significa que não basta você sozinho ter uma abordagem mais sutil para desenvolver sua estratégia. Seu pessoal deve obter certa fluência nessa mesma linguagem, a fim de compreender o que você está realmente tentando comunicar. *As pessoas não conseguem compreender sua estratégia se elas não conseguem descrevê-la.*

A questão a ser considerada, então, é como você divulgará essas ideias na organização. Como irá conscientizá-la? Como lidará com ela para orientar as interações? Essa é a diferença entre aproveitar as ideias neste livro para se tornar mais inteligente individualmente e ser mais eficaz coletivamente.[*]

Os Limites da Confiança em um Mundo Ambíguo

O mundo de ontem nunca foi tão simples quanto imaginamos. Mas encontra justificativas a sensação de que os tempos atuais são, de fato, mais complexos e estão em rápida mudança. Gerenciar sob condições de ambiguidade genuína tornou-se uma característica definidora de muitas organizações.

Nesse ambiente, a lógica coerente combinada com a ação coerente é mais valorizada do que nunca. Quando a estratégia maior é mal articulada, nada podemos fazer a não ser procurar "a equipe certa". Procuramos pessoas que

---

[*] Alguns recursos úteis (e gratuitos) para ajudá-lo a compartilhar essas ideias com sua organização estão disponíveis em <http://ronadner.com> [conteúdo em inglês].

"entendam", e com isso queremos dizer que têm a intuição geral certa para que não sejamos obrigados a explicar muito a elas. Mesmo quando pensamos dispor de uma ótima estratégia, explicar é frustrante quando nos falta linguagem para comunicá-la.

Nesse mundo, a confiança é um substituto para a compreensão. Precisamos confiar na visão do líder porque não vemos o que ele vê. No entanto, e se realmente entendêssemos o que eles estavam pensando e fazendo? Caso tivéssemos clareza sobre onde as coisas estão em relação ao plano, não precisaríamos nos ater à nossa confiança: teríamos uma perspectiva objetiva.

Confiança é a chave para a perseverança durante o trabalho fatigante. É um recurso extremamente valioso, mas muito limitado. A questão é se você está depositando confiança (1) na dimensão da estratégia — para onde estamos indo e por que estamos fazendo as escolhas que fazemos; ou (2) na dimensão da execução — ter fé e disposição para superar os inevitáveis obstáculos e reviravoltas. Ter uma linguagem para explicar sua lógica significa depositar menos confiança na primeira dimensão, deixando mais dela como reserva para a segunda.

Para Encerrar, um Desejo

Um mundo de ecossistemas deixa em aberto uma infinidade de possibilidades: mais jogos para jogar, mais maneiras de cooperar, mais posições vencedoras para líderes e seguidores. Essa prodigalidade, contudo, vem acompanhada pelos desafios de maior dinamismo, maior complexidade e um maior número de caminhos que são um beco sem saída.

Um ponto de partida para nossa jornada foi a compreensão de que a diferença entre sucesso e fracasso não é mais tão simples quanto a diferença entre ganhar e perder. Em um mundo de complexidades, escolher de qual jogo participar acaba sendo ainda mais importante do que a eficácia com que você compete, porque vencer o jogo errado pode ser o mesmo que perder. Por outro lado, quem escolhe com sabedoria e encontra maneiras de mudar o jogo ganha enorme vantagem na competição.

Minha esperança é a de que este livro seja útil à medida que você transita por cenários cada vez mais empolgantes, porém desafiadores. Não tenho o dom de lhe dar mais ou melhor sorte. Em vez disso, meu desejo é o de que as ideias deste livro o ajudem a criar estratégias que reduzam sua necessidade de sorte e, ao mesmo tempo, lhe deem a confiança necessária para dobrar suas apostas quando você reconhecer que as circunstâncias são realmente afortunadas.

Posfácio:
Enfrentando a Ruptura do Ecossistema Além do Setor Privado

A dinâmica da criação de valor, impulsionando o progresso e melhorando o bem-estar, é importante para todas as organizações. Em que pese os exemplos neste livro terem sido extraídos do mundo com fins lucrativos, enfrentar o desafio da ruptura do ecossistema é, ao menos, tão urgente quanto a busca de missões sociais mais amplas.

Há muito o setor social foi definido pela interdependência — organizações sem fins lucrativos, organizações governamentais, fundações, ativistas trabalhando em prol de uma proposta de valor de âmbito geral. Às vezes coerentemente, em outras, em contradição e conflito, mas sempre enfrentando um problema cuja solução só pode vir da colaboração dentro de e entre esses grupos.

Problemas sociais têm arquiteturas complexas; por sua própria natureza, abrangem várias "caixas". Conforme foi se aprofundando nossa compreensão de suas causas subjacentes e consequências mais amplas, ficou cada vez mais claro que eles não podem ser resolvidos com abordagens dentro da caixa.

- Isso fica evidente ao notarmos que a noção de saúde está se expandindo além de seu escopo tradicional de atendimento clínico para abordar questões de saúde da população. Estilo de vida e dieta, acesso a alimentos frescos, eliminação de fungos indutores de asma em prédios com manutenção insuficiente estão agora sob a responsabilidade de profissionais de saúde e seguradoras.

- Isso fica evidente ao notarmos como o conceito de policiamento está sendo revisado para dar conta da discriminação racial, da saúde mental e da disparidade econômica. A relação entre a aplicação da lei, relações comunitárias e serviços sociais está em discussão e sendo renegociada.
- Isso fica evidente ao notarmos a manifestação tangível quanto às preocupações ambientais. As consequências da poluição se expandiram da água contaminada e ar sujo para a elevação do nível do mar e megaincêndios. A ação local deve ser coordenada para impactar os problemas globais.

A lista é longa e só cresce. As respostas a tais desafios variam desde uma escolha esclarecida (por exemplo, buscar a saúde da população como uma abordagem mais produtiva para o bem-estar) até uma resposta forçada (ninguém "optou" pelo aumento do nível do mar). Em todos os casos, no entanto, eles redesenham a proposta de valor e os limites da atividade. As mudanças, por seu turno, exigem um novo exame do valor subjacente das arquiteturas, das posições e das funções exercidas. Abordar esses esforços sob o ponto de vista do ecossistema aumentará as chances de uma resposta eficaz.

Você pode revisitar as ideias deste livro da perspectiva de uma instituição sem fins lucrativos, um formulador de políticas públicas, uma organização governamental reguladora ou um ator profissional que procura contribuir para mudanças de caráter social. As mensagens — compreenda seu ecossistema, repense a colaboração, revisite a liderança, assegure-se de que está lutando a luta certa, não apenas a antiga — se aplicam independentemente de sua métrica de sucesso basear-se no lucro privado ou no bem-estar social. Na verdade, é ainda mais importante para quem depende de recursos, como organizações sem fins lucrativos e entidades governamentais que atendem a necessidades sociais urgentes.

Os envolvidos em atividades do setor social, a depender de sua organização e posição dentro do ecossistema, têm acesso a diferentes alavancas: a capacidade de moldar o ambiente de outros; a capacidade de direcionar recursos; a capacidade de dar ou retirar legitimidade. A ativação dessas alavancas requer esforço e tempo, mas uma vez em ação, elas são difíceis de desativar. Não raro encontramos menos agilidade e responsividade do que gostaríamos, mas, ocorrido o engajamento, as consequências podem ser enormes. O poder dessas alavancas faz com que uma abordagem mais eficaz da estratégia seja ainda mais importante.

Estou escrevendo isto em janeiro de 2021, e o mundo está lutando contra a pandemia da COVID-19. Eis aí um estudo de caso humilhante de ruptura do ecossistema, cuja natureza global mudou as relações entre os países e dentro deles. O COVID-19, um vírus que normalmente seria uma preocupação do sistema de saúde, reverberou em quase todas as atividades do planeta. Exigiu uma resposta que demanda novos modos de interação e colaboração entre organizações sociais e governamentais, abrangendo transações comerciais, justiça, relações internacionais, relações de trabalho, educação, habitação, transporte, e muito mais.

A pandemia obrigou-nos a repensar papéis e interações na busca de objetivos que são maiores do que o mandato de qualquer entidade isolada. Nossa capacidade de dar um fim à atual crise de saúde dependerá do esforço heroico e das inovações de uma longa lista de pessoas e organizações trabalhando de mãos dadas. Porém, mesmo após a crise ir embora, devemos esperar que a tendência futura, tanto de problemas quanto de oportunidades, continuará a ser caracterizada por maior complexidade e mudança de fronteiras.

A urgência das missões sociais se intensifica, não obstante a própria complexidade de cumprir suas missões esteja aumentando. Ao mesmo tempo, ferramentas e tecnologias que permitem a colaboração estão sendo rapidamente aprimoradas. Se pudermos combinar esses fatores com uma estratégia mais eficaz, haverá boas razões para ter esperança enquanto encaramos o futuro.

Notas

Capítulo 1

1. Em 2008, Porter revisitou a estrutura das Cinco Forças e esclareceu que, em sua opinião, as fronteiras de uma economia compartimentada em setores consistem em duas dimensões principais: escopo de produtos ou serviços e escopo geográfico; ver Michael E. Porter, "The Five Competitive Forces That Shape Strategy", *Harvard Business Review* 86, nº 1 (2008): 25-40; 38. Pode-se usar isso como um teste decisivo: quando você sente que essas duas dimensões são suficientes para definir sua concorrência, você pode ser bem servido por abordagens clássicas de estratégia para a análise do setor de atividade. Caso contrário, provavelmente será necessária uma abordagem de ecossistema.

2. Apresentei pela primeira vez uma versão desta definição em Ron Adner, "Ecosystem as Structure: An Actionable Construct for Strategy", *Journal of Management* 43, nº 1 (2017): 39-58, https://doi.org/10.1177/0149206316678451 (acesso aberto). Lá, traço uma diferença importante entre as noções de "ecossistema como estrutura", conforme a definição aqui, e "ecossistema como afiliação", em que o termo é usado para discutir *plataformas* e *mercados multifacetados*. Em contextos de "estrutura", o foco está em estabelecer as interações através das quais parceiros específicos fazem contribuições distintas e bem definidas para alcançar uma proposta de valor. A principal preocupação é o alinhamento, que é o foco deste livro. Em contextos de "afiliação", a preocupação é criar uma posição intermediária entre outros atores. As questões centrais referem-se ao acesso, à abertura, às condições de pagamento e ao direcionamento dos efeitos da rede para permitir interações emergentes. Desse ponto de vista, plataformas e setores de atividade assemelham-se no sentido de que ambos presumem algum tipo de estrutura estabelecida dentro da qual

as interações acontecem. É por isso que, em geral, as plataformas são construídas apenas depois que as bases do ecossistema foram estabelecidas. Aspectos estruturais e de afiliação podem coexistir em certo ambiente, mas são administrados por meio de estratégias diferentes. Os leitores interessados em uma discussão mais detalhada de como a construção do ecossistema se relaciona com outras abordagens quanto à interdependência na literatura de estratégia (por exemplo, modelos de negócios, cadeias de suprimentos, cadeias de valor, plataformas, inovação aberta, redes de valor) podem procurar por "Ecossistema como Estrutura". Para um exame cuidadoso da estratégia de plataforma, veja Geoffrey G. Parker, Marshall W. Van Alstyne e Sangeet Paul Choudary, *Platform Revolution: How Networked Markets Are Transforming the Economy and How to Make Them Work for You* (Nova York: W. W. Norton & Company, 2016).

3. O ciclo do ecossistema destaca a evolução e a devolução das estruturas de alinhamento. Nesse sentido, difere dos modelos do ciclo de vida de escolhas tecnológicas (por exemplo, William J. Abernathy e James M. Utterback, "Patterns of Industrial Innovation", *Technology Review* 80, nº 7 [1978]: 40-47; Philip Anderson e Michael L. Tushman, "Technological Discontinuities and Dominant Designs: A Cyclical Model of Technological Change", *Administrative Science Quarterly* 35, nº 4 [1990]: 604-633) e do progresso tecnológico (por exemplo, Richard Foster, *Innovation: The Attacker's Advantage* [Nova York: Summit Books, 1986]). O ciclo do ecossistema preocupa-se com o surgimento de padrões rotinizados de interação (por exemplo, Brian Uzzi, "Social Structure and Competition in Interfirm Networks: The Paradox of Embeddedness", *Administrative Science Quarterly* 42, nº 1 [1997]: 35-67; Thomas P. Hughes, *Networks of Power: Electrification in Western Society, 1880-1930* [Baltimore, MD: Johns Hopkins University Press, 1993]) e com seu colapso potencial.

4. A construção de uma arquitetura de valor apresentada aqui é distinta de anteriores colocações da noção de "arquitetura" na literatura de estratégia. Compará-la com os fluxos existentes pode ajudar a esclarecer a ideia.

A arquitetura de valor está enraizada na escolha abstrata e representacional de elementos de valor, em vez de em sua manifestação tangível por meio de tecnologias, atividades, atributos de funcionalidade ou componentes físicos. É, portanto, diferente da noção de arquitetura de produto discutida no artigo de referência de Rebecca M. Henderson e Kim B. Clark "Architectural Innovation: The Reconfiguration of Existing Product Technologies and the Failure of Established Firms", *Administrative Science Quarterly* (1990): 9-30, que se concentra nos vínculos entre os componentes físicos do produto e destaca as mudanças nas quais os componentes interagem: "A inovação arquitetônica é muitas vezes desencadeada por uma mudança em um componente — talvez o tamanho ou algum outro parâmetro subsidiário de seu design — que cria novas interações e novos vínculos com outros componentes no produto estabelecido. O que importa é que o conceito central de design por trás de cada componente — e o conhecimento científico e de engenharia associado — permanece o mesmo"(12). Mesmo ao discutir as implicações organizacionais da mudança — por exemplo, o papel dos filtros de informação e dos canais de comunicação —, essa literatura volta ao papel da tecnologia física. Tal diferença entre escolhas representacionais e interfaces físicas distingue de forma semelhante a abordagem aqui da literatura de design modular; veja, por exemplo, Carliss Y. Baldwin e Kim B. Clark, *Design Rules: The Power of Modularity*, vol. 1 (Cambridge, MA: MIT Press, 2000); e Karl Ulrich, "The Role of Product Architecture in the Manufacturing Firm", *Research Policy* 24, nº 3 (1995): 419-440.

A ideia da arquitetura de valor difere também daquela de uma "arquitetura de setores de atividade" (por exemplo, Michael G. Jacobides, Thorbjørn Knudsen e Mie Augier, "Benefiting from Innovation: Value Creation, Value Appropriation and the Role of Industry Architectures", *Research Policy* 35, nº 8 [2006]: 1200-1221), que se concentra em como a divisão do trabalho impacta a divisão dos lucros em uma cadeia de valor setorial.

Em uma linha diferente, as representações de sistemas de atividades focam as atividades do lado da oferta realizadas por uma empresa para produzir um bem ou um serviço; por exemplo, veja Nicolaj Siggelkow, "Evolution toward Fit", *Administrative Science Quarterly* 47, nº 1 (2002): 125-159. Em contraposição, os elementos de valor que compõem a arquitetura de valor operam em um nível superior, mais amplo do que as atividades necessárias para a produção. Ademais, os elementos de valor podem incorporar explicitamente as atividades de diversas empresas parceiras que participam da construção de determinada proposta de valor: eles não estão vinculados à ação ou à identidade de qualquer empresa.

Finalmente, os elementos de valor que são organizados na arquitetura são diferentes dos atributos que delineiam preferências definidas pelo cliente em torno de produtos/serviços específicos. Além disso, eles têm uma relação explícita entre si que orienta a construção de valor: a arquitetura de valor não é uma lista desagregada de características do produto/serviço. Isso contrasta com a construção das curvas de valor apresentada em W. Chan Kim e Renée Mauborgne, *Blue Ocean Strategy: How to Create Uncontested Market Space and Make the Competition Irrelevant* (Boston: Harvard Business School Press, 2005). Quanto a isso, a arquitetura de valor pode ser vista como uma ponte entre os atributos centrados no cliente da curva de valor e as atividades no lado da oferta da cadeia de valor.

5. Valor é uma noção sempre presente nas discussões de estratégia. A literatura acadêmica examina o equilíbrio entre criação e captura de valor, a natureza e a dinâmica das cadeias de valor, havendo até um subcampo denominado "estratégia baseada em valor", cujos primeiros postulados são as noções de valor agregado e disposição a pagar (DAP). DAP é a abreviatura poderosa que permite que a literatura de estratégia baseada em valor se concentre no impacto que as atividades têm no valor do cliente. Essa abordagem foi crítica para estabelecer complementadores como contribuintes igualmente críticos para os resultados das empresas, como fornecedores e compradores, oferecendo um novo ângulo de visão para considerar os limites da captura de valor. Para as raízes fundamentais da estratégia baseada em valor, veja Adam M. Brandenburger e Barry J. Nalebuff, *Co-opetition* (Nova York: Currency/Doubleday, 1996) e Adam M Brandenburger e Harborne W. Stuart Jr., "Value-Based Business Strategy", *Journal of Economics & Management Strategy* 5, nº 1 (1996): 5-24.

   Porém, embora sempre presente, a noção de valor é também sempre vaga. DAP é uma abstração poderosa que esclarece pontos individuais em uma curva de demanda teórica e como eles podem ser movidos. Mas quanto a isso, é o equivalente, no lado da demanda, do "widget" no lado da oferta. Ele se abstrai do que realmente constitui valor e, com isso, torna invisível a dinâmica crítica, como as mudanças de ordem superior que podem destruir a própria natureza da criação de valor.

   A construção da arquitetura de valor permite que nos conectemos à teoria idiossincrática de criação de valor que as empresas têm no cerne de suas estratégias. Assim, nos permite sondar a abordagem *de uma empresa específica* para os motivadores subjacentes da DAP. Ao incorporar a estrutura entre os elementos, oferece uma plataforma a partir da qual se pode ir além de papéis genéricos, tais como, complementadores e coopetidores na negociação do excedente, para considerar as relações e as tensões específicas que surgem na negociação do objetivo e na estrutura de criação de valor. Essas abordagens são mutuamente consistentes e aprimoram-se mutuamente: há interações frutíferas para explorar aqui.

6. Definir "complementadores" como parceiros cuja criação de valor aumenta a da empresa focal significa que os fornecedores também devem ser incluídos na análise. É um diferencial importante da abordagem tradicional e fundamental para identificar ameaças de transbordamento de caixa. As três maneiras pelas quais os complementadores podem derrubar empresas focais são exploradas em profundidade em Ron Adner e Marvin Lieberman. "Disruption through Complements",

Strategy Science 6, nº 1 (2021): 91-109, https://pubsonline.informs.org/doi/10.1287/stsc.2021.0125 (acesso aberto). O artigo aplica a lógica para considerar cenários no ecossistema de mobilidade.

7. Esta seção se baseia em Ron Adner, "Many Companies Still Don't Know How to Compete in the Digital Age", *Harvard Business Review*, 28 de março de 2016, https://hbr.org/2016/03/many-companies-still-dont-know-how-to-compete-in-the-digital-age.

Capítulo 3

1. Veja S. A. Blank, *The Four Steps to the Epiphany: Successful Strategies for Products That Win* (San Mateo, CA: CafePress.com Publishing, 2005). [Há uma edição em português: *Do Sonho à Realização em 4 Passos: Estratégias para a Criação de Empresas de Sucesso* (Rio de Janeiro, RJ: Alta Books Editora, 2021]; e Eric Ries, *The Lean Startup* (Nova York: Crown Business, 2011).

2. O nome em si foi formado a partir da combinação das iniciais das empresas-mãe: August Stenman Stenman August (ASSA) e Ab Låsfabriken Lukkotehdas Oy (ABLOY), portanto, está em caixa-alta — um aspecto gramatical que também é uma inteligente jogada de marketing.

3. *The Innovator's Dilemma: When New Technologies Cause Great Firms to Fail* de Clayton Christensen (*O Dilema da Inovação*, publicação no Brasil) fez uma série de contribuições fundamentais para nossa compreensão da ruptura (clássica). Veja Joshua Gans, *The Disruption Dilemma* (Cambridge, MA: MIT Press, 2016), para uma visão geral dos debates e da perspectiva em torno da ruptura clássica. Veja Ron Adner e Peter Zemsky, "Disruptive Technologies and the Emergence of Competition", *RAND Journal of Economics* 36, nº 2 (2005): 229-254, para uma análise econômica dos motores da ruptura e uma avaliação inicial dos fatores econômicos que levam as empresas a romper as fronteiras do setor.

4. A noção de sinergias relacionais é diferente do conceito de "rendas relacionais" apresentada em Jeffrey H. Dyer e Harbir Singh, "The Relational View: Cooperative Strategy and Sources of Interorganizational Competitive Advantage", *Academy of Management Review* 23, nº 4 (1998): 660-679. Rendas relacionais são resultados ligados a um relacionamento específico da empresa, definido como "lucro supernormal gerado em conjunto, em uma relação de troca que não pode ser gerado por nenhuma das empresas por si só e pode ser criado somente por intermédio das

contribuições idiossincráticas conjuntas dos parceiros de aliança específicos." Em contraste, a noção de "sinergias relacionais" subjacente à transposição do ecossistema é altamente específica para a empresa *e* para o contexto no qual ela está se expandindo. O contexto é importante porque a meta específica de criação de valor determina a capacidade da empresa de manter relacionamentos com parceiros específicos que preencherão elementos específicos de uma arquitetura de valor.

Note que a ideia de sinergias relacionais por meio de transposição é motivada pelo objetivo de criar um MVE. Elas estão sendo implementadas com o propósito de atrair parceiros, em vez de clientes finais diretamente e, portanto, apresentam uma estratégia de entrada diferente do uso clássico de recursos relacionais na diversificação.

Capítulo 4

1. Este capítulo baseia-se nas ideias de Ron Adner e Rahul Kapoor, "Innovation Ecosystems and the Pace of Substitution: Reexamining Technology S-Curves", *Strategic Management Journal* 37, nº 4 (2016): 625–648; Ron Adner e Rahul Kapoor, "Right Tech, Wrong Time", *Harvard Business Review* 94, nº 11 (2016): 60–67. Essa pesquisa explorou o momento da substituição, apresentando evidências e análises de transições em dez gerações de tecnologia no ecossistema de equipamentos de litografia de semicondutores de 1972 a 2009.

2. Os leitores interessados podem consultar o Capítulo 2 do livro *The Wide Lens: What Successful Innovators See That Others Miss* (Nova York: Penguin/Portfolio, 2013) para uma análise dos desafios da coinovação que elevam as expectativas na transição para a telefonia 3G. Os paralelos entre essa transição e a da 4G para 5G são bastante notáveis.

3. Os mercados trampolins tiram vantagem da heterogeneidade inerente ao mercado. Para uma discussão mais aprofundada, veja Ian C. MacMillan e Rita Gunther McGrath, "Crafting R&D Project Portfolios", *Research-Technology Management* 45, nº 5 (2002): 48–59. Veja também Ron Adner e Daniel Levinthal, "The Emergence of Emerging Technology", *California Management Review* 45, nº 1 (2002): 50–66.

4. Ingemar Dierickx e Karel Cool apresentaram a noção de deseconomias de compressão de tempo na literatura sobre estratégia como um elemento-chave a ser considerado na avaliação da sustentabilidade da vantagem competitiva de uma empresa em seu artigo de referência "Asset Stock Accumulation and Sustainability

of Competitive Advantage", *Management Science* 35, nº 12 (1989): 1504–1511. Estender a aplicação de deseconomias de compressão de tempo ao contexto de investimento tecnológico em face do potencial ruptura traz a ideia para a literatura de inovação.

Capítulo 5

1. Os leitores interessados podem consultar o Capítulo 8 do livro *The Wide Lens: What Successful Innovators See That Others Miss* (Nova York: Penguin/Portfolio, 2013), que explora, em detalhes, como a Apple estabeleceu o ecossistema do iPhone. A Apple usou a transposição de sua posição como jogador no ecossistema de música digital para estabelecer um MVE no ecossistema de telefonia. A partir daí, passou a adicionar desenvolvedores, anunciantes e parceiros de mídia em sequência, tudo dentro de uma estrutura de alinhamento consistente.

2. Conforme demonstrado pelo relacionamento de décadas entre a Microsoft e a Intel no ecossistema "Wintel", é possível para um ecossistema ter mais de um líder. Isso parece uma raridade, no entanto, assim como é raro, não de todo impossível encontrar casos de co-CEOs de sucesso. Consórcios colaborativos, como a SEMATECH no âmbito da fabricação de semicondutores, demonstram o potencial da liderança compartilhada. Em casos assim, ainda tendemos a ver uma hierarquia interna de influência e contribuição que mapeia os membros com mais, em vez de menos, influência na estrutura, nas escolhas e no momento oportuno para a criação de valor. Ainda que ecossistemas possam ter sucesso sem líderes (ao menos em teoria), as funções de liderança, mesmo que informais, parecem vir à tona mesmo nos ambientes mais comuns. Veja, por exemplo, Siobhán O'Mahony e Fabrizio Ferraro, "The Emergence of Governance in an Open Source Community", Academy of Management Journal 50, nº 5 (2007): 1079-1106.

3. Nesse caso em particular, os editores poderiam participar de ambos os ecossistemas. Isso criou a possibilidade de jogar um líder contra o outro. A adoção da livraria online da Apple pelos editores, no entanto, que acabaria por levar a um processo antitruste pelo Departamento de Justiça dos EUA, foi uma estratégia bem distante da ideal. Se eles tivessem sido mais estratégicos como seguidores à medida que o ecossistema fosse se estabelecendo, poderiam ter feito uma pressão mais forte para que a Amazon compartilhasse dados preciosos sobre os leitores e suas escolhas. A relação entre plataformas concorrentes é em si uma questão intrigante, e o foco de minha pesquisa com Jianqing Chen e Feng Zhu em "Frenemies in Platform Markets:

Heterogeneous Profit Foci as Drivers of Compatibility Decisions", *Management Science* 66, nº 6 (2020): 2432–2451, https://doi.org/10.1287/mnsc.2019.3327 (acesso aberto).

4. A saga de alinhar a cadeia de adoção de serviços de saúde em apoio ao EHR é uma história fascinante. Os leitores interessados podem consultar o Capítulo 5 do livro *The Wide Lens* para uma análise baseada no ecossistema dos altos e baixos do caso.

Capítulo 6

1. Alinhamento é um tema clássico na literatura da teoria organizacional. Um excelente exemplo é o modelo de congruência de Nadler e Tushman, que considera o design das organizações e argumenta que o sucesso da empresa é determinado pelo ajuste entre estrutura, cultura, trabalho e pessoas de uma organização (veja David A. Nadler e Michael L. Tushman, "A Model for Diagnosing Organizational Behavior", *Organizational Dynamics* 9, nº 2 (1980): 35–51). Essas teorias, porém, muitas vezes assumem a perspectiva de que há um único designer organizacional (ou seja, o CEO ou o líder da unidade de negócios) que tem o poder e a posição para conduzir mudanças e decisões. Em contraste, nossa discussão aqui considera o alinhamento de atores fora da organização, onde determinado designer não apenas não tem autoridade, como também, muito provavelmente, será confrontado com um conjunto competitivo de ideias sendo impulsionado por outros designers em outras organizações. O que torna os ecossistemas diferentes é a combinação de (a) atores externos, sobre os quais você não tem autoridade e que estão procurando impor seus próprios pontos de vista concorrentes a respeito de qual é a melhor estrutura, e (b) a necessidade contínua de encontrar um ajuste coerente entre os atores.

   Enquanto a literatura de design organizacional clássico assume a perspectiva de um designer todo-poderoso (que tem influência e autoridade), as discussões sobre influência sem autoridade assumem a perspectiva de gerentes de nível médio (por exemplo, Allan R. Cohen e David L. Bradford, *Influence without Authority* [Nova York: John Wiley & Sons, 2011]). O ponto de partida em ecossistemas é a ausência de um poder superior ao qual esses gestores podem apelar. As fontes de influência com as organizações tendem a estar vinculadas a posições nas redes informais existentes. Nosso foco, aqui, está no modo como a rede é construída em primeira instância. A esse respeito, o contraste entre Ballmer e Nadella, mais adiante neste capítulo, pode ser visto como a diferença em como eles constroem as estruturas de redes externa e interna que eles acreditavam que seriam melhores para avançar os objetivos da Microsoft.

2. As discussões que vinculam a liderança ao crescimento organizacional consideram como o desafio da coordenação interna muda com o porte da empresa e usam essa dinâmica para explicar as mudanças nas características organizacionais internas, como estrutura organizacional (transição de informal para centralizado para matriz), estilos de gestão, sistemas de controle e muito mais (por exemplo, Larry E. Greiner, "Evolution and Revolution as Organizations Grow", *Harvard Business Review* 76, nº 3 [1998]: 55-64).

A discussão aqui, porém, não se concentra nas mudanças de tamanho, mas sim no estado de maturidade dos ecossistemas de que uma organização participa. A lógica motora não é a de burocracia dentro da empresa, mas sim de alinhamento e clareza de papéis em seu ambiente de parceria externa. A necessidade de diferentes tipos de líderes aqui é impulsionada pelos diversos imperativos para alinhar os ecossistemas externos. A Microsoft era uma organização enorme e complexa muito antes de Nadella assumir o comando. Como deve ficar claro a partir do caso, no entanto, uma estrutura de matriz mais eficiente não era o ingrediente que faltava para conduzir a transformação.

Fontes e Citações

Capítulo 1

3   **Kodak investiu, entre 1980 e 1990, aproximadamente US$5 bilhões, ou 45% de seu orçamento, em P&D:** Ernest Scheyder, "Focus on Past Glory Kept Kodak from Digital Win", *Reuters*, January 19, 2012, <https://www.reuters.com/article/us-kodak-bankruptcy-idUSTRE80I1N020120119>.

3   **mais de mil patentes de imagem digital:** Ben Dobbin, "Digital Camera Turns 30 — Sort of", *NBC News*, atualizado em 9 de setembro de 2005, <http://www.nbcnews.com/id/9261340/ns/technology_and_science-tech_and_gadgets/t/digital-camera-turns-sort/#.XKt2UxNKjFw>.

4   **"Hoje, estamos passando por uma mudança estrutural":** Kodak, comunicado à imprensa, 25 de setembro de 2003. Repostado em Digital Technology Review, "Kodak Unveils Digitally Oriented Strategy", <https://www.dpreview.com/articles/1030464540/kodakdigital>.

4   **esse negócio estava crescendo 12% *ao mês*:** "Kodak Is the Picture of Digital Success", Bloomberg, 4 de janeiro de 2002, <http://www.bloomberg.com/bw/stories/2002-01-03/kodak-is-the-picture-of-digital-success>.

4   **eliminou 27 mil empregos:** "Mistakes Made on the Road to Innovation", Bloomberg, 27 de novembro de 2006, <http://www.bloomberg.com/bw/stories/2006-11-26/mistakes-made-on-the-road-to-innovation>.

5   **"Isso será muito pequeno para eu me envolver":** Amy Yee, "Kodak's Focus on Blueprint for the Digital Age", *Financial Times*, 25 de janeiro de 2006, <https://www.ft.com/content/c04a65cc-8de0-11da-8fda-0000779e2340>.

5   **ranking da BBC dos "10 Líquidos Mais Caros do Mundo em 2018":** Emily Bella, "The 10 Most Expensive Liquids in the World", *BBC News Hub*, 15 de dezembro de 2017.

5   **"isso venderá muitas impressoras e tinta.":** Bill Sullivan, VP sênior da Agilente, empresa derivada da Hewlett Packard, citada em Sam Lightman, "Creating the Tools for the Pioneers", *Measure*, março–abril de 2000, 18–19, <http://hparchive.com/measure_magazine/HP-Measure-2000-03-04.pdf>.

5   **receita de US$400 milhões:** William M. Bulkeley, "Kodak Sharpens Digital Focus on Its Best Customers: Women", *Wall Street Journal*, atualizado em 6 de julho de 2005, <http://www.wsj.com/articles/SB112060350610977798>.

5   **Em 2006, acrescentaria Walmart, Kmart, Target e CVS:** "Kodak Investor Review — Kiosks", WW Kiosk SPG Consumer Digital Group, novembro de 2006, 2, <http://media.corporate-ir.net/media_files/IROL/11/115911/reports/consumer1106.pdf>.

5   **A preços entre US$0,39 e US$0,49 por impressão:** Marcia Biederman, "Meet You at the Photo Kiosk", *New York Times*, 17 de março de 2005, <https://www.nytimes.com/2005/03/17/technology/circuits/meet-you-at-the-photo-kiosk.html>.

6   **com 90 mil quiosques de varejo:** Eastman Kodak Company, 2007 Annual Report, 31 de dezembro de 2007, 5, <http://www.annualreports.com/HostedData/Annual ReportArchive/e/NASDAQ_KODK_2007.pdf>.

6   **juntando-se a empresas como Hewlett Packard, Lexmark e Canon:** Willy Shih, "The Real Lessons from Kodak's Decline", *MIT Sloan Management Review*, 20 de maio de 2016, <https://sloanreview.mit.edu/article/the-real-lessons-from-kodaks-decline/>.

6   **Em 2011, Perez afirmava aos analistas:** Andrew Martin, "Negative Exposure for Kodak", *New York Times*, 20 de outubro de 2011, <http://www.nytimes.com/2011/10/21/business/kodaks-bet-on-its-printers-fails-to-quell-the-doubters.html>.

9   **eles foram conquistando uma participação crescente, desagregando o mercado até então predominante:** Clayton Christenson, *The Innovator's Dilemma: When New Technologies Cause Great Firms to Fail* (Boston: Harvard Business School Press, 1997).

10   **de "varejo de saúde"**: Ellie Kincaid, "CVS Health CEO Larry Merlo Says Completed Purchase of Aetna Will Create 'A New Healthcare Model'", *Forbes*, 29 de novembro de 2018, <https://www.forbes.com/sites/elliekincaid/2018/11/29/cvs-health-ceo-larry-merlo-says-buying-aetna-will-create-a-new-healthcare-model/#529463d842c1>.

33   **As vendas dessas molduras digitais nos Estados Unidos**: Statista Research Department, "Sales of Digital Photo Frames in the United States from 2006 to 2010", *Statista*, 31 de julho de 2009, <https://www.statista.com/statistics/191937/sales-of-digital-photo-frames-in-the-us-since-2006/>.

33   **"Eles são complicados. Irritantes"**: Rick Broida, "Does It Still Make Sense to Buy a Digital Photo Frame?", *cnet*, 4 de maio de 2012, <https://www.cnet.com/news/does-it-still-make-sense-to-buy-a-digital-photo-frame/>.

34   **Os clientes da Lexmark estão... reduzindo o manuseio físico**: Lexmark International, Inc., 2010 Annual Report, 31 de dezembro de 2010, 6, <https://www.sec.gov/Archives/edgar/data/1001288/000119312513077056/d475908d10k.htm>.

35   **A Lexmark mudaria seu foco, passando da impressão em papel**: "Lexmark International: Why Is a Printer Company Trying to Reduce Print?", *Seeking Alpha*, 3 de junho de 2013, <https://seekingalpha.com/article/1477811-lexmark-international-why-is-a-printer-company-trying-to-reduce-print?page=2>.

35   **O resultado? A Lexmark foi adquirida:** A fonte do preço de aquisição é o Bureau Van Dyke Zephyr (Lexmark adquirida pelo consórcio liderado pela Apex Technology e pela PAG Asia Capital, Acordo Nº 1909300149; acessado em 26 de janeiro de 2021), <https://zephyr-bvdinfo-com/>. A informação sobre o valor do empreendimento veio da S&P Capital IQ (Lexmark International, Inc. Financials, Historical Capitalization; acessado em 26 de janeiro de 2021), <https://www.capitaliq.com/>.

35   **Se tivesse reconhecido o potencial de ruptura com base no ecossistema**: Ron Adner, "Many Companies Still Don't Know How to Compete in the Digital Age", *Harvard Business Review*, 28 de março de 2016, <https://hbr.org/2016/03/many-companies-still-dont-know-how-to-compete-in-the-digital-age>.

36   **A Kodak obteve US$550 milhões da Samsung e US$414 milhões da LG**: Tiernan Ray, "Apple, RIM: A Kodak Win Could Mean $1B Settlement, Says RBC", *Barron's*, 23 de junho de 2011, <https://www.barrons.com/articles/BL-TB-33151>.

37 **considere o reposicionamento em um nicho defensável**: Ron Adner e Daniel Snow, "Bold Retreat: A New Strategy for Old Technologies", *Harvard Business Review* 88, nº 3 (março de 2010): 76–81, <https://hbr.org/2010/03/bold-retreat-a-new-strategy-for-old-technologies>.

37 **foi gradualmente mudando de pilhas de impressão de fotos de 4x6 polegadas**: Kim Brady, "Photo Printing Is on the Rise", *Digital Imaging Reporter*, 10 de janeiro de 2018, <https://direporter.com/industry-news/industry-analysis/photo-printing-rise>.

37 **não havia como essas preocupações receberem a atenção que mereciam**: Steve Sasson (inventor da câmera digital), em conversa com o autor, 6 de maio de 2020.

Capítulo 2

44 **Em 2006, Shah e Conine administravam 150 sites diferentes**: Kasey Wehrum, "Special Report: Wayfair's Road to $1 Billion", *Inc.*, 3 de abril de 2012, <https://www.inc.com/magazine/201204/kasey-wehrum/the-road-to-1-billion-growth-special-report.html>.

44 **"Mesmo que tivéssemos percorrido um longo caminho"**: Jeffrey F. Rayport, Susie L. Ma e Matthew G. Preble, "Wayfair", Harvard Business School, 12 de junho de 2019, Case Study 9-819-045, 7.

44 **Com taxas de pedidos não completados de 15% a 20%, a Wayfair precisou melhorar sua atuação**: Abram Brown, "How Wayfair Sells Nearly $1 Billion Worth of Sofas, Patio Chairs and Cat Playgrounds". *Forbes*, 16 de abril de 2014, <https://www.forbes.com/sites/abrambrown/2014/04/16/how-wayfair-sells-nearly-1-billion-worth-of-sofas-patio-chairs-and-cat-playgrounds/>.

44 **"É o que realmente faz com que a engrenagem por trás do motor funcione"**: Alex Finkelstein, sócio da empresa de risco Spark Capital, citado em Wehrum, "Special Report: Wayfair's Road to $1 Billion".

45 **colocava 95% dos norte-americanos em um raio de dois dias de entrega**: Janice H. Hammond e Anna Shih, "Wayfair: Fast Furniture?", Harvard Business School, 10 de maio de 2019, Estudo de Caso 9-618-036, 8.

Fontes e Citações 225

45 **tornando a inspiração visual ainda mais importante para o consumidor:** Wayfair, Inc., "Third Quarter Fiscal Year 2014 Earnings Conference Call", 10 de novembro de 2013, 2, <https://s24.q4cdn.com/589059658/files/doc_financials/quaterly/2014/q3/final-111014-wayfair-inc-3q-results.pdf>.

45 **Wayfair gerou US$3,6 bilhões em vendas nos 12 meses anteriores a 31 de março de 2017:** <https://investor.wayfair.com/news/news-details/2017/Wayfair-Announces-First-Quarter-2017-Results/default.aspx>.

46 **Amazon anunciou um novo programa de venda de móveis:** Makeda Easter, "Amazon Hopes to Dominate Yet Another Market—Furniture", *Los Angeles Times*, 12 de maio de 2017, <https:// www.latimes.com/business/la-fi-amazon-furniture-push-20170512-story.html>.

46 **Veloz, a gigante do comércio eletrônico correu para construir novos centros de abastecimento para itens volumosos:** Anita Balakrishnan, "Wayfair Shares Tumble amid Report of Amazon Furniture Push", *CNBC*, 24 de abril de 2017, <https://www.cnbc.com/2017/04/24/wayfair-stock-moves-amid-report-of--amazon-competition.html>.

46 **permitiu que varejistas terceirizados escolhessem sua região de vendas:** Tyler Durden, "Wayfair Tumbles after Amazon Launches Furniture Seller Program", *Zero Hedge*, 24 de abril de 2017, <https://www.zerohedge.com/news/2017-04-24/wayfair-tumbles-after-amazon-launches-furniture-seller-program>.

46 **"Móveis são a única categoria para a qual eles mudaram fundamentalmente a forma como a Amazon funciona:** Carl Prindle, "Amazon's New Furniture Seller Program: What It Means for Wayfair and Furniture Retailers". *Blueport Commerce*, 28 de abril de 2017, <https://www.blueport.com/blog/amazons-new-furniture-seller-program-means-wayfair-furniture-retailers/>.

46 **"Wayfair terá que ultrapassar a Amazon antes que a gigante engula seus negócios por completo:** Chris Sweeney, "Inside Wayfair's Identity Crisis", *Boston Magazine*, 1º de outubro de 2019, <https://www.bostonmagazine.com/news/2019/10/01/inside-wayfair/>.

47   **"multiplicaram-se por quatro e nove, respectivamente:** As vendas trimestrais da Wayfair e seu valor de mercado nos trimestres encerrados em 31 de março de 2017 e 30 de setembro de 2020 foram de US$960,8 milhões e US$3,8 bilhões, respectivamente. O valor de mercado cresceu de US$3,372 bilhões para US$30,34 bilhões.

47   **"O modelo Foto, Preço e Mercadoria desmorona":** Steve Oblak (diretor de merchandising da Wayfair, Inc.) em discussão com o autor, janeiro de 2020.

48   **"Há uma enormidade incrível de atrito para superar isso:** Oblak, discussão com o autor.

49   **aumentou sua equipe de engenharia e ciência de dados, que de mais de 1.000 integrantes em 2016:** Wayfair Inc., Relatório Anual de 2016, 31 de dezembro de 2016, 5, <https://www.annualreports.com/HostedData/AnnualReportArchive/W/NYSE_W_2016.pdf>.

49   **superava 2.300 dois anos depois:** Wayfair Inc., Relatório Anual de 2018, 31 de dezembro de 2018, 4 <https://www.annualreports.com/HostedData/AnnualReportArchive/W/NYSE_W_2018.PDF>.

50   **"poderemos ser mais eficazes em personalizar o site para eles:** John Kim, diretor mundial de algoritmos e análises da Wayfair, citado em Suman Bhattacharyya, "How Wayfair Is Personalizing How You Buy Your Furniture Online", *Digiday*, 24 de agosto de 2018, <https://digiday.com/retail/wayfair-personalizing-buy-furniture-online/>.

50   **Imagens mais elaboradas e consistentes também fortaleceram o elemento *Deliberação*:** "Wayfair Launches Visual Search, Lets Shoppers Instantly Find and Shop the Styles They See and Love", comunicado à imprensa da Wayfair Inc., 16 de maio de 2017, <https://www.businesswire.com/news/home/20170516005302/en/Wayfair-Launches-Visual-Search-Lets-Shoppers-Instantly>.

50   **"estamos construindo uma experiência que realmente nos diferencia de qualquer um no mercado:** Steve Conine, citado em Jeff Bauter Engel, "Wayfair's Steve Conine on the Amazon Threat, Adopting A.I. & More", *Xconomy*, 28 de janeiro de 2019, <https://xconomy.com/boston/2019/01/07/wayfairs-steve-conine-on-the-amazon-threat-adopting-a-i-more/2/>.

Fontes e Citações

53 **as receitas provenientes do PND da TomTom cresceram quarenta vezes:** Charles Arthur, "Navigating Decline: What Happened to TomTom?", *The Guardian*, 21 de julho de 2015, <https://www.theguardian.com/business/2015/jul/21/navigating-decline-what-happened-to-tomtom-satnav>.

53 **Em 2009, mais de 120 milhões de dispositivos foram vendidos globalmente:** "Global Market Size of Portable Navigation Devices from 2005 to 2015", Statista Research Department, janeiro de 2011, <https://www.statista.com/statistics/218112/forecast=-of-global-pnd-market-size-since2005-/#:~:text-Forecast%3A%20global%20PND%20market%20size%20 2005%2D2015&text=The%20statistic%20illustrates%20the%20 worldwide,be%2035%2C100%2C000%20units%20in%202015>.

53 **Em 2007, essas duas empresas, que representavam mais de 55% do mercado PND:** "Global PND Market Share 2007–2009, by Vendor", Statista Research Department, 24 de maio de 2010, <https://www.statista.com/statistics/218080/global-market-share-of-garmin-since-2007/>.

54 **O CEO da TomTom, Harold Goddijn, chamou esse período anterior ao smartphone de "anos gloriosos":** Paul Smith, "Google Maps Couldn't Kill TomTom, Now It Is Poised for a Driverless Future", *Australian Financial Review*, 25 de janeiro de 2016, <https://www.afr.com/technology/google-maps-couldnt-kill-tomtom-now-it-is-poised-for-a-driverless-future-20160122-gmbtzu>.

54 **A Tele Atlas, a qual adquiriu após uma guerra de lances com a Garmin por US$3,7 bilhões:** "TomTom CEO Has No Regrets about Tele Atlas Buy". *Reuters*, 24 de fevereiro de 2009, <https://www.reuters.com/article/idUSWEA868520090224>.

54 **"todas as empresas que desejam contar com mapas aprimorados para seus dispositivos pessoais de navegação":** "TomTom to Buy Tele Atlas Digital Mapper": *UPI*, 23 de julho de 2007, <https://www.upi.com/TomTom-to-buy-Tele-Atlas-digital-mapper/98291185220104/print>.

54 **"seria como se o Burger King de repente tivesse que comprar seus hambúrgueres do McDonald's":** Daniel McGinn, "Can Garmin Maintain GPS Lead?" *Newsweek*, 9 de novembro de 2007, <https://www.newsweek.com/can-garmin-maintain-gps-lead-96469>.

55 **Google Maps Navigation foi "desenvolvido do zero para aproveitar as vantagens da conexão de internet do seu telefone":** Keith Ito, "Announcing Google Maps Navigation for Android 2.0", *Google Official Blog*, 28 de outubro de 2009, <https://googleblog.blogspot.com/2009/10/announcing-google-maps-navigation-for.html>.

55 **"Google está redefinindo a referência de preços para serviços de navegação em US$0,00":** Um analista de ações da Société Générale, citado em Sarah Turner, "TomTom Stock Loses Its Way", *MarketWatch*, 23 de novembro de 2009, <https://www.marketwatch.com/story/tomtom-stock-loses-its-way-2009-11-22>.

55 **Corinne Vigreux comparou a mudança da Google a "um tsunami":** Arthur, "Navigating Decline: What Happened to TomTom?"

57 **De fato, desde 2015:** Toby Sterling, "TomTom CEO Says Its Maps Destined for Use in Self-Driving Cars", *Reuters*, 4 de maio de 2015, <https://www.reuters.com/article/us-tomtom-autos/tomtom-ceo-says-its-maps-destined-for-use-in-self-driving-cars-idUSKBN0NP0DZ20150504>.

57 **"Costumávamos fazer mapas para humanos, mas agora fazemos mapas para robôs":** Alain De Taeye, membro da diretoria de gestão, citado em Natalia Drozdiak, "TomTom Maps Out Revamp with Bet on Self-Driving Cars", *Transport Topics*, 4 de setembro de 2019, <https://www.ttnews.com/articles/tomtom-maps-out-revamp-bet-self-driving-cars>.

57 **"Não competimos com nossos clientes":** TomTom, "TomTom Group Strategy", 24 de setembro de 2019, 2, <https://corporate.tomtom.com/static-files/63c51b37-d16c-40a1-9082-af7436da5bdb>.

58 **"A decisão [de usar a TomTom] se resumiu a modelos de negócios complementares":** TomTom, "TomTom Group Strategy", 24 de setembro de 2019, 4; minuto 7:40 da transcrição da apresentação da "empresa" do dia do mercado de capitais, <https://corporate.tomtom.com/static-files/63c51b37-d16c-40a1-9082-af7436da5bdb>.

58 **as grandes — as dez primeiras — estão escolhendo a TomTom:** Drozdiak, "TomTom Maps Out Revamp with Bet on Self-Driving Cars".

61 **Spotify atraiu 50 milhões de usuários:** Ingrid Lunden, "Taylor Swift Would Have Made $6M This Year on Spotify (1989 Pulled in $12M in 1st Week)", *Tech Crunch*, 11 de novembro de 2014, <https://techcrunch.com/2014/11/11/taylor-swift-was-on-track-to-make-6m-this-year-on-spotify-says-ceo-daniel-

-ek/?_ga=2.253692553.1604568107.1610556440-2057245517.1610556440&-guccounter=1>.

61 **Então, em 2015, a Apple se juntou à festa de streaming com a Apple Music:** Janko Roettgers, "Spotify Has Become the World's Most Popular Music Streaming App", *Variety*, 1º de dezembro de 2015, <https://variety.com/2015/digital/news/spotify-has-become-the-worlds-most-popular-music-streaming-app-1201650714/>.

61 **a Apple fez sua maior aquisição trazendo, ao custo de US$3 bilhões, a Beats Eletronics:** Matthew Johnston, "Investing in Apple Stock (AAPL)". *Investopedia*, 21 de outubro de 2020, <https://www.investopedia.com/investing/top-companies-owned-apple/>.

61 **pressionando as gravadoras para encerrar os acordos de streaming com anúncios:** Micah Singleton, "Apple Pushing Music Labels to Kill Free Spotify Streaming Ahead of Beats Relaunch", *The Verge*, 4 de maio de 2015, <https://www.theverge.com/2015/5/4/8540935/apple-labels-spotify-streaming>.

62 **A Apple tem 72 milhões de assinantes:** Michael Bizzaco e Quentyn Kennemer, "Apple Music vs. Spotify", *Digital Trends*, 18 de fevereiro de 2021, <https://www.digitaltrends.com/music/apple-music-vs-spotify/>.

62 **O Spotify cresceu para 345 milhões de usuários:** "Spotify Technology S.A. Announces Financial Results for Fourth Quarter 2020", comunicado à imprensa da Spotify Technology S.A., 3 de fevereiro de 2021, <https://investors.spotify.com/financials/press-release-details/2021/Spotify-Technology-S.A.-Announces-Financial-Results-for-Fourth-Quarter-2020/default.aspx>.

63 **juntas controlavam de 65% a 70% da participação no mercado global de música:** Alison Wenham, "Independent Music Is a Growing Force in the Global Market", *Music Business Worldwide*, 21 de julho de 2015, <https://www.musicbusinessworldwide.com/independent-music-is-a-growing-force-in-the-global-market/>.

63 **"O que Steve estava fazendo com o iTunes era replicar esse tipo de experiência":** Paul Vidich, vice-presidente da Warner Music, citado em Steve Knopper, "ITunes' 10th Anniversary: How Steve Jobs Turned the Industry Upside Down", *Rolling Stone*, 25 de junho de 2018, <https://www.rollingstone.com/culture/culture-news/itunes-10th-anniversary-how-steve-jobs-turned-the-industry-upside-down-68985/>.

63   **um fixo de US$0,99 por música (do qual a gravadora recebia aproximadamente US$0,70):** Tim Arango, "Despite iTunes Accord, Music Labels Still Fret", *New York Times*, 2 de fevereiro de 2009, <https://www.nytimes.com/2009/02/02/business/media/02apple.html>.

63   **Um milhão de músicas foram baixadas na primeira semana do iTunes:** Knopper, "ITunes' 10th Anniversary".

63   **as receitas da indústria fonográfica dos EUA diminuíram 12% nos cinco anos após o lançamento do Napster:** U.S. Sales Database, "U.S. Recorded Music Revenues by Format, 1973–2019", Recording Industry Association of America, acessado em 11 de fevereiro de 2020, <https://www.riaa.com/u-s-sales-database/>.

64   **"Toda a economia é movida por uma certa massa crítica de produto":** Attorney Gary Stiffelman, citado em Jon Healey e Jeff Leeds, "Online Music Alters Industry's Sales Pitch", *Chicago Tribune*, 27 de agosto de 2018, <https://www.chicagotribune.com/news/ct-xpm-2004-04-30-0404300079-story.html>.

64   **"E eu disse a Steve [Jobs] que nunca achei que isso fosse certo":** Paul Bond, "Warner Music Group CEO: Steve Jobs Got the Best of Us", *Hollywood Reporter*, 1º de fevereiro de 2012, <http://www.hollywoodreporter.com/news/steve-jobs-apple-itunes-warner-music-group-286265>.

64   **"Se [as gravadoras] querem aumentar os preços, isso só mostra que estão um pouco gananciosas":** James Sturcke, "Microsoft 'Ends Music Download Talks'", *The Guardian*, 5 de outubro de 2005, <https://www.theguardian.com/technology/2005/oct/05/news.microsoft>.

64   **"Como não há varejistas online que rivalizem com a Apple":** analista Mike McGuire da GartnerG2, citado em Charles Duhigg, "Apple Renews 99-Cent Song Deals", *Los Angeles Times*, 3 de maio de 2006, <https://www.latimes.com/archives/la-xpm-2006-may-03-fi-apple3-story.html>.

64   **"Queremos que o Spotify seja um forte concorrente":** Fonte anônima, citada em Glenn Peoples, "Fight between Apple and Spotify Could Change Digital Music; Labels Said to Reject Pricing below $9.99", *Billboard*, 9 de março de 2015, <https://www.billboard.com/articles/business/6494979/fight-between-apple-and-spotify-could-change-digital-music-labels-said-to>.

65 **"A última coisa que a maioria de nós deseja é que haja uma briga direta entre os streamings da Apple e da Google":** Fonte anônima, citada em Tim Ingham, "Spotify Is Out of Contract with All Three Major Labels — and Wants to Pay Them Less", *Music Business Worldwide*, 23 de agosto de 2016, <https://www.musicbusinessworldwide.com/spotify-contract-three-major-labels-wants-pay-less/>.

66 **apareceriam em sua linha do tempo do Facebook, tornando-se acessíveis em sua rede social:** David Lidsky, "The Definitive Timeline of Spotify's CriticDefying Journey to Rule Music", *Fast Company*, 13 de agosto de 2018, <https://www.fastcompany.com/90205527/the-definitive-timeline-of-spotifys-critic-defying-journey-to-rule-music>.

67 **Em 2019, mais de 300 mil artistas foram beneficiados com o serviço:** Stuart Dredge, "Spotify Closes Its Direct-Upload Test for Artists", *Music Ally*, 1º de julho de 2019, <https://musically.com/2019/07/01/spotify-closes-its-direct-upload-test-for-artists/>.

67 **os custos tradicionais associados à gravação, à promoção e à turnê de um novo artista podem ir de US$50 mil a US$2 milhões:** "How Much Do Record Labels Spend on Marketing Their Artists?", *Stop the Breaks*, 5 de maio de 2020, <https://www.stopthebreaks.com/diy-artists/how-much-do-record-labels-spend-on-marketing-their-artists/>.

67 **"E o uso desse poder de convencimento [*soft power*] é realmente assustador para as gravadoras":** analista da indústria Mark Mulligan, citado em Charles Lane, "Spotify Goes Public Valued at Nearly $30 Billion — But Its Future Isn't Guaranteed", *NPR*, 3 de abril de 2018, <https://www.npr.org/sections/therecord/2018/04/03/599131554/spotify-goes-public-valued-at-nearly-30-billion-but-its-future-isnt-guaranteed>.

67 **"É provavelmente inevitável que o Spotify comece a fazer coisas que as gravadoras fazem.":** analista da indústria Mark Mulligan, citado em Anna Nicolaou, "Revenue Streams: Spotify's Bid to Generate a Profit", *Financial Times*, 14 de março de 2018, <https://www.ft.com/content/974206c0-2609-11e8-b27e-cc62a39d57a0>.

67 **"Hoje, os artistas podem produzir e lançar sua própria música.":** Anna Nicolaou, "Spotify Drops Plan to Pull in Independent Artists", *Financial Times*, 3 de julho de 2019, <https://www.ft.com/content/c15d5124-9d15-11e9-9c06-a4640c9feebb>.

68 **"Temos que assumir a onipresença, que a música está em toda parte.":** Daniel Ek, citado em Robert Levine, "Billboard Cover: Spotify CEO Daniel Ek on Taylor Swift, His 'Freemium' Business Model and Why He's Saving the Music Industry", *Billboard*, 5 de junho de 2015, <https://www.billboard.com/articles/business/6590101/daniel-ek-spotify-ceo-streaming-feature-tidal-apple-record-labels-taylor-swift>.

70 **"Todos nós sabemos que, sem esses mercados, a participação de mercado global do Spotify simplesmente não crescerá":** executivo anônimo da indústria fonográfica, citado em Tim Ingham, "The Major Labels Could Block Spotify's Expansion into India Due to Direct Licensing Fallout", *Music Business Worldwide*, 15 de junho de 2018, <https://www.musicbusinessworldwide.com/the-major-labels-could-block-spotifys-expansion-into-india-this-year/>.

70 **"Não possuímos direitos sobre nenhuma música nem agimos como uma gravadora.":** Amy X. Wang, "Spotify Is in Trouble with Record Labels (Again)", *Rolling Stone*, 10 de setembro de 2018, <https://www.rollingstone.com/music/music-news/spotify-record-labels-dispute-720512/>.

70 **"nunca fui um disruptor":** Jem Aswad, "Spotify's Daniel Ek Talks Royalties, Data-Sharing, the Future: 'I Was Never a Disrupter'", *Variety*, 11 de abril de 2019, <https://variety.com/2019/biz/news/spotify-daniel-ek-talks-royalties-future-freaknomics-disrupter-1203186354/>.

70 **"Trata-se de um grande mal-entendido a meu respeito.":** Jem Aswad, "Spotify's Daniel Ek Talks Royalties, Data-Sharing, the Future: 'I Was Never a Disrupter'", *Variety*, 11 de abril de 2019, <https://variety.com/2019/biz/news/spotify-daniel-ek-talks-royalties-future-freaknomics-disrupter-1203186354/>.

71 **"ser o líder mundial nessa plataforma":** Lauren Feiner, "Spotify Makes Another Podcast Acquisition, Buying Bill Simmons' The Ringer", *CNBC*, 5 de fevereiro de 2020, <https://www.cnbc.com/2020/02/05/spotify-spot-earnings-spotify-acquires-the-ringer-to-boost-podcasts.html>.

71 **"Música é tudo o que fazemos, dia e noite":** Juli Clover, "Apple CEO Tim Cook on Apple Music: 'We Worry about the Humanity Being Drained Out of Music'", *MacRumors*, 7 de agosto de 2018, <https://www.macrumors.com/2018/08/07/tim-cook-apple-music-humanity/>.

Capítulo 3

81 **"então a Alexa não é perfeita"**: Farhad Manjoo, "Amazon Echo, a.k.a. Alexa, Is a Personal Aide in Need of Schooling", *New York Times*, 24 de junho de 2015, <https://www.nytimes.com/2015/06/25/technology/personaltech/amazon-echo-aka-alexa-is-a-personal-aide-in-need-of-schooling.html>.

81 **"Não, repito, não compre o Amazon Echo"**: David Pierce, "Amazon Echo Review: Listen Up", *The Verge*, 29 de janeiro de 2015, <https://www.theverge.com/2015/1/19/7548059/amazon-echo-review-speaker>.

81 **Prevê-se que o mercado global da casa inteligente cresça 14,5%**: Trefis Team, "Why Smart Home Devices Are a Strong Growth Opportunity for Best Buy", *Forbes*, 5 de julho de 2017, <https://www.forbes.com/sites/greatspeculations/2017/07/05/why-smart-home-devices-are-a-strong-growth-opportunity-for-best-buy/#798aa5b24984>.

82 **automatizar a temperatura de sua casa:** "Control4 Launches Amazon Alexa Skill for Voice-enabled Whole Home Automation", comunicado à imprensa da Control4, 14 de setembro de 2016, <https://www.control4.com/press_releases/2016/09/14/control4-launches-amazon-alexa-skill-for-voice-enabled-whole-home-automation/>.

82 **"É um sonho, desde os primeiros dias da ficção científica"**: Walt Mossberg, "Mossberg: Five Things I Learned from Jeff Bezos at Code", *Recode*, 8 de junho de 2016, <https://www.vox.com/2016/6/8/11880874/mossberg-jeff-bezos-code-conference>.

82 **"o Echo, surpreendentemente, sabe pouco sobre você e seu mundo"**: "Is the Amazon Echo All Talk?", *Consumer Reports*, 19 de dezembro de 2014, <https://www.consumerreports.org/cro/news/2014/12/is-the-amazon-echo-alltalk/index.htm>.

82 **"Não sei dizer quantas vezes fizemos perguntas à Alexa"**: Jason Fell, "Why Amazon's Voice-Activated Speaker 'Echo' Isn't Worth Your Time or Money", *Entrepreneur*, 23 de junho de 2015, <https://www.entrepreneur.com/article/247655>.

83 **"Pensamos assim: vamos para um subconjunto de clientes que achamos que nos darão feedback"**: Harry McCracken, "Echo and Alexa Are Two Years Old. Here's What Amazon Has Learned So Far", *Fast Company*, 7 de no-

vembro de 2016, <https://www.fastcompany.com/3065179/echo-and-alexa-are-two-years-old-heres-what-amazon-has-learned-so-far>.

83 **A Amazon anunciou o controle por voz do Spotify, do iTunes e do Pandora por meio da Alexa**: Todd Bishop, "Amazon Echo Adds Voice Controls for Spotify, iTunes, and Pandora, plus new 'Simon Says' Feature", *GeekWire*, 13 de janeiro de 2015, <https://www.geekwire.com/2015/amazon-echo-adds-voice-controls-spotify-itunes-pandora-plus-new-simon-says-feature/>.

84 **"Haverá enormes avanços"**: Mark Bergen, "Jeff Bezos Says More Than 1,000 People Are Working on Amazon Echo and Alexa", *Recode*, 31 de maio de 2016, <https://www.recode.net/2016/5/31/11825694/jeff-bezos-1000-people-amazon-echo-alexa>.

85 **"Hoje, estamos disponibilizando o ASK"**: "Amazon Introduces the Alexa Skills Kit — A Free SDK for Developers", comunicado à imprensa da Amazon, 25 de junho de 2015, <https://www.businesswire.com/news/home/20150625005699/en/Amazon-Introduces-the-Alexa-Skills-Kit%E2%80%94A-Free-SDK-for-Developers>.

85 **O número de habilidades da Alexa cresceu de 130 em 2015**: Bret Kinsella, "There Are Now 20,000 Amazon Alexa Skills in the U.S.", voicebot.ai, 3 de setembro de 2017, <https://www.voicebot.ai/2017/09/03/now-20000-amazon-alexa-skills-u-s/>.

85 **e mais de 80 mil em 2021**: Bret Kinsella, "Alexa Skill Counts Surpass 80K in US, Spain Adds the Most Skills, New Skill Rate Falls Globally", voicebot.ai, 14 de janeiro de 2021, <https://voicebot.ai/2021/01/14/alexa-skill-counts-surpass-80k-in-us-spain-adds-the-most-skills-new-skill-introduction-rate-continues-to-fall-across-countries/>.

85 **Amazon se tornou a maior marca de alto-falantes do mundo**: "Tech Giants Will Probably Dominate Speakers and Headphones", *The Economist*, 2 de dezembro de 2017, <https://www.economist.com/business/2017/12/02/tech-giants-will-probably-dominate-speakers-and-headphones>.

85 **Em 2017 ultrapassariam 5 mil**: Jonathan Vanian, "Amazon Has a Stunning Number of People Working on Alexa", *Fortune*, 27 de setembro de 2017, <https://fortune.com/2017/09/27/amazon-alexa-employees/>.

86 **"A conectividade por voz tem um grande papel na Internet das Coisas"**: Liv VerSchure, vice-presidente da GE Applicances, citado em Teena Maddox, "Amazon Alexa Will Now Talk to GE's Connected Appliances in Smart Home Push", *TechRepublic*, 13 de setembro de 2016, <https://www.techrepublic.com/article/amazon-alexa-will-now-talk-to-ges-connected-appliances-in-smart-home-push/>.

86 **mais de 28 mil dispositivos de mais de 4,5 mil empresas podiam ser controlados por meio da inteligência ambiental da Alexa**: Dieter Bohn, *The Verge*, 4 de janeiro de 2019, <https://www.theverge.com/2019/1/4/18168565/amazon-alexa-devices-how-many-sold-number-100-million-dave-limp>.

87 **Pagando em média US$7 por dispositivo**: Ben McInnis, "Use the Alexa Connect Kit, Now Available, to Build Alexa-connected Devices More Easily, Quickly, and Economically", *Alexa Blogs*, 25 de setembro de 2019, <https://developer.amazon.com/blogs/alexa/post/03376e48-f33a-4664-b668-a94d5025dd8e/use-the-alexa-connect-kit-now-available-to-build-alexa-connected-devices-more-easily-quickly-and-economically>.

87 **"A Amazon fez um trabalho incrivelmente bem-sucedido"**: Mark Vena, analista do setor, citado em Parmy Olson, "At CES, Amazon Is Beating Google in the Smart Home Battle", *Forbes*, 11 de janeiro de 2018, <https://www.forbes.com/sites/parmyolson/2018/01/11/amazon-is-beating-google-in-the-smart-home-battle-for-now/#43e40a183f99>.

87 **"nossa expectativa é dobrar"**: Jamie Grill-Goodman, "Amazon to 'Double Down' on Alexa Investment", *RIS News*, 5 de fevereiro de 2018, <https://risnews.com/amazon-double-down-alexa-investment>.

87 **O próprio Bezos estava listado em várias dessas patentes**: O CEO da Amazon, Jeff Bezos, estava listado como inventor em diversas patentes, incluindo "Movement recognition as input mechanism" (Patente número 8.788.977, registrada em 20 de novembro de 2008); "Viewer-based device control" (Patente número 8.922.480, registrada em 5 de março de 2010); e "Utilizing phrase tokens in transactions" (Patente número 9.390.416, registrada em 14 de março de 2013).

87 **"Havia uma expetativa quase irracional"**: Desenvolvedor anônimo, citado em Joshua Brustein, "The Real Story of How Amazon Built the Echo", *Bloomberg*, 19 de abril de 2016, <https://www.bloomberg.com/features/2016-amazon-echo/>.

88 **com o Google se colocando em um respeitável segundo lugar (28%), a Apple em um distante terceiro posto (4%)**: Gene Munster e Will Thompson, "Smart Speaker Macro-Model Update", 13 de junho de 2019, <https://loupventures.com/smart-speaker-market-share-update/>.

88 **Microsoft desistindo da competição com a Cortana**: Monica Nickelsburg, "Microsoft to Sunset Cortana on iOS and Android in Pivot to 'Productivity-focused' Assistant", *GeekWire*, 31 de julho de 2020, <https://www.geekwire.com/2020/microsoft-sunset-cortana-ios-android-pivot-productivity-focused-assistant/>.

88 **"Ampliar os recursos de voz do Bixby"**: Injong Rhee, vice-presidente executivo da Samsung, citado em Arjun Kharpal, "Samsung Bixby Expandsto over 200 Countries in Battle with Amazon Alexa, Apple Siri", *CNBC*, 22 de agosto de 2017, <https://www.cnbc.com/2017/08/22/samsung-bixby-expands-to-over-200-countries-in-battle-with-alexa-siri.html>.

92 **O *Oprah Winfrey Show* foi o programa de entrevistas número um em 23 temporadas consecutivas:** "The Oprah Winfrey Show to End September 2011", comunicado à imprensa da Harpo Productions, Inc., 9 de novembro de 2009, <http://www.oprah.com/pressroom/oprah-announces-plans-to-end-the-oprah-winfrey-show-in-september-2011/all>.

92 **atraindo um pico de 12 a 13 milhões de telespectadores diários:** Brian Stelter, "Daytime TV's Empty Throne After 'Oprah'", *New York Times*, 10 de junho de 2012, <https://www.nytimes.com/2012/06/11/business/media/end-of-oprahs-show-tightens-races-for-tv-ratings.html>.

92 **"Certamente pretendo ser a mulher negra mais rica dos EUA":** Virginia Postrel, "Oprah, American Girls and Other Binge Dreamers: Virginia Postrel", *Bloomberg Opinion*, 26 de maio de 2011, <https://www.bloomberg.com/opinion/articles/2011-05-26/oprah-american-girls-and-other-binge-dreamers-virginia-postrel>.

92 **firmemente estabelecido como o mais assistido programa diurno da televisão norte-americana:** Zach Stafford, "The Oprah Winfrey Show: 'Hour-Long Life Lessons' That Changed TV Forever", *The Guardian*, 8 de setembro de 2016, <https://www.theguardian.com/tv-and-radio/2016/sep/08/oprah-winfrey-show-30-year-anniversary-daytime-tv>.

93	**"Oprah se tornou parte dele"**: Courtney Worthman, citado em Chavie Lieber, "Oprah Is the Original Celebrity Influencer", *Racked*, 6 de março de 2018, <https://www.racked.com/2018/3/6/17081942/oprah-celebrity-influencer>.
94	**para que a Hearst cedesse o controle editorial a seu novo parceiro:** Patricia Sellers e Noshua Watson, "The Business of Being Oprah. Ela conseguiu chegar ao topo de seu império de mídia e acumulou uma fortuna de US$1 bilhão. Agora ela está perguntando, 'What's next?'", *Fortune*, 1º de abril de 2002, <https://archive.fortune.com/magazines/fortune/fortune_archive/2002/04/01/320634/index.htm>.
94	**Oprah insistiu em uma política de "Colocar o leitor em primeiro lugar":** Sellers e Watson, "The Business of Being Oprah".
95	**na sexta edição tinha 627 páginas de anúncios:** Mark Lacter, "The Case of the Ungrateful Heirs", *Forbes*, 25 de dezembro de 2000, <https://www.forbes.com/global/2000/1225/0326028a.html#511b00825407>.
95	**a revista nova de maior sucesso na história dos EUA:** "Harpo, Inc.", *Reference for Business*, acessado em 22 de outubro de 2020, <https://www.referenceforbusiness.com/businesses/G-L/Harpo-Inc.html>.
96	**uma decisão que ela mais tarde lamentou:** Sellers e Watson, "The Business of Being Oprah".
96	**"Esse canal não refletia minha voz":** David Lieberman, "Oprah Joins Discovery to Create Her OWN Cable Channel", *ABC News*, 15 de janeiro de 2008, <https://abcnews.go.com/Business/story?id=4137536&page=1>.
96	**o canal foi vendido para a NBC por US$900 milhões**: Jill Disis, "How Oprah Built Oprah Inc.", *CNN Money*, 9 de janeiro de 2018, <https://money.cnn.com/2018/01/09/media/oprah-winfrey-career-history/index.html>.
96	**"Eu pensei em fazer este canal despertar a consciência espiritual!":** Jonathan Van Meter, "Oprah Winfrey Is on a Roll (Again)", *Vogue*, 15 de agosto de 2017, <https://www.vogue.com/article/oprah-winfrey-vogue-september-issue-2017>.
97	**"Como dizer não para Oprah?":** J. J. McCorvey, "The Key to Oprah Winfrey's Success: Radical Focus", *Fast Company*, 8 de dezembro de 2015, <https://www.fastcompany.com/3051589/the-key-to-oprah-winfreys-success-radical-focus>.

97 **Em 2015, a OWN havia dobrado sua receita de anúncios ano a ano:** McCorvey, "The Key to Oprah Winfrey's Success".

97 **"Estamos indo além de nosso propósito de focar apenas a perda de peso":** "Oprah Winfrey and Weight Watchers Join Forces in Groundbreaking Partnership", comunicado à imprensa da Weight Watchers International, 19 de outubro de 2015, <https://www.prnewswire.com/news-releases/oprah-winfrey-and-weight-watchers-join-forces-in-groundbreaking-partnership-300161712.html>.

98 **"saudável é o novo magro":** Paul Schrodt, "How Oprah Winfrey Rescued Weight Watchers — and Made $400 Million in the Process", *Money*, 7 de maio de 2018, <https://money.com/oprah=-winfrey-weight-watchers-investment/#:~:text=Weight%20Watchers%20had%20an%20image,a%20seat%20on%20its%20board>.

98 **"poderosos líderes em bem-estar":** "How You Can Get Tickets for Oprah's '2020 Vision' Tour with WW", *O, The Oprah Magazine*, 9 de janeiro de 2020, <https://www.oprahmag.com/life/a28899378/oprah-ww-tour/>.

98 **Os ingressos variavam de US$69,50:** "How You Can Get Tickets for Oprah's '2020 Vision' Tour with WW".

98 **a mais de US$1.000 para uma experiência VIP:** Michelle Platt, "10 Things to Know About Oprah's 2020 Vision Tour: Your Life in Focus WW Wellness Event", blog *My Purse Strings*, 24 de janeiro de 2020, <https://www.mypursestrings.com/oprah-2020-vision-tour/>.

98 **"Agora, é mais importante do que nunca estar e permanecer bem e forte":** Rachel George, "Oprah Winfrey Launches Free Virtual Wellness Tour to Help People Cope with COVID-19", *Good Morning America*, 13 de maio de 2020, <https://www.goodmorningamerica.com/culture/story/oprah-winfrey-launches-free-virtual-wellness-tour-people-70656111>.

99 **"Ao examinar o discurso de várias décadas de Oprah Winfrey durante o dia":** David Carr, "A Triumph of Avoiding the Traps", *New York Times*, 22 de novembro de 2009, <https://www.nytimes.com/2009/11/23/business/media/23carr.html>.

100 **"Nossa visão é nos tornarmos a empresa líder mundial em fechaduras"**: ASSA ABLOY, 1996 Relatório Anual, 5, <https://www.assaabloy.com/Global/Investors/Annual-Report/1996/EN/Annual%20Report%201996.pdf>.

100 **"a líder global em soluções de acesso"**: ASSA ABLOY, Relatório Anual de 2018, 3, <https://www.assaabloy.com/Global/Investors/Annual-Report/2018/EN/Annual%20Report%202018.pdf>.

101 **embora o segmento mecânico ainda represente saudáveis 26% do faturamento total:** ASSA ABLOY, Relatório Anual de 2018, 59.

105 **"Usar o celular é o futuro"**: Paul Ragusa, "ASSA ABLOY: An Innovation and Sustainability Leader", *Security Systems News*, 20 de dezembro de 2017, <http://www.securitysystemsnews.com/article/assa-abloy-innovation-and-sustainability-leader>.

105 **os alunos da Clemson University poderiam usar seu dispositivo Android habilitado para SEOS:** "HID Global Announces Support for Student IDs in Apple Wallet", comunicado à imprensa da HID, 13 de agosto de 2019, <https://www.hidglobal.com/press-releases/hid-global-announces-support-student-ids-in-apple-wallet>.

105 **deve atingir US$3,4 bilhões em 2025**: "Smart Lock Market Worth $3.4 billion by 2025", comunicado à imprensa da MarketsandMarkets, outubro de 2017, <https://www.marketsandmarkets.com/PressReleases/smart-lock.asp>.

Capítulo 4

122 **"subestimam o que acontecerá em dez":** Bill Gates, *The Road Ahead: Completely Revised and Up-to-Date* (Nova York: Penguin Books, 1996), 316.

128 **"óbices" que elevam a competitividade:** Veja Nathan R. Furr e Daniel C. Snow, "Intergenerational Hybrids: Spillbacks, Spillforwards, and Adapting to Technology Discontinuities", *Organization Science* 26, nº 2 (2015): 475–493.

130 **"Acho que, às vezes, você pode passar por essas transformações":** Curt Nickisch, "How One CEO Successfully Led a Digital Transformation", *Harvard Business Review*, 8 de abril de 2020, <https://hbr.org/podcast/2019/12/how-one-ceo-successfully-led-a-digital-transformation>.

130 **"A primeira onda da impressão para o digital não gerou maiores lucros":** Curt Nickisch, "HBR's Curt Nickisch and Nancy McKinstry Talk Digital Transformation", Wolters Kluwer, 17 de janeiro de 2020, <https://www.wolterskluwer.com/en/expert-insights/curt-nickisch-and-nancy-mckinstry-talk-digital-transformation>.

131 **levou quinze anos para sua base de clientes adotar o novo formato "de uma maneira importante":** Nickisch, "HBR's Curt Nickisch and Nancy McKinstry Talk Digital Transformation".

131 **"Então você tem que ser muito claro ao pensar em sua alocação de capital":** Nickisch, "How One CEO Successfully Led a Digital Transformation".

131 **o segmento digital da Wolters Kluwer cresceu de 35% da receita em 2004:** Wolters Kluwer, Relatório Anual de 2004, 31 de dezembro de 2004, 13, <https://www.wolterskluwer.com/en/investors/financials/annual-reports>.

131 **para 89% em serviços digitais e relacionados em 2019:** Wolters Kluwer, Relatório Anual de 2019, 31 de dezembro de 2019, 6, <https://www.wolters kluwer.com/en/investors/financials/annual-reports>.

132 **A Zebra permaneceu centrada na inovação em impressoras e etiquetas térmicas de código de barras:** "Zebra Technologies Corporation" *FundingUniverse*, acessado em 21 de outubro de 2020, <http://www.fundinguniverse.com/company-histories/zebra-technologies-corporation-history/>.

132 **"Podemos fornecer os blocos de construção das soluções de Internet das Coisas":** "Zebra Technologies Completes Acquisition of Motorola Solutions' Enterprise Business", comunicado à imprensa da Zebra Technologies Corporation, 27 de outubro de 2014, <https://www.prnewswire.com/news-releases/zebra-technologies-completes-acquisition-of-motorola-solutions-enterprise-business-108625228.html>.

135 **Apesar da declaração da empresa:** David P. Hamilton, "23andMe Lets You Search and Share Your Genome — Today", *VentureBeat*, 23 de janeiro de 2018, <https://venturebeat.com/2007/11/17/23andme-lets-you-search-and-share-your-genome-today/>.

135 **A 23andMe reduziu o preço de seus kits de US$999 para US$99**: Andrew Pollack, "F.D.A. Orders Genetic Testing Firm to Stop Selling DNA Analysis Service", *New York Times*, 25 de novembro de 2013, <https://www.nytimes.

com/2013/11/26/business/fda-demands-a-halt-to-a-dna-test-kits-marketing.html>.

135 **"Se você não cuidar de si mesmo, ninguém o fará":** Stephanie M. Lee, "Anne Wojcicki's Quest to Put People in Charge of Their Own Health", *San Francisco Chronicle*, 1º de março de 2015, <https://www.sfchronicle.com/news/article/Anne-Wojcicki-s-quest-to-put-people-in-charge-6108062.php>.

136 **"O 'big data' nos tornará mais saudáveis":** Elizabeth Murphy, "Inside 23andMe Founder Anne Wojcicki's $99 DNA Revolution", *Fast Company*, 14 de outubro de 2013, <https://www.fastcompany.com/3018598/for-99-this-ceo-can-tell-you-what-might-kill-you-inside-23andme-founder-anne-wojcickis-dna-r>.

136 **A Food and Drug Administration (FDA) dos EUA, contudo, via as coisas de forma diferente:** Charles Seife, "23andMe Is Terrifying, But Not for the Reasons the FDA Thinks", *Scientific American*, 27 de novembro de 2013, <https://www.scientificamerican.com/article/23andme-is-terrifying-but-not-for-the-reasons-the-fda-thinks/>.

136 **Em 2018, a gigante farmacêutica GlaxoSmithKline assumiu uma participação de US$300 milhões:** Denise Roland, "How Drug Companies Are Using Your DNA to Make New Medicine", *Wall Street Journal*, 22 de julho de 2019, <https://www.wsj.com/articles/23andme-glaxo-mine-dna-data-in-hunt-for-new-drugs-11563879881>.

136 **Esse serviço ofereceria kits gratuitos para familiares de primeiro grau:** Barry Greene, "+MyFamily Program with 23andMe Aims to Increase Awareness of TTR-Related Hereditary Amyloidosis in Families", Alnylam Pharmaceuticals, 17 de setembro de 2019, <https://news.alnylam.com/patient-focus/articles/myfamily-program-23andme-aims-increase-awareness-ttr-related-hereditary>.

136 **licenciou um anticorpo desenvolvido para doenças inflamatórias para a empresa farmacêutica espanhola Almirall:** "23andMe Signs a Strategic Agreement with Almirall", comunicado à imprensa da 23andMe, 13 de janeiro de 2020, <https://mediacenter.23andme.com/press-releases/23andme-signs-a-strategic-agreement-with-almirall/>.

137 **Assim, os usuários poderiam pagar US$8 mil pelo piloto automático no momento da compra:** Anadiotis, "Why Autonomous Vehicles Will Rely on Edge Computing and Not the Cloud".

137 **Os motoristas dos carros Tesla somaram (e forneceram dados sobre) 10 bilhões de milhas:** Fred Lambert, "Tesla Reaches 10 Billion Electric Miles with a Global Fleet of Half a Million Cars", *Electrek*, 16 de novembro de 2018, <https://electrek.co/2018/11/16/tesla-fleet-10-billion-electric-miles/>.

139 **o Tesla Insurance é capaz de oferecer prêmios de seguro reduzidos para muitos proprietários elegíveis":** Justin Bariso, "Tesla Just Made a Huge Announcement That May Completely Change the Auto Industry. Here's Why It's Brilliant", *Inc.*, 3 de setembro de 2019, <https://www.inc.com/justin-bariso/tesla-just-made-a-huge-announcement-that-may-completely-change-auto-industry-heres-why-its-brilliant.html>.

139 **"Será muito mais atraente do que qualquer outra coisa lá fora":** Kirsten Korosec, "Tesla Plans to Launch an Insurance Product 'in about a Month'", *TechCrunch*, 24 de abril de 2019, <https://techcrunch.com/2019/04/24/tesla-plans-to-launch-an-insurance-product-in-about-a-month/>.

139 **"O sucesso das empresas automotivas entrando no negócio de seguros":** Fred Imbert, "Buffett Knocks Elon Musk's Plan for Tesla to Sell Insurance: 'It's Not an Easy Business'", *CNBC*, 5 de maio de 2019, <https://www.cnbc.com/2019/05/04/warren-buffett-on-tesla-id-bet-against-any-company-in-the-auto-business.html>.

Capítulo 5

145 **"O Apple Pay mudará para sempre a maneira como todos nós compramos":** "Apple — Evento de setembro de 2014", vídeo no *YouTube*, 55:00, postado pela Apple, 10 de setembro de 2014, <https://www.youtube.com/watch?v=38IqQpwPe7s>.

145 **"O Apple Pay pode ser a solução que finalmente mata o cartão de crédito físico (e as carteiras, por extensão) porque é melhor em todos os sentidos.":** Dave Smith, "This Might Be the Only Recent Apple Product Steve Jobs Would Have Loved", *Business Insider*, 9 de julho de 2015, <https://www.businessinsider.com/apple-pay-is-the-best-new-service-from-apple-2015-7>.

147 **"O lançamento nacional da Isis Mobile Wallet":** Stephanie Mlot, "Isis Mobile Wallet Finally Launches Nationwide", *PC*, 14 de novembro de 2013, <https://www.pcmag.com/news/isis-mobile-wallet-finally-launches-nationwide>.

147 **Coletivamente, as operadoras de telefonia móvel investiram centenas de milhões de dólares em sua iniciativa Isis":** Ingrid Lunden, "Google Is in Talks with Mobile Payments Company Softcard", *TechCrunch*, 16 de janeiro de 2015, <https://techcrunch.com/2015/01/16/softcard/>.

148 **"Os membros da MCX acreditam que os comerciantes estão na melhor posição para fornecer uma solução móvel":** Steve Kovach, "Retailers like Wal-Mart Have Started a War against Apple That They Have No Chance of Winning", *Business Insider*, 28 de outubro de 2014, <https://www.businessinsider.com/merchant-customer-exchange-blocking-apple-pay-2014-10>.

148 **a MCX aprovou uma regra que vetava aos membros o uso de outros sistemas de pagamento por celular:** Walt Mossberg, "What Are the Anti-Apple Pay Merchants Afraid Of?", *Vox*, 4 de novembro de 2014, <https://www.vox.com/2014/11/4/11632560/what-are-the-anti-apple-pay-merchants-afraid-of>.

149 **"Se os clientes tentarem utilizar o Apple Pay para pagar por uma transação, uma mensagem [no registro de pagamento] solicitará ao cliente e ao caixa uma forma de pagamento diferente":** Josh Constine, "CurrentC Is the Big Retailers' Clunky Attempt to Kill Apple Pay and Credit Card Fees", *TechCrunch*, 25 de outubro de 2014, <https://techcrunch.com/2014/10/25/currentc/>.

149 **Parte do design do Apple Pay era uma exigência de que os consumidores tinham que escolher um cartão padrão:** Cara Zambri, "At-a-Glance: JPMorgan Chase Joins Apple in Launch of Apple Pay", *Media Logic*, 23 de setembro de 2014, <https://www.medialogic.com/blog/financial-services-marketing/glance-jpmorgan-chase-joins-apple-launch-apple-pay/>.

151 **ações voltadas ao estabelecimento de metas ambiciosas:** O comentário confiante da Apple sobre essas várias iniciativas dialoga com essas ambições ousadas. Na área da saúde foi, de acordo com o CEO Tim Cook, sua [da empresa] "maior contribuição para a humanidade". Lizzy Gurdus, "Tim Cook: Apple's Greatest Contribution Will Be 'About Health'", cnbc.com, 8 de janeiro de 2019, <https://www.cnbc.com/2019/01/08/tim-cook-teases-new-apple-services-tied-to-health-care.html>.

151 **o HomePod "reinventaria o áudio doméstico":** Derek Staples, "Apple Reinvents Home Audio with the Homepod", *DJ*, 9 de junho de 2017, <https://djmag.com/news/apple-reinvents-home-audio-homepod>.

151 sua plataforma de educação em sala de aula "amplificaria o aprendizado e a criatividade de uma forma que somente a Apple pode": "Apple Unveils Everyone Can Create Curriculum to Spark Student Creativity", comunicado à imprensa da Apple, 27 de março de 2018, <https://www.apple.com/newsroom/2018/03/apple-unveils-everyone-can-create-curriculum-to-spark-student-creativity/>.

151 não eram os 72 milhões de usuários do iPhone nos Estados Unidos que viriam a utilizar o novo recurso: S. O'Dea, "IPhone Users in the US 2012–2021", *Statista*, 27 de fevereiro de 2020, <https://www.statista.com/statistics/232790/forecast-of-apple-users-in-the-us/>.

159 "A GE se tornará uma das 10 maiores companhias de software": Matt Rosoff, "Jeff Immelt: GE Is On Track to Become a 'Top 10 software Company", *Business Insider*, 29 de setembro de 2015, <https://www.businessinsider.com/ge-ceo-jeff-immelt-top-10-software-company-2015-9>.

159 A gigante industrial investiu mais de US$4 bilhões: James Blackman, "Regret, but No Surprise — The Market Responds to the Demise of GE Digital", *Enterprise IoT Insights*, 25 de agosto de 2018, <https://enterpriseiotinsights.com/20180821/channels/news/market-reacts-to-ge-digital-demise>.

159 em sua visão de "permitir que as empresas do setor operem de forma rápida, inteligente e eficiente": "GE Advances Digital Leadership with Launch of $1.2 Billion Industrial IoT Software Company", *Business Wire*, 13 de dezembro de 2018, <https://www.businesswire.com/news/home/20181213005339/en/GE-Advances-Digital-Leadership-Launch-1.2-Billion>.

159 antes do Predix, os dados úteis do motor a jato para cada voo eram de cerca de 3,2 kilobytes: John Hitch, "Can GE Innovate Innovation with Predix Platform?", *New Equipment Digest*, 2 de junho de 2016, <https://www.newequipment.com/technology-innovations/article/22058516/can-ge-innovate-innovation-with-predix-platform>.

159 "Quanto mais pudermos conectar, monitorar e gerenciar as máquinas do mundo": "GE to Open Up Predix Industrial Internet Platform to All Users", *Business Wire*, 9 de outubro de 2014, <https://www.businesswire.com/news/home/20141009005691/en/GE-Open-Predix-Industrial-Internet-Platform-Users>.

160 **"Nós lidaremos com o lado da plataforma e como reunir os dados":** Jon Dunsdon, diretor da arquitetura digital, citado em Hitch, "Can GE Innovate Innovation with Predix Platform?"

160 **mudança de liderança, rodadas de demissões:** Dylan Martin, "GE Digital Layoffs 'Driven by Commercial Demands,' Not Spin-Off Plans", *CRN*, 11 de abril de 2019, <https://www.crn.com/news/internet-of-things/ge-digital-layoffs-driven-by-commercial-demands-not-spin-off-plans>.

160 **anúncios e retração de vendas e desdobramento de negócios:** Sonal Patel, "GE Shelves Plans to Spin-Off Digital Business", *POWER*, 4 de novembro de 2019, <https://www.powermag.com/ge-shelves-plans-to-spin-off-digital-business/>.

164 **"uso significativo de sistemas EHR certificados":** David Blumenthal, "Stimulating the Adoption of Healthcare Information Technology", *New England Journal of Medicine* 360, nº 15 (abril de 2009): 1477–1479.

164 **foi instituída a política de "cenouras e tacapes":** Blumenthal, "Stimulating the Adoption of Healthcare Information Technology".

165 **interoperabilidade tivesse outra chance de ganhar força:** Heather Landi, "HIMSS19: ONC, CMS Officials Outline the Framework for Interoperability, the Use of APIs, FHIR", *FierceHealthcare*, 13 de fevereiro de 2009, acessado em 1º de novembro de 2020, <https://www.fiercehealthcare.com/tech/onc-cms-officials-lay-out-framework-for-data-sharing-use-apis-fhir>.

166 **"A lição da indústria de computadores, em mainframes, foi que com o tempo as pessoas construíram máquinas compatíveis":** Jeremy Reimer, "Half an Operating System: The Triumph and Tragedy of OS/2" (referenciando uma entrevista em 1996 para o documentário da PBS *Triumph of the Nerds*), *Ars Technica*, 29 de novembro de 2019, <https://arstechnica.com/information-technology/2019/11/half-an-operating-system-the-triumph-and-tragedy-of-os2/>.

167 **tudo acaba sendo comoditizado:** Robert A. Burgelman, *Strategy Is Destiny: How Strategy-Making Shapes a Company's Future* (Nova York: Free Press, 2002), 234.

Capítulo 6

175 **sua dedicação à Microsoft**: Bill Rigby, "Steve Ballmer Ends Run as Microsoft's Relentless Salesman", *Reuters*, 23 de agosto de 2013, <https://www.reuters.com/article/us-microsoft-ballmer-newsmaker/steve-ballmer-ends-run-as-microsofts-relentless-salesman-idUSBRE97M0YV20130823>.

175 **"Minha vida inteira foi voltada à minha família e à Microsoft"**: Mary Jo Foley, "Microsoft's Ballmer on His Biggest Regret, the Next CEO and More", *ZDNet*, 23 de agosto de 2013, <https://www.zdnet.com/article/microsofts-ballmer-on-his-biggest-regret-the-next-ceo-and-more/>.

175 **Com essa notícia, a cotação das ações da Microsoft deu um salto de 7,5%**: Timothy Green, "Why Steve Ballmer Is Not a Failure", *The Motley Fool*, 30 de agosto de 2013, <https://www.fool.com/investing/general/2013/08/30/why-steve-ballmer-was-not-a-failure.aspx>.

175 **A mídia alardeava que Ballmer havia "fracassado"**: Nicholas Thompson, "Why Steve Ballmer Failed", *New Yorker*, 18 de junho de 2017, <https://www.newyorker.com/business/currency/why-steve-ballmer-failed>.

176 **"Temos uma oportunidade incrível [...] de revolucionar a experiência do usuário da internet"**: Microsoft Promotes Ballmer", *CNNMoney*, 13 de janeiro de 2000, <https://money.cnn.com/2000/01/13/technology/microsoft/>.

176 **"A nuvem alimenta a Microsoft e a Microsoft alimenta a nuvem"**: Denise Dubie, "Microsoft's Ballmer: 'For the Cloud, We're All in'", *Network World*, 4 de março de 2010, <https://www.networkworld.com/article/2203672/microsoft-s-ballmer---for-the-cloud--we-re-all-in-.html>.

178 **por favorecer seu próprio navegador em relação aos de seus rivais:** Para uma discussão, veja Shane Greenstein, *How the Internet Became Commercial: Innovation, Privatization, and the Birth of a New Network* (Princeton, NJ: Princeton University Press, 2015).

178 **agregando novas funcionalidades em suas plataforma dominantes:** Para uma discussão, veja Thomas Eisenmann, Geoffrey Parker e Marshall Van Alstyne, "Platform Envelopment", *Strategic Management Journal* 32, nº 12 (2011): 1270–1285.

178 **há rumores de que a Microsoft investiu (em outras palavras, perdeu) mais de US$3,7 bilhões:** Dean Takahashi, "What Microsoft CEO Steve Ballmer Did for Xbox — and What His Retirement Means for Its Future", *VentureBeat*, 12 de dezembro de 2018, <https://venturebeat.com/2013/08/23/what-ballmer-did-for-xbox-and-what-his-retirement-means-for-its-future/2/>.

180 **Frustrado por atrair apenas dispositivos de segunda categoria para o Windows Phone:** Jason Ward, "Former and Current Microsoft Staffers Talk about Why Windows Phones Failed", *Windows Central*, 11 de abril de 2018, <https://www.windowscentral.com/microsofts-terry-myerson-and-others-why-windows-phone-failed-thats-fixed-now>.

180 **"Tentamos COM MUITO AFINCO incentivar os desenvolvedores de aplicativos":** Mayank Parmar, "Windows Phone Market Share Collapses to 0.15%, According to NetMarketShare", *Windows Latest*, 3 de janeiro de 2018, <https://www.windowslatest.com/2018/01/04/windows-phone-market-share-collapses-0-15-according-netmarketshare/>.

180 **"Mais à frente, nossa estratégia se concentrará na criação de uma família de dispositivos e serviços":** Tom Warren, "Steve Ballmer's Reorganization Memo", *The Verge*, 11 de julho de 2013, <https://www.theverge.com/2013/7/11/4514160/steve-ballmers-reorganization-memo>.

181 **"Nossa missão é capacitar cada pessoa e cada organização do planeta para alcançar mais":** Eugene Kim, "Microsoft Has a Strange New Mission Statement", *Business Insider*, 25 de junho de 2015, <https://www.businessinsider.com/microsoft-ceo-satya-nadella-new-company-mission-internal-email-2015-6>.

181 **"Quando temos ótimos produtos como Bing, Office ou Cortana":** Satya Nadella, Greg Shaw e Jill Tracie Nichols, *Hit Refresh: The Quest to Rediscover Microsoft's Soul and Imagine a Better Future for Everyone* (Nova York: Harper Collins, 2017), 125.

181 **O Dynamics CRM da Microsoft foi lançado para competir diretamente com o Salesforce:** Jessi Hempel, "Restart: Microsoft in the Age of Satya Nadella", *Wired*, 17 de dezembro de 2015, <https://www.wired.com/2015/01/microsoft-nadella/>.

181 **Essa era uma prova inconteste de que suas reivindicações de uma nova era de parcerias seriam acompanhadas de atitudes concretas:** Jacob Demmitt, "New Era: Microsoft CEO Satya Nadella Speaks at Salesforce Conference, Gives iPhone Demo", *GeekWire*, 17 de setembro de 2015, <https://www.geekwire.com/2015/microsoft-ceo-satya-nadella-keeps-playing-nice-with-bay-area-tech-scene-at-salesforce-conference/>.

181 **"Antes, simplesmente não éramos capazes de fazer uma parceria com a Microsoft"**: Hempel, "Restart".

182 **"Me ajudou o simples fato de que sou um rosto novo":** Nadella, Shaw e Nichols, *Hit Refresh*, 131.

182 **A Slack, por exemplo, apresentou queixas antitruste:** Sam Schechner, "Slack Files EU Antitrust Complaint against Microsoft", *Wall Street Journal*, 22 de julho de 2020, acessado em 1º de novembro de 2020, <www.wsj.com/articles/slack-files-eu-antitrust-complaint-against-microsoft-11595423056>.

184 **"[a Microsoft não está] tentando entrar no ramo de saúde, mas [está] tentando torná-lo melhor":** Jackie Kimmell, "The 4 Big Ways Microsoft Wants to Change Health Care", *Daily Briefing*, Advisory Board, 20 de novembro de 2019, <https://www.advisory.com/daily-briefing/2019/11/20/microsoft>.

191 **"Não se trata de fazer o que é confortável dentro de nossa própria organização":** Nadella, Shaw e Nichols, *Hit Refresh*, 102.

191 **Para fazer isso, sob Nadella, o grupo de TI da Microsoft foi reconstituído e rebatizado:** "Inside the Transformation of IT and Operations at Microsoft", *IT Showcase*, 30 de outubro de 2019, <https://www.microsoft.com/en-us/itshowcase/inside-the-transformation-of-it-and-operations-at-microsoft>.

192 **interagindo com o restante da organização mediante um novo conjunto de procedimentos, prioridades e questões de orçamento:** Marco Iansiti e Karim R. Lakhani, *Competing in the Age of AI: Strategy and Leadership When Algorithms and Networks Run the World* (Boston: Harvard Business Review Press, 2020).

Índice

A

abordagem
 centrada no parceiro, 81
 em estágios, 160
 líder/servo, 171
ações incrementais, 134
agenda disruptora, 40
Alexa, 78, 80–81
 Connect Kit (ACK), 87
 kit de habilidades, 85
 Voice Service (AVS), 86–87
Alibaba, comércio eletrônico, 155–156
alinhamento, 13, 144, 149, 171, 177
 de parceiros, xiv, 117
 foco, 172
 mentalidade, 170, 173, 183, 186
 no topo, 183
Amazon, 16, 47, 81
 Web Services (AWS), 47, 84
ambiente maduro, 175
ampliação, 36
análise do setor de atividade, 10

Apple Music, 62
aprendizado de máquina, 66
arquitetura de valor, 15–17, 41, 59, 76, 199
 explícita, 23
ASSA ABLOY, 100
ataque disruptivo, 43
atração e alinhamento de parceiros, 160
atraso nos retornos, 131
atratividade relativa, 60
ausência de progresso, 154
autoridade automática, 161

B

B2B
 redes, 106
 relações, 5

C

capacidade de gerenciar mudanças, 19
carteira digital, 155
casa inteligente, 76, 80–81
ciclo do ecossistema, 3, 14

Cinco Forças de Michael Porter, 9
clareza sobre a questão das funções, 158
coalizão
 de parceiros, 41
 primeiro, 191
coalizões defensivas, 73
coinovação, 117, 120
 interna, 192
colaboração em pilotos, 159
colapso do ponto.com, 43
comércio
 eletrônico, 43
 móvel, 156
comoditização, 30, 51, 58, 73, 100
compartilhamento digital, 7
competências essenciais, 108
competição, xiii
 bases, xiii
 frontal, 125
complacência, 43
complementaridade, 27
complementos, 3, 27

computação
    ambiental, 81
    em nuvem, 160, 176
concorrência, xiii
conjunto
    de habilidades, 185
    expandido de atividades, 51
Conselho de Administração, 186
    corporativo, 195
construção de valor, 25
crafting strategy, 3
criação de valor, 38, 122

D

DAP, 214
defensores inteligentes, 40
deliberação, 48
demanda do mercado, 89
democratização do acesso inteligente, 101
desafio
    de alinhamento, 106
        emergencial, 115, 127
            inesperado, 136
descoberta, 48, 66
deseconomias de compressão de tempo, 138
destruição criativa, 125
diferenciação, 51
dinâmica do ecossistema, 76
dispositivo de navegação pessoal (PND), 52–53
disrupção, 7
    do sistema clássico, 2
    tecnológica, 8
disruptores do ecossistema, xiv
diversificação, 36
diversificadores internos, 139

drop-shipping, 43–44

E

e-book, 163
economia setorializada, 8
ecossistema, 2, 7, 13–14, 75, 113, 169, 197
    ataque, 41, 91, 109
    ciclo, 14, 193
    construção, 77, 155
    da moblilidade, 15
    defesa, 40, 60, 111
    desafios, 177
    dinâmica do, 117
    disruptor, 40, 75, 114
    disruptores do, 12, 38
    do computador, 177
    liderar, 145
    mínimo viável (MVE), 78, 89
    princípios
        da defesa, 41
        de construção, 77
    ruptura, 39, 55, 107, 197
    transposição, 60, 79, 91, 98, 155, 183
ecossistemas malsucedidos, 158
ego sistema, xv, 143, 154, 156, 177
    armadilha, 146, 199
elementos de valor, 18
eliminar a concorrência, 50
Elon Musk, fundador da Tesla, 115, 141, 189
empatia, 172, 188
engenharia e ciência de dados, 49
entrega, 47

entusiasmo compartilhado, 154
era digital, 166
especialização, 36
estratégia, 169, 197
    bidimensional, 3
    clássica, 8
    corporativa, 9
    de concorrência, 10
    de expansão em estágios, 131
    de parceria, 42
    dimensão, 204
    negócios, 9
    tradicional setorial, 14
estrutura
    de alinhamento, 184
    organizacional, 19
execução
    dimensão, 204
    foco, 172
    mentalidade, 170, 175, 186
expansão em estágios, 78, 91, 105, 155, 188, 193

F

Facebook, 21
Flickr, 21
foco, 51
    estratégico, 173
fotografia digital, 19
fronteiras
    de mercado, 129
    setoriais, 11, 41

G

Garmin, 59
gerenciar pagamentos, 148
gestão de estoque, 132

Google, 55
　Maps, 56
governança, 187

H

Hewlett Packard, 5-6
hierarquia social, 156
humildade, 188

I

identificação de aliados emergentes, 57
ilusão de seguidores, 149
impressão digital, 2
impulsionar o crescimento, 65
incumbência esclarecida, 106
indústria de commodities, 100
influência sem autoridade, 170
iniciativas ecossistêmicas, 151
insights coletivos, 141
Instagram, 7
integração vertical, 88
inteligência artificial, 47, 66, 85
interdependência, 207
Internet das Coisas, 86, 132, 159
internet industrial, 159-160
intuição, xiv
　compartilhada, 198
inversão de valor, 30-32
investimento em inovação, 133

J

Jeff Bezos, fundador e CEO da Amazon, 82, 189

jogo certo, xvii
jogos de soma zero, 72

K

Kodak, 1, 4, 7, 19
　colapso, 26

L

Lexmark, 34-35
liderança, 144, 152, 169
　desafios, 170
　estratégia, 154
　formal, 170
　ilusão, 160
　individual, 169, 186
　inteligente, 167
　presunção, 149
　transformadora, 189
líderes, 145
linguagem estratégica clara, 198
livro eletrônico, 163

M

mapeamento mecânico, 79
maturidade, 28, 30
　estratégica, 145
meia-vida da relevância, 138
mentalidade
　de alinhamento, 174, 185, 188, 199
　de execução, 188
mercados adjacentes, 60
metas estratégicas, 15
Microsoft, 191
modelo de negócios, 17

modificação da arquitetura de valor, 47-48
momento certo, 144
mudança estrutural, 11
MySpace, 21

N

natureza da competição, 8
necessidade de alinhamento, 195
nicho, 37
　defensável, 52, 57
　sustentável, 57

O

oferta pré-MVE, 141
One Microsoft, estratégia, 180
opções estratégicas, 37
oportunidades de extensão, 124
Oprah Winfrey, apresentadora e empreendedora, 76, 80, 91

P

pagamento móvel, 146, 154, 171
paixão, 202
pandemia da COVID-19, 98, 124
parceiros, 77, 159
parceria em escala, 159
percepção do cliente, 12
perguntas-teste decisivas, 153, 186
plano eficaz de alinhamento, 195

podcasts, 71
posição de liderança próspera, 126
previsão de vendas, 202
princípios da defesa do ecossistema, 40
procedimentos, 114
produto mínimo viável (MVP), 78, 89
prontuários eletrônicos, 163
proposta de valor, 13, 15-16, 158, 191
propriedade intelectual, 96

Q

quebras e descontinuidades, 185
queda na execução, 194

R

redefinição de valor, 26
regras e regulamentos, 114
relações bilaterais, 13
requalificação da organização, 185
revolução digital, 15
rivais tradicionais, 41
ruptura
    clássica, xiii, 2, 25-26, 107, 197
    do ecossistema, 3, 19, 26, 115
    interna, 125
    moderna, xiii, 2

momento certo, 113
rupturas viabilizadas pela transposição do ecossistema, 111

S

segmento econômico estabelecido, 179
seguidor, 144
    inteligente, 162
seleção, 47
sinergia, 108
    contínua, 28, 30
    do cliente, 109
    relacional, 107, 109
sistema de pagamento móvel, 148
software de código aberto, 181
Spotify, 39, 60
stakeholder capitalism, xv
Startup Enxuta, movimento, 89
Steve Jobs, 189

T

tecnologia, 114
    de automação inteligente, 124
    substituição, 23
tomada de decisão, 4, 142
TomTom, 53
transação, 47
transformação corporativa, 188

digital, xvi
transposição do ecossistema, 108

U

usuário
    informações, 56

V

Vale do Silício, 77
valor
    arquitetura, 3, 15, 40, 139, 198
    cadeia, 8
    construção, 13, 32
    criação, 8, 13, 41, 153, 171
    destruição, 26
    dinâmica da inversão, 69
    elementos, 15, 26, 41, 77
    inversão, 3, 7, 28, 140, 182
    proposta, 7, 12, 77, 101, 145, 171
vantagem relacional, 107
veículos autônomos, 115
visualização digital, 2

W

Warren Buffet, investidor, 139
Wayfair, 47

Z

zona de conforto, 191

Projetos corporativos e edições personalizadas
dentro da sua estratégia de negócio. Já pensou nisso?

Coordenação de Eventos
Viviane Paiva
viviane@altabooks.com.br

Assistente Comercial
Fillipe Amorim
vendas.corporativas@altabooks.com.br

A Alta Books tem criado experiências incríveis no meio corporativo. Com a crescente implementação da educação corporativa nas empresas, o livro entra como uma importante fonte de conhecimento. Com atendimento personalizado, conseguimos identificar as principais necessidades, e criar uma seleção de livros que podem ser utilizados de diversas maneiras, como por exemplo, para fortalecer relacionamento com suas equipes/ seus clientes. Você já utilizou o livro para alguma ação estratégica na sua empresa?

Entre em contato com nosso time para entender melhor as possibilidades de personalização e incentivo ao desenvolvimento pessoal e profissional.

PUBLIQUE SEU LIVRO

Publique seu livro com a Alta Books.
Para mais informações envie um e-mail para: autoria@altabooks.com.br

/altabooks   /alta-books   /altabooks   /altabooks

CONHEÇA OUTROS LIVROS DA ALTA BOOKS

Todas as imagens são meramente ilustrativas.

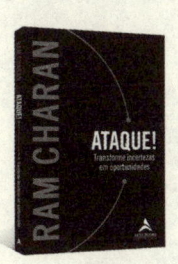

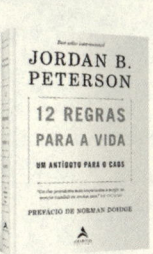